桐城派学术研究丛书

曾国藩学术传论

武道房 著

北京师范大学出版集团
BEIJING NORMAL UNIVERSITY PUBLISHING GROUP
安徽大学出版社

图书在版编目(CIP)数据

曾国藩学术传论/武道房著. —合肥：安徽大学出版社，2012.6
（中国古代文学论丛）
ISBN 978-7-5664-0460-2

Ⅰ.①曾… Ⅱ.①武… Ⅲ.①曾国藩（1811～1872）—学术思想—研究 Ⅳ.①K827＝52

中国版本图书馆 CIP 数据核字(2012)第 147124 号

本书得到安徽师范大学中国诗学研究中心项目基金、文学院安徽省 A 类重点学科项目基金资助

曾国藩学术传论　　　　　　　　　武道房　著

出版发行：	北京师范大学出版集团 安 徽 大 学 出 版 社 （安徽省合肥市肥西路 3 号 邮编 230039） www.bnupg.com.cn www.ahupress.com.cn
印　　刷：	合肥远东印务有限公司
经　　销：	全国新华书店
开　　本：	152mm×228mm
印　　张：	20
字　　数：	280 千字
版　　次：	2012 年 6 月第 1 版
印　　次：	2012 年 6 月第 1 次印刷
定　　价：	40.00 元

ISBN 978-7-5664-0460-2

责任编辑：卢　坡　　装帧设计：李　军　　责任印制：陈　如

版权所有　　侵权必究

反盗版、侵权举报电话：0551-5106311
外埠邮购电话：0551-5107716
本书如有印装质量问题，请与印制管理部联系调换。
印制管理部电话：0551-5106311

曾国藩像

歌枕舊游来眼底
掩書餘味在胸中

佳山緣熟塵機息
養氣功深道味甘

古鏡寶遁寒不動
露葉風枝曉自匀

繞屋疎林濃蔭綠軒忘都覺靖幽
何當攜家一登樓雲山煙水隙倚檻
吟眸畫裏山林依巘嶺嵐光遠共雲
浮半江涼雨入新秋前汀橋影家舫
締起漁謳 辛亥春日 曾國藩

曾国藩书法

目 录
CONTENTS

001   自 序

001   第一章   曾国藩生平传略
003   第一节   家世与举业
008   第二节   京师游学
014   第三节   谔谔谏臣
017   第四节   书生从戎
024   第五节   晚年忧患

034   第二章   曾国藩学术思想之背景研究
034   第一节   从宋学到汉学：清代康、雍、乾时期学术风气的转移
050   第二节   清中叶学术发展的三个转向

065   第三章   曾国藩理学思想的形成
065   第一节   曾国藩的理学渊源与师友关系
075   第二节   曾国藩的理学思想

098   第四章   理学与曾国藩的人生境界
103   第一节   修身之要——惩忿窒欲、迁善改过
115   第二节   处事之要——正其义不谋其利，明其道不计其功

第五章　曾国藩以理学为核心的学术观 …… 145

- 第一节　曾国藩学术观的成因 …… 146
- 第二节　汉宋之争中曾国藩的学术取向 …… 150
- 第三节　曾国藩对理学的反思 …… 158
- 第四节　曾国藩对汉学的认识 …… 167
- 第五节　曾国藩以理学为核心,以汉学为补充,以辞章为手段,以经世为旨归的学术观 …… 173

第六章　曾国藩会通汉宋的礼学经世思想 …… 182

- 第一节　清初以来的礼学经世意识与"以礼代理"思潮的兴起 …… 183
- 第二节　曾国藩会通汉宋的礼学思想 …… 190

第七章　曾国藩礼学思想与经世实践 …… 203

- 第一节　曾国藩礼治思想的政治实践 …… 205
- 第二节　曾国藩礼治思想的军事实践 …… 211
- 第三节　曾国藩礼治思想的洋务实践 …… 222

第八章　汉宋之争与曾国藩对桐城古文理论的重建 …… 237

- 第一节　汉宋之争与桐城派的理论困境 …… 237
- 第二节　曾国藩对桐城古文理论的重建 …… 246
- 第三节　曾国藩重建桐城古文理论的文学史意义 …… 257

第九章　曾国藩学术思想的历史地位及其影响 …… 261

- 第一节　曾国藩学术思想的历史地位 …… 261
- 第二节　曾国藩的后世评价及影响 …… 277

征引文献 …… 294

后　记 …… 303

自序

本书稿大部分内容来自我于2001—2004年在南京大学中文系读书期间完成的博士论文《曾国藩理学思想研究》。最近一两年来，又补充了一些章节，改书名为《曾国藩学术传论》以付梓。①

从2004年顺利完成博士论文答辩至今，已经八年过去了。书稿之所以迟迟没有出版，并非是要"十年磨一剑"，而是因为出学术类的书，各出版社都要作者付出版费，最少的也得要一两万元。而我那时刚从南大博士毕业后来到安徽师范大学教书，总得考虑先把家安顿下来，家中老人小孩，衣食住行，四处需要钱，经济很是拮据。一想到自己辛苦一场，不仅没有稿费，还要自掏腰包花钱出书，就有点泄气，心想这劳什子不出也罢。于是书稿就摆在那儿，一晃几年过去了。但于心又有不甘，毕竟这部论文在答辩时曾获得过诸位先生的较高评价，还忝列为"优秀"论文之一。于是断断续续抽出其中的一些章节，投给各类不用花钱的杂志发表。2005年以来共发出如下文章：

1. 原博士论文第一章"背景"研究中的第二节，以《论清中叶学术发展的三个转向》为题发表于《学术月刊》2005年第11期。这篇文章后来又被《2005年中国学术年鉴》、人大复印资料《明清史》2006年第2期全文转载，《中国社会科学文摘》2006年第1期也将其大部分予以转载。

---

① "传论"者，解释评论之意。"传"，除作"传记"解之外，还有"解释"、"阐明"之义，如汉代伏生有《尚书大传》，毛公有《毛诗传》，淮南王刘安有《离骚传》，宋代苏轼有《东坡易传》、《东坡书传》等书。

2.原博士论文第二章第二节以《曾国藩理学思想发微》为题,发表于《江苏社会科学》2005年第5期。

3.原博士论文第二章第一节以《从师友关看曾国藩理学信仰的形成》为题,发表于《船山学刊》2006年第1期。

4.原博士论文第四章中的第三、四、五节内容,经修改调整后以《曾国藩对理学的反思、再造及其对晚清社会的影响》为题,发表于《中国哲学史》2007年第4期。

5.原博士论文中第五章内容,修改调整后以《曾国藩礼学观念及其思想史意义》为题,发表于《江海学刊》2009年第6期。《高等学校文科学术文摘》2010年第1期摘要转载。

以上是从博士论文中剪裁出的公开发表的文章。

曾国藩不仅是一个学者、思想家,而且是桐城派中的重要文学家。当初做博士论文的时候,没来得及研究他的文学思想。因此,2008年,我又写成《汉宋之争与曾国藩对桐城古文理论的重建》一文,发表于《文学遗产》2010年第2期。今将此文收入本书,作为曾国藩学术思想的一个组成部分。需要说明的是,这篇文章和其他章节中所使用的材料有一点重复,考虑到这是我在《文学遗产》发表的第一篇文章,作为纪念,就保持原样,不再另作调整。此外,我又将博士论文中第一章第一节进行重新改写,并以《从宋学到汉学:清代康、雍、乾学术风气的转移》为题,发表于《学术月刊》2008年第10期。

在以上工作的基础上,最近又补写了《曾国藩生平传略》、《曾国藩学术思想的历史地位及其影响》,作为本书稿的第一章和第九章,而且对全书的章节顺序重新作了安排。除了上述补写的三章之外,其他仍保持2004年博士论文的原貌。

之所以不厌其烦地介绍上述文章发表的情况,是基于这样的考虑:在学术进步日新月异的当今,今天的新观点,如果不及时推出,就会很快成为明日黄花。在2002年春天,我在导师蒋广学先生的指导下,选定《曾国藩理学思想研究》作为博士论题,这在当时还是一个较新的题目。因为那时理学长期以来被污名化的现状并没有根本改观,而且以往学界对理学史的研究,一般讲到清初就不往下讲了,史学界那时对曾国藩的学术思想关注也不够。而今十年已经过去,学界对清代理学的研究已很是深入，2007年张昭军先生还出了一部厚厚的《清代理学史》；而且目下学界对曾国藩的研究无论是专著还是论文发表都堪称大观。今天能检索到的专著就有近百部，论文几上千篇。当然，学界关于曾国藩的研究，低水平的重复在我看来还是很多的，很多论文是在重复前人早已说过的话。我的博士论文已于2004年被收进中国国家数字图书馆，任何人都可以从网上下载和查阅。因此，这部书稿中的一部分内容在杂志得以公开发表，对于我来说，既可不必太担心研究成果会过时，也多少减轻一点被人剽窃和复制的忧虑。

按照学术著作的惯例，要有一个研究综述。现在八九年已经过去，原书稿的综述自然不能反映最新的研究情况了。本世纪初，在我博士论文选题的时候，从思想文化角度研究曾国藩的著作，当时只有章继光的《曾国藩思想简论》、成晓军的《曾国藩与中国近代文化》等不太多的几本。朱东安的《曾国藩传》一书对曾氏思想学术也进行了研究。自从上个世纪90年代初，湖南作家唐浩明的长篇小说《曾国藩》出版后，曾国藩热在国内蔚然兴起。学界也开始突破禁区，更新思维，对曾国藩进行重新审视。如冯友兰先生于1988年完成了《中国哲学史新编》第六册，是书于1999年始由人民出版社出第一版。此书关于太平天国与曾国藩历史功过的见解，提出了不少"非常可怪之论"，在学术界引起了普遍的关注和热烈的讨论。冯先生认为，曾国藩镇压太平天国是功不是过，"如果洪秀全和太平天国统一了中国，那就要把中国拉回到西方的中世纪，使中国的现代化推迟了几个世纪"。"洪秀全和太平天国以国家政权力量推行基督教，这就起了帝国主义所不能起的作用"。"曾国藩成功阻止了中国的后退，他在这一方面抵抗了帝国主义的文化侵略，这是他的一个大贡献"①。冯先生自言他到了晚年才真正"斩名关，破利索，俯仰无愧怍，海阔天空我自飞"。在1990年写完《中国哲学史新编》第七册的时候，他自称"我确是照我所见到的写的"，并对朋友们说："如果有人不以为然，因之不能出

――――――――
① 参见冯友兰《中国哲学史新编》下册第六章"所谓'同治中兴'和'同治维新'的中心人物——曾国藩"，人民出版社1999年版。

版,吾其为王船山矣。""船山在深山中著书达数百卷,没有人为他出版;几百年以后,终于出版了,此所谓'文章自有命,不仗史笔垂'。"①由是可知,他的观点,颠覆了新中国成立后近半个世纪对曾国藩的政治和学术定论,引起的反响可想而知。姑且不论冯友兰的观点正确与否,至少说明,进入21世纪以后,学者能够彻底摆脱传统的对曾国藩"妖魔化"的思维,有自己独立的声音与自由的表达了。正是在这样的背景下,我开始了对曾国藩的探索。

关于曾国藩去世后近一百四十年来对他的研究,有不少学者已作过综述,这里不再一一赘举,只是简单予以梳理归纳,并对本书稿的内容与主要观点略作介绍。

对曾国藩的研究,大致可以分为四个时期。第一个是晚清时期。曾国藩去世之后,对他的研究既已开始。光绪二年(1876),李瀚章编定《曾文正公全集》;王定安编《求阙斋弟子记》收录曾氏一生各类材料;黎庶昌编写了《曾文正公年谱》。不少文话、诗话、目录、碑铭、墓志以及其他繁多的史传文献,保存了很多曾国藩研究或评述材料。这一时期的评论,大多对曾国藩推崇备至,认为他是"理学名儒"、"孔孟之亚"、"中兴名臣"、"圣相贤人"。这是站在儒家士大夫的价值立场上所作出的评价。第二个时期是民国时期。清季民初,革命党人站在反清排满的立场,对曾国藩予以否定贬斥,如章太炎视曾氏为"百世不能改"的"民贼"。但民国时期的总体评价是褒多贬少。梁启超、蔡锷、蒋介石以及青年毛泽东都崇拜曾国藩的理学精神与毅力。至三四十年代,在蒋介石的倡导下,学界以及社会对曾国藩的褒扬已达到无以复加的程度。这时期出版了胡哲敷的《曾国藩治学方法》、蒋星德的《曾国藩之生平及事业》、王德亮的《曾国藩之民族思想》、何贻焜的《曾国藩评传》、陈清初的《曾涤生之自我教育》、萧一山的《曾国藩传》等。这些图书多歌功颂德,称颂曾国藩的才能、道德、功名、性情,视他为人生楷模,古今"完人"。第三个时期是新中国成立后至上世纪80年

---

① 冯友兰:《中国现代哲学史·自序》,广东人民出版社1999年版,第1页。

代。这一时期的特点是全盘否定曾国藩。如范文澜出版《中国近代史》,其中收录了他写于1944年的《汉奸刽子手曾国藩的一生》一文,此书多次再版,影响很大,长时期为大多数史学工作者和读者所接受。1979年出版的任继愈主编的《中国哲学史》,其第五章标题是"曾国藩的封建地主阶级的反革命思想",对曾国藩的"反革命刽子手的政治生涯"和"唯心主义哲学思想"进行了批判。上世纪80年代之后至现在为第四个时期。这一时期,"影射史学"以及"以论带史"的方法逐渐被学者抛弃,开始有人一分为二、实事求是地分析评价曾国藩,而不是简单地进行褒与贬。进入90年代,岳麓书社整理出齐《曾国藩全集》,标志着曾国藩研究进入一个新阶段。但随着中国市场经济的确立,一些出版社为迎合社会上追求成功的心理,出版数十种诸如《曾国藩为官术》、《曾国藩治人攻心之道》、《曾国藩智谋全书》、《曾国藩成功学全书》、《曾国藩反败为胜的八大策略》之类的书。这些道听途说、泥沙俱下、使用材料真伪莫辨的书很难谈得上是学术之作。当然也出了数种如朱东安、隋丽娟、董蔡时、马东玉、池子华、刘忆江等人的有关曾国藩传记或评传之类比较严肃的图书。2006年,南京大学出版社出版了梁绍辉先生的《曾国藩评传》,较为全面地介绍了曾国藩的人生道路,并评述了他的学术思想,为近年来研究曾国藩较为深入的著作。另有一些学者或研究曾国藩幕府,或研究曾国藩家藏史料,或研究曾国藩与湖湘地方文化,或研究曾国藩的文学创作,各取得了一定成绩。

概括说来,一个多世纪的曾国藩研究,已有多方面的成就。一是曾国藩文献资料的整理工作成绩很大。从光绪二年(1876)传忠书局刊印的《曾文正公全集》,到上世纪90年代岳麓书社根据家藏手稿为底本参校他本整理而成的1500万字的《曾国藩全集》,再到近年来又补充增添了四十多万字的修订版的《曾国藩全集》,曾国藩的文稿收集已是愈来愈齐全。二是近20年来,对曾国藩研究的触角,已逐步延伸到文史哲各个层面,出现了一批较高质量的论文或著作。三是研究方法也趋于多样性。不足之处,一是价值判断式的研究仍然居多,或褒或贬,多附有作者个人或时代的价值成见;二是人物生平传记类的著作较多,对其学术思想进行专门研究而有分量的成果较少。已有的研究,或从地域文化的视角切入,或孤立地研究评述曾国藩学术;而将其放在整个清代学术史背景中,宏观与微观联系起来进行综合研究的成果还不多见。

十年前写博士论文的时候,就要求自己尽量不做低水平的重复,争取能有自己的一些见解。因此对曾国藩的生平就没有介绍,因为这些基本上人所周知。这次书稿补写了这部分的内容。主要是基于这样的考虑,理学家的学术是要在人生日用中表现出来的,所谓道在器中,下学便是上达,叙其生平便见其学术。所以黄宗羲的《明儒学案》、《宋元学案》都详叙理学家生平活动,江藩的《国朝宋学渊源记》大多介绍一下清代理学家的为人处世便完事了,大概认为只此便可以见其理学。晚清不少人包括《清史稿》作者都认为,曾国藩的事功来源于他的学术。因此,不叙其生平实践,便难以深入理解他的学术;反过来也是这样,不懂他的学术,便难以理解他为何有这样的人生。因此,本书不仅在第一章叙其生平大略,在第四章中,还通过他为人做事的表象,阐释他理学式的人生境界。在第七章中,结合他的礼治思想,以解释他的政治、军事、洋务实践。曾国藩的生活方式以及治军治政方略,都是他学术思想的具像化。对他的人生,如果不与他的学术结合起来理解,便很容易对这个历史人物产生认识上的误解与扭曲。将曾国藩的人生与学术互为阐释,这是本书的一个特点。

曾国藩的学术,概括说来即是一宗宋儒,不废汉学。他以理学修心,以礼学治世,调和汉宋,融义理、经济、考据、辞章为一炉,追求所谓"内圣外王"全体之大用。曾国藩在道咸时期复兴理学,是在对风行近两个世纪的汉学运动进行怀疑和批判的基础上产生的。面对士风媚俗、贪贿公行、内忧外患的政治和社会环境,曾国藩认为以琐屑训诂考证为特点的汉学学风已严重脱离现实,不能担当起重整风俗、扶正纲常人心的学术使命。在西方近代思想尚未大举东来,没有别的思想资源可资借鉴的情况下,曾国藩为解决现实的困境,只能将目光转向古代,从传统中寻求出路,这是他选择理学的重要原因之一。当然,熟悉学术史流变的他,十分清楚清初以来理学被学术主流逐渐淘汰的历史,也深知理学家空谈心性之病,并对汉学取代宋学成为显学的原因有着深刻的认识。故此,他之复兴理学,并非是回到了原点;而是在理学核心价值的基础上吸纳汉学及百家杂学之长,以纠正理学枯槁偏狭之弊,从而复兴与张大理学的经世功能。从经世的角度出发,曾国藩认为礼学是会通汉宋的关节所在;他的礼学思想是对传统理学的发展与创新,也是清初以来理学与反理学思潮相互对立冲突而又走向融合会通的必然结果。曾国藩的理学或可称之为礼学。他提倡以礼自治、以礼治人。所谓"以礼自治",即是以理学的原则修养心性,以期达到道德的完善境界;所谓"以礼治人",即是理学的原则要落实到具体的制度章法上,以经世致用为最终目的。他提出以礼学通汉宋之结,促成了晚清汉宋学术的合流。曾国藩理学的经世色彩十分鲜明,出于经世的目的,他的学术具有较强的包容性和开放性,正是这种开放性和灵活性使他易于吸收当时所能有的新知识和新思想,为他后来引入西技、手创洋务运动,推动一个时代的变化打开了方便之门。曾国藩学术广纳百家之长,使僵死的理学在咸同之际再次焕发生机;也正是由于其思想的开放性和功利性,又为后世中国扬弃理学、终结理学埋下了伏笔。在文学上,他发展了桐城派的文学思想,扩大了桐城派的堂庑,使以他为代表的湘乡派崛起于文坛,成为晚清文学的重要力量。因此,曾国藩在清代学术史、思想史上是一个承先启后的人物,既有对前人知识与信仰的继承、总结,也有怀疑与批判,同时又开一个时代的新风气。研究曾国藩学术思想不仅对于准确地理解曾国藩这个重要的历史人物不无帮助,而且对于把握清代思想史演进的脉搏、深化人们对于近代中国的认识都有一定的意义。

　　本书将曾国藩学术放在整个清代学术史的大背景中考察。认为曾国藩学术思想的出现,既有个人的因素,也是时代的必然。书稿梳理了自清初以来学术发展的脉络、趋势及其原因,讨论了曾国藩与宋明理学、清初学术、乾嘉汉学以及道、咸、同学坛、文坛的关系,对曾国藩学术思想的特点以及历史地位、后世影响给出了自己的解释。

　　在研究方法上,本书稿尽量采取价值中立、历史还原的方法。回顾近一百三四十年来的曾国藩研究史,由于批评者立场的不同,对曾国藩的评价以至于"誉之则为圣相,谳之则为元凶"。从儒家士大夫的立场是一种评价,从革命家的立场是另一种评价,甚至在当今市场济环境下汲汲于成就功利的人看来又是一种评价。时代变了,评论者立场变了,往往评价的价值尺度也跟着改变。于是有人感叹曾国藩"盖棺难以定论"。以评价者个人或某一时代的价值观看待曾国藩,势必会如庄子所说的"彼一一是非,此一一是非",天下无定论久矣。其实这些自以为是的评价与历史上的曾国藩全不相干。20世纪30年代,陈寅恪先生在给冯友兰《中国哲学史》所作的审查报告中指出:"凡著中国古代哲学史者,其对于古人之学说,应具了解之同情,方可下笔。盖古人著书立说,皆有所为而发。故其所处之环境,所受之背景,非完全明了,则其学说不易评论。"[①]有鉴于此,本书持价值中立的立场,不介入曾国藩是非功过的评判,而把价值判断的权利交给读者。本书稿只重在解决四个问题:1.曾国藩的学术是什么;与前人相比,有没有什么新意;2.他为什么会有这样的学术;3.他的学术与前人有哪些联系以及对后世有哪些影响;4.他的学术与其人生的关系如何。

不知我有没有很好地解决了上述四个问题,也不知我对曾国藩学术思想是否成功地进行了历史的还原和同情的解释。虽不能至,心向往之。是为序。

武道房

2012年3月5日于安徽师范大学

[①] 陈寅恪:《冯友兰中国哲学史审查报告》,《金明馆丛稿二编》,上海古籍出版社1980年版,第247页。

第一章

曾国藩生平传略

清朝同治十一年二月初四日(1872年3月12日),一个震惊中外的消息从虎踞龙盘的金陵(今南京)古城传出,时任大学士、两江总督、一等毅勇侯的历史巨人曾国藩驾鹤西去,撒手人寰。

曾氏去世时正是一个微雨濛濛、天色阴沉的下午。据说,金陵城阴惨的上空忽然有火光烛照,江宁、上元两县的县令惊出组织救火,但最终也没有发现何处有火。市民见有"红光圆如镜而出天西南隅,良久渐微"①。大人物的生死总关系到天象,这在旧时代的史书中有较多的记载,至于真相如何,这里不必细究。曾氏去世的消息传出,金陵人为之震惊,"士民奔走,妇孺号泣"②。有人评价说:"以遗爱而言,自昔疆臣汤斌、于成龙而后,未有若此感人之深者。"③还说他"整吏治、抚疮痍、培元气,训僚属若子弟,视百姓如家人,生聚教养,百废俱兴"④。以上评述出自《清史列传》,或许有些虚美,但他赢得士民百姓的爱戴,与事实也许不会相差太远。

---

① 黎庶昌:《曾文正公年谱》同治十一年条下,台湾商务印书馆1978年版,第558页。
② 清国史馆编:《清史列传·卷四十五·曾国藩》,见周骏富辑《清代传记丛刊》,台湾明文书局1985年印行。
③ 清国史馆编:《清史列传·卷四十五·曾国藩》,见周骏富辑《清代传记丛刊》,台湾明文书局1985年印行。
④ 清国史馆编:《清史列传·卷四十五·曾国藩》,见周骏富辑《清代传记丛刊》,台湾明文书局1985年印行。

曾国藩的死,中外为之震动。清廷辍朝三日,同治皇帝特颁上谕:

> 大学士、两江总督曾国藩学问纯粹,器识深宏,秉性忠诚,持躬清正。由翰林蒙宣宗成皇帝(按:指道光帝)特达之知,洊升卿贰。咸丰年间创立楚军,剿办粤匪,转战数省,迭著勋劳。文宗显皇帝(按:指咸丰帝)优加擢用,补授两江总督,命为钦差大臣,督办军务。朕御极后,简任纶扉,深资倚任。东南底定,厥功最多。江宁之捷,特加赏给一等毅勇侯,世袭罔替,并赏戴双眼花翎。历任兼圻,于地方利病尽心筹画,老成硕望,实为股肱心膂之臣。方冀克享遐龄,长承恩眷,兹闻溘逝,震悼良深。曾国藩著追赠太傅……加恩予谥"文正"。入祀京师昭忠祠、贤良祠。并于湖南原籍、江宁省城建立专祠。其生平政绩事实宣付国史馆。①

这篇上谕对曾国藩的学问、器识及其一生的军政功绩都给予了很高的评价。清廷对他盖棺定论,谥号"文正",这在清代历史上只有寥寥数人才有此殊荣。其学问事功可谓达到了封建时代士大夫的最高追求——"内圣外王"。"学问"、"器识"、"秉性"、"持躬"是"内圣"的一面,军政事功则是"外王"的一面。《清史稿》说:"国藩事功本于学问。"②与曾国藩同时代的人大多这样评价,就连向来不服曾氏的左宗棠也承认:"公(国藩)不变平生所守……推事功之所由成,必有立乎其先者,而后以志帅气,历艰危险阻之境而不渝。"③所谓"必有立乎其先者"、"以志帅气"是说曾国藩有着强大的精神力量,而这正是他成就事业的基础。

曾国藩一生治学从理学入手,理学是他全部学问的根基。

---

① 黎庶昌:《曾文正公年谱》同治十一年条下,第558页。
② 赵尔巽等撰:《清史稿·曾国藩传》,中华书局1977年版,第11918页。
③ 徐凌霄、徐一士撰:《凌霄一士随笔》(五),山西古籍出版社1997年版,第1747页。

理学进入清代已呈式微之态,正如章太炎的那句名言:"清世理学,竭而无余华。"①这个评价大体不错。理学作为天人心性的学问,在宋明时期已研究到极至,正所谓"牛毛茧丝,无不辨析"。理学在理论上的创新固然困难,但理学的全部目的并不仅仅在于探讨天人性命之学,而在于以内圣之学作为精神力量,以重建儒家理想的人间秩序为最终目的。正如余英时所指出的,从理学家个人方面说,有人或偏于"内圣"取向,或偏于"外王"取向,这是无可避免的。但以群体而言,"内圣"和"外王"却是不能不同时加以肯定的价值。②清初以来,理学家的"空疏无用"不断遭到学者的批评,从致用的角度看,倾于"内圣"的学者的确不免此弊。但也不可否认,在理学史上的确也有不少人"在险恶而多变的权力世界中,坚守儒家的原则,以不屈不挠的精神争取'内圣外王'理想的实现"③。明代的王阳明是一个先例,曾国藩同样如此。

第一节　家世与举业

曾国藩,字伯涵,号涤生,清嘉庆十六年十月十一日(1811年11月27日)出生于湖南省长沙府湘乡县的白杨坪。白杨坪坐落在湘乡、衡阳两县之间的高嵋山下(今属双峰县荷叶镇),地处丘陵山区,茂林修竹,湖塘棋布,风景十分秀丽。曾国藩后来曾深情地回忆家乡:"我家双溪上,万竹围沙湾。凉夜幽篁里,月冷水潺潺。"④

---

① 章太炎:《清儒》,见傅杰编校,章太炎著《章太炎学术史论集》,中国社会科学出版社 1997 年版。
② 余英时:《朱熹的历史世界——宋代士大夫政治文化的研究》下册,生活·读书·新知三联书店 2004 年版,第 872 页。
③ 余英时:《朱熹的历史世界——宋代士大夫政治文化的研究》下册,生活·读书·新知三联书店 2004 年版,第 889 页。
④ 曾国藩:《又赠筠仙一幅》,曾国藩著,唐浩明等编:《曾国藩全集·诗文》,岳麓书社 1995 年版,第 15 页。

曾家祖籍衡阳,世代务农。清初时,到了曾孟学一代,迁居湘乡县大界里。再传至曾应贞(字元吉)一代,家资渐饶,湘乡曾氏族谱便从他开始。曾应贞有六个儿子,其次子曾辅臣便是曾国藩的高祖,曾辅臣之子曾竟希是曾国藩的曾祖父。曾竟希生有五子,第三子曾玉屏(字星冈)是曾国藩的祖父。曾玉屏有三子,其长子曾麟书(字竹亭)便是曾国藩的父亲。①

嘉庆十三年戊辰(1808),曾国藩的祖父曾玉屏携一家老小从大界里迁到白杨坪。其后三年,也就是曾国藩出生之时,曾国藩的曾祖父曾竟希已是七十岁的老人了,还能看到曾孙,自是欢喜不胜。据说十月十一日这天夜里,曾竟希老人梦见有巨蟒在空中绕着曾家宅院盘旋,"已而入室庭,蹲踞良久"②,老人猛然惊醒,恰逢家人报喜,说添了一个曾孙。曾竟希不禁高兴地说:"是家之祥,曾氏门闾行将大矣。"③曾竟希没有等到好梦成真的那一天,在曾国藩六岁那年就去世了。《年谱》说,曾国藩"哭泣甚哀。执丧若成人"。竟希公走了,但他留下的这个吉祥之梦却唤起曾氏家族对未来的梦想,在曾国藩身上也附会出许多神秘的话题。如曾家"宅后旧有古树为藤所缠,树已槁",等到曾国藩出生后,"藤日益大且茂,矫若虬龙,枝叶苍翠,垂荫一亩,亦世所罕见者"④。更为奇怪者,曾国藩一生为癣疾所困,从其日记中看,百医千药,无济于事,每次抓痒,落"鳞"纷纷。这些奇事都与曾国藩"巨蟒转世"联系起来,成为后人津津乐道的谈资。

曾家世代务农,自祖父曾玉屏上推数百年,没有出现过文化人。至曾竟希生活逐渐宽裕后,便把儿子曾玉屏送去私塾读书。曾玉屏对读书不感兴趣,年轻时喜欢从乡下骑马跑到湘潭城里,与富家子弟鬼混,或酒食征逐,或日高酣寝。后来父亲死了,家庭生活重担落在他的肩上。乡里长辈也指着脊梁骨骂他

---

① 参见曾国藩:《祖四世元吉公墓铭》《大界墓表》《台洲墓表》,《曾国藩全集·诗文》,第209—210页、329—333页。
② 黎庶昌:《曾文正公年谱》,第4页。
③ 黎庶昌:《曾文正公年谱》,第4页。
④ 黎庶昌:《曾文正公年谱》,第4页。

是个败家子,将会败坏他父亲辛苦攒下的一点家业。曾玉屏此时才开始醒悟。为表示痛改前非,他毅然卖掉马匹,从湘潭徒步回家,从此专务农事,不辞劳作,未明而起,在山上开种梯田。他晚年告诉家中的后辈说:

> 余年三十五,始讲求农事。居枕高嵋山下,垅峻如梯,田小如瓦。吾凿石决壤,开十数畛而通为一。然后耕夫易于从事。吾昕宵行水,听虫鸟鸣声以知节候,观露上禾颠以为乐……凡菜茹手植而手撷者,其味弥甘;凡物亲历艰苦而得者,食之弥安也。①

在曾玉屏的辛勤劳作下,曾家家境也逐渐走向殷实。曾玉屏虽然读书不多,但为人正直,喜欢调解邻里纠纷,对于那些恃强凌弱、不讲道理的人,他"厉辞诘责,势若霆摧而理如的破,悍夫往往神沮"②。他性格豪爽,"声如洪钟,见者惮慑;而温良博爱,物无不尽之情"。乡邻有难,他无钱接济,就出力相助。所以他去世时,众乡亲"远近感唏,或涕泣不能自休"③。曾国藩对他祖父极为崇拜,其性格之刚强与坚毅是曾国藩一生学习的榜样。

曾玉屏早年学无所成,后来深以为耻,于是便把读书的希望寄托在儿子身上。曾玉屏"又好宾接文士",常把"通材宿儒",接到家里叙谈,"此心乃快"④。他督责儿子曾麟书读书,穷年磨砺,期于有成,以弥补自己失学之憾。无奈曾麟书天资平平,考一个秀才就耗去了大半生的光阴。他十六次考试都名落孙山,直到四十三岁那年才进县学,仅比儿子曾国藩早一年中秀才。

曾国藩幼时"状貌端重,自初生至三岁,庭户不闻啼泣声"。母亲江太夫人勤劳家务,顾不上照看他,他常依在祖母的纺车旁,"花开鸟语,注耳流盼,状若有所会悟"⑤。父亲曾麟书屡应

---

① 《大界墓表》,《曾国藩全集·诗文》,第329页。
② 《大界墓表》,《曾国藩全集·诗文》,第330页。
③ 《大界墓表》,《曾国藩全集·诗文》,第330页。
④ 《大界墓表》,《曾国藩全集·诗文》,第329页。
⑤ 《年谱》嘉庆十八年,第5页。

童子试不售,索性放弃功名,在家当起私塾先生,并发愤教育自己的几个儿子。曾国藩从七岁始,在自家私塾随父读书,前后凡八年。九岁始读五经,并开始学做八股文。十岁时,国藩的二弟国潢出生。父亲笑着对他说:"汝今有弟矣!"即命他做一篇八股文,题曰《兄弟怡怡》。十岁的曾国藩居然做了出来。曾麟书大喜曰:"文中有至性语,必能以孝友承其家矣。"① 十四岁那年,父亲的好友欧阳凝祉来到曾家,看到国藩的文章大为激赏。为了进一步试探他的才华,欧阳先生以《共登青云梯》为题,让国藩作一首律诗。诗成,先生大喜,称善而叹曰:"是固金华殿中人语也!"② 当下决定将女儿许配给他。

道光六年(1826),曾国藩十六岁,去参加长沙府试(童试),名列第七。曾麟书觉得自己的那点学问已教不了儿子了,便将国藩送往衡阳,从师于汪觉庵先生。后来又把他送往本县的涟滨书院。书院的山长刘元堂先生对国藩的诗文总是叹赏不已,许以为大器。

道光十三年(1833),曾国藩二十三岁,第一次参加科试,居然中了秀才。而他的父亲积苦力学,第十七次应童试才取得"秀才"这一功名。不用说全家人非常高兴。是年十二月,曾国藩与欧阳夫人完婚。

婚后不久,曾国藩年后便离家赴省城长沙岳麓书院继续深造。书院的山长是嘉庆年间的进士欧阳厚均(字福田,号坦斋)先生。岳麓书院文风昌盛,底蕴雄深,是从事学问的好地方。曾国藩在这里博览群书,"以能诗文名噪甚",每次考试总能夺第一。③ 进入书院的当年(1834),国藩即参加乡试,顺利考中举人。他决定乘胜进取,当年冬天即往北京准备参加来年的会试。

进京之后,曾国藩寓居在京师的长沙郡馆。不料是年会试受挫,他决定在京师住下来,以便参加第二年的恩科会试。在京期间,国藩穷研经史,同时颇好韩愈的古文词,下了一番工夫

---

① 《年谱》嘉庆二十五年,第6页。
② 《年谱》道光四年,第7页。
③ 《年谱》道光十四年,第9页。

悉心研究。

曾国藩毕竟是首次远离家乡,会试不售,又一个人孤独地寓居京师,难免有些离愁感伤。是年底,他作《岁暮杂感十首》咏怀:

> 高嵋山下是侬家,岁岁年年斗物华。
> 老柏有情还忆我,夭桃无语自开花。
> 几回南国思红豆,曾记西风浣碧纱。
> 最是故园难忘处,待莺亭畔路三叉。
> ——《岁暮杂感十首》之二

"缁尘已自沾京雒","乡思怕听残漏转"。从组诗中的这两句能看出曾国藩在新年之际有些淡淡的思乡之愁。但他毕竟在科举上没有遭受过大挫,回思进京途中的豪情,对未来仍充满信心:

> 去年此际赋长征,豪气思屠大海鲸。
> 湖上三更邀月饮,天边万里挟舟行。
> 竟将云梦吞如芥,未信君山划不平。
> 偏是东皇来去易,又吹草绿满蓬瀛。
> ——《岁暮杂感十首》之四

此诗颇有气势,尤其是第六首中的"匣里龙泉吟不住,问予何日斫蛟鼍",乃国藩诗歌中的名句,充分表现了这个年轻人非凡的胸襟。作此诗时,清王朝还基本处于和平时期,他还没有料到多年以后他会组织湘军铲平太国天国,但这些后人看来谶言一样的诗句说明青年时代的曾国藩就具有积极进取的远大志向。

遗憾的是,道光十六年(1836)的恩科考试,国藩还是落第了。由于身边经费无几,他只好南归返乡。途经睢宁,与在此作县令的老乡易作梅借银百两以权充路费。路过金陵(今南京),在书店看到精刻的二十三史,国藩爱不释手,但借来的钱也不够买书,他只好典当了随身穿着的衣裘才把这部昂贵的大书买了下来。

买书的钱对于曾家这样的小户人家来说是一个很大的数

字。回到家后,父亲对他花巨资买书没有责备,而是鼓励他说:"尔借钱买书,吾不惜为汝弥缝(设法还债),但能悉心读之,斯不负耳!"①父亲的苦心和慷慨使曾国藩且愧且惧,从此有一年的时间足不出户,晨起读书,中夜而息,并立下誓言:"嗣后每日点十页,间断不孝!"②大量读史,使国藩具备了深邃的历史眼光和政治智慧,为他今后的政治军事活动打下了学术基础。

道光十八年(1838),二十八岁的曾国藩再次入都会试,中式第三十八名,随后殿试考取三甲第四十二名,赐同进士出身。朝考一等第三名,道光皇帝格外赏识他的文章,又亲自拔置为第二,改庶吉士,入翰林院庶常馆深造。道光二十年(1840)庶吉士散馆,授翰林院检讨,秩从七品。从此开始了他为期十三年的京宦生活。

曾国藩成进士入翰林的消息对于世代务农的曾家来说无疑是个天大的喜讯。他的祖父觉悟颇高,嘱咐家人说:"吾家以农为业,虽富贵,毋失其旧。彼为翰林,事业方长,吾家中食用,无使关问以累其心。"③因此,曾国藩京师为宦十余年,虽然老家经济拮据,但很少牵累国藩,使他较为从容地治学为官,为事业打下了良好的基础。

第二节　京师游学

曾国藩在翰林院读书期间,广泛涉猎经、史、子、集,学问上漫无统绪,一时还没有形成自己的学术观念。道光二十年(1840),他在日记中写道:

> 忆自辛卯年,改号涤生。涤者,取涤其旧染之污也;生者,取明袁了凡之言:"从前种种譬如昨日死;以后种种譬如来日生也。"改号至今九年,而不学如故,

---

① 黎庶昌:《曾文正公年谱》道光十六年条下,第11页。
② 《曾国藩全集·日记》(一),第138页。
③ 黎庶昌:《曾文正公年谱》道光十八年条下,第13页。

岂不可叹！余今年已三十，资禀顽钝，精神亏损，此后岂复能有所成？但求勤俭有恒，无纵逸欲，以丧先人元气。困知勉行，期有寸得，以无失词臣体面。日日自苦，不至佚而生淫。如种树然，斧斤纵寻之后，牛羊无从而牧之；如爇灯然，膏油欲尽之时无使微风乘之，庶几稍稍培养精神，不至自速死。诚能日日用功有常，则可以保身体，可以自立，可以仰事俯畜，可以惜福，不使祖宗积累自我一人享受而尽，可以无愧祠臣，尚能以文章报国。①

此时的国藩还没有找到自己的人生方向，对前途甚至还有些茫然。他的世界观、人生观得以确立是道光二十一年（1841）接受理学之后的事。三十一岁之前，他的人生境界并不算高，日记中记载了大量成为翰林之后回乡敛财的事，②他所谓的志向也不过是光宗耀祖、升官发财而已。从日记中可以看出，在接受理学之前，国藩颇为风流旷达，他饮酒下棋、赛诗唱和、四出交游、吸食鸦片，也有好色和睡懒觉的毛病（详见第四章）。因纵逸欲，他甚至有"速死"的恐惧了。

曾国藩信仰理学是他一生的分水岭。如果说此前他读书做学问是为了成就一己之功名而且多是为了个人私利的话，此后便在理学严天理人欲之辨的影响下完全改变了人生境界。他在家信中说："予自三十岁以来，即以做官发财为可耻，以宦囊积金遗子孙为可羞可恨。"③此处的"三十岁"是取其整数。国藩接触理学始自三十一岁，即道光二十一年（1841）。正是在这一年的下半年，他在师友的影响下接受了理学，此前他对理学可以说所知甚少，更谈不上信仰。道光二十一年（1841）七月，国藩在吴廷栋的影响下结识唐鉴并向其问学，从此参加了以唐

---

① 《曾国藩全集·日记》（一），第42—43页。
② 参见道光十九年二月初五日、十八日，三月初八日、十五日曾国藩日记。曾国藩自家乡回京的路上，还以翰林的身份四出拜客敛财。如道光二十年二月初九日给他父母的信中说："十二日至河南省城，拜客耽误四天，获百余金。"见《曾国藩全集·家书》（一），第1页。
③ 《曾国藩全集·家书》（一），第183页。

鉴为首,以倭仁、吴廷栋、何桂珍、窦垿为成员的理学集团,并开始了严格的理学修养实践,这对他一生的器识、意志的影响甚大。因此考察他的理学交游活动,对于理解曾国藩至关重要。关于这个问题我们在第三章详细讨论,这里介绍一下曾国藩理学师友的生平与学术大旨。

吴廷栋(1793~1873),字彦甫,号竹如,出生于安徽桐城,后迁居霍山。道光乙酉拔贡,在刑部任七品小京官时结识曾国藩。历任河间知府、山东按察使、刑部侍郎等官职。吴氏学宗宋儒,尤服膺朱熹,平生自律甚严,不妄受一钱、妄交一人。平时于政治之得失、人心风俗之邪正,与友朋详加讨论,不厌不倦。后年老退休,任高官多年,竟无钱返乡。晚年寄居江宁,甚贫困,时此老朋友曾国藩正任两江总督,吴氏仍坚持不受馈遗,世尤称其清节。吴廷栋《与方存之书》颇可见其学术大旨:"某之资禀原非能建立事功之人,特可成一介节之士。惟幼读程朱之书,知君臣朋友之伦,皆关吾性分,故不敢寄情物外……亦深知必体立而后用行,故于日月酬应之际,凡稍涉干求、稍近名利,不敢开枉尺直寻之渐。宁失于隘而不敢宽,宁失于迂而不敢巧。"①吴廷栋认为程朱理学是明体达用之学,内可治身心,外可治天下。他说:"程朱以明德为体,以新民为用,乃由体达用之学,断无有体而无用者。其用不足必其体尚多缺陷。凡临事迂拘不通,正由平日不能如程朱之格物穷理而徒资记诵,非学程朱之过也。"②吴氏卒于同治十二年(1873),寿八十一,著作有《拙修集》十卷。

唐鉴(1778~1840),字栗生,号镜海,湖南善化人。嘉庆己巳进士,为翰林院检讨,迁浙江道御史。道光朝,出补广西平乐府知府,累擢徽池太广道,江西粮道,山西、贵州按察使,浙江、江宁布政史。后被道光帝内召入京,任太常寺卿,在京师聚徒讲学。倭仁、曾国藩、吴廷栋、何桂珍、窦垿皆从其问学。唐鉴学宗洛闽,潜研性道,重视躬行,同时留心经世之术。晚年卜居于宁乡之美岭山,深衣疏食,泊然自乐。有《易牖》、《读易识》、

---

① 徐世昌等编:《清儒学案》(六),中华书局2008年版,第6206页。
② 徐世昌等编:《清儒学案》(六),中华书局2008年版,第6200页。

《读易反身录》《四经拾遗》《四砭斋省身日课》《朱子学案》、《畿辅水利备览》等著作。所著《国朝学案小识》，为清代学术史专著，为学大旨专宗程、朱，排斥陆、王。曾国藩在学问上受其影响甚大。

倭仁(1804~1871)，乌齐格里氏，字艮峰。蒙古正红旗人，生于河南，其家属于河南驻防军。道光九年(1829)进士，改庶吉士，授编修。历中允、侍讲、侍读、庶子、侍讲学士、侍读学士，迁大理寺卿。同治帝之师。任副都统、工部尚书、文渊阁大学士。倭仁治学，笃守程、朱，力求实践。平生见过自讼，言动无妄。以省察克治为要，不喜新奇之论。《清儒学案》称其以理学"维持风教者数十年，道光以来一儒宗也"。有《倭文端公遗书》行世。

何桂珍(1817~1855)字丹畦，云南师宗人。道光十八年(1838)进士，选庶吉士，授编修。随从唐鉴讲学，以宋儒为宗，躬行实践。在京师讲学时，曾编纂《理学正宗续编》，辨析朱、陆异同，批评陆、王，盛推朱子。他认为自姚江之学出，学者"无择善固执之功，而任心自用，将文章失之诬，气节失之骄，功名失之谲。且有背道而驰者，极之谈玄说妙，饰智惊愚，而身心之污垢不可穷诘，名教之场竟成势利，其害岂浅鲜哉？"①认为学者当远绍朱子，近以清初程朱派学者张履祥为宗。咸丰四年(1854)，何桂珍奉命募勇剿捻，为捻军头领李兆受杀害，年仅三十九。曾国藩曾上疏表彰他"饥军艰危，历人间未有之苦"。赠侍郎衔，谥文贞。

窦垿(1803~1865)，字于坫，又字子州，号兰泉。罗平州西区淑基村(今云南师宗县淑基村)人。道光己丑科进士。历任吏部主事、考功司行走、文选主事、员外郎郎中、学验封司、记名道府，以后又耀升江西道御史，钦差办理云南团课。最后以知府发贵州补用，死于任上。窦氏在京期间，与倭仁、曾国藩、何桂珍等人向唐鉴问学，以理学道义相切磋，身体力行，立身不苟。"尝谓弃富贵而就贫贱，非难处之，不失其道为难；死不难，

---

① 何桂珍：《学案小识跋》，见徐世昌等编《清儒学案》，第5538页。

必求合于义为难"①。他不仅自律甚严,对于理学同志,喜责以大义,以尽友朋之道。当倭仁迁升盛京侍郎时,窦氏给倭仁写信责备他"依违迁就";吴廷栋任山东布政使,又"责其不能行道,即当引退"。敢于面折人过,最能见理学家为人之大义。著述有《示儿录》、《续小学铢寸录》、《多识录》、《四余录》、《游艺录》等,汇编为《晚闻斋稿》行世。

曾国藩除了在京师和以上几位理学师友交游以外,他还和远在家乡湖南的两位理学家刘蓉与罗泽南成了朋友。曾氏常和他们通信往来,讨论理学修身的问题。

刘蓉(1816～1873),字孟容,号霞仙,湘乡人。少负奇气,不事科举,又留心时事,通知古今因革、损益、得失、利病。有转移风俗、振起人才之志。年三十,补弟子员,从此不乐仕进。太平军起,刘蓉与罗泽南等人举办团练,后参加曾国藩的湘军,以功补训导。咸丰十一年(1861),辅佐骆秉章总督四川,擒获太平军翼王石达开。受诏督军陕南,任陕西巡抚。后为忌者中伤,又因与捻军作战失利,自劾归。退居家乡,闭户读书,七年之后去世。他与曾国藩、罗泽南等人以朱子为宗,力攻宋学。早年他在给曾国藩的信中说:"功利之习,溺人最深,时会所趋,靡然向之,苟非豪杰,未有能自拔于风波颓靡之中者。此病不除,虽欲入道而不可得,则义利理欲之辨,为己为人之分,抑又学者所宜自力者矣。"②他讲习朱学,不重发明新义,重在躬行实践,以完养精神。曾国藩评价说:"吾友刘君孟容,湛默而严恭,好道而寡欲。自其壮岁,则已泊然而外富贵矣。既而察物观变,又能外乎名誉。"③著有《养晦堂文集》十卷,《诗集》二卷,《思辨录疑义》二卷。

罗泽南(1808～1856),字仲岳,号罗山,湘乡人。家世甚贫,年十九即靠教书养家。其后又门庭多故,但罗氏尤读书不已,以不能入圣为耻,心忧无术以济天下。年三十三,补县学生,四十岁,始补廪生。咸丰元年(1851),举孝廉方正。后曾国

---

① 徐世昌等编:《清儒学案》,第6396页。
② 刘蓉:《复曾涤生检讨书》,见徐世昌等编《清儒学案》,第6897页。
③ 《养晦堂记》,《曾国藩全集·诗文》,第222页。

藩督治团练以抗太平军，罗泽南率其生徒襄助，从此成为湘军的重要将领。咸丰六年（1856），在武昌与太平军作战受重伤，病不能起，索纸笔书曰："乱极站得定，才是有用之学。"[①]殁前无一语及私事。罗泽南学宗宋儒，曾国藩称其为学"其大者以为天地万物，本吾一体。量不周于六合，泽不被于匹夫，亏辱莫大焉。凛降衷之大原，思主静以研几，于是乎宗张子而著《西铭讲义》一卷，宗周子而著《人极衍义》一卷。幼仪不慎，则居敬无基；异说不辨，则谬以千里。于是乎宗朱子而著《小学韵语》一卷、《姚江学辨》二卷。严义利之闲，穷阴阳之变，旁及州域形势，百家述作，靡不研讨。于是乎有《读孟子札记》二卷、《周易本义衍言》若干卷、《皇舆要览》若干卷、诗文集八卷。其为说虽多，而其本躬修以保四海，未尝不同归也"[②]。

曾国藩在京师与唐鉴、倭仁等人交往甚密，相互督促，严格按照理学家的修养方式进行修身养性。他还和倭仁交换日记，课责自己的一言一行。除在京师与理学小团体常常聚会讲学外，还不时与刘蓉、罗泽南通信，以理学道义相互砥砺。当时正是鸦片战争之际，清帝国内外危机深重，官僚集团贪贿成风，腐败堕落，在这样的环境下，曾国藩接受了不以个人功名富贵为念的理学信仰，养成了保国安民、奋不顾身的品格，这为他成就日后的功业奠定了精神基础。

曾国藩除了和理学家讲习理学外，还和桐城派文学家梅曾亮、汉学家刘传莹、邵懿辰相往来，学习古文、诗词的写作，并对考据之学也发生了兴趣。于是他试图融贯义理、考据、辞章、经济，力图在功、德、言"三不朽"方面皆有所成，这些学术经历对他以后的事功及学问影响很大。

---

① 徐世昌等编：《清儒学案》，第6548页。
② 《罗忠节公神道碑》，见《曾国藩全集·诗文》，第305页。

第三节　谔谔谏臣

曾国藩仕途颇顺。他于道光十八年(1838)中进士,道光二十年(1840)授翰林院检讨,道光二十七(1847)年超擢内阁学士兼礼部侍郎衔,二十九年(1849)又升任礼部右侍郎,此后四年遍兼兵、工、刑、吏各部侍郎。咸丰元年(1851),洪秀全在广西起义。广东、湖南以及江淮一带,会党、白莲教也在积极活动。鸦片战争之后,西方列强势力自沿海向内地也在逐步深入,清帝国陷于深层危机之中。咸丰帝为挽救危机,即位伊始,即下诏求言。曾国藩上《应诏陈言疏》,先是痛陈官场腐烂之积弊:

> 京官之办事通病有二,曰:退缩,曰琐屑。外官之办事通病有二,曰敷衍,曰颟顸。退缩者,同官互推,不肯任怨,动辄请旨,不肯任咎是也。琐屑者,利析锱铢,不顾大体,察及秋毫,不见舆薪是也。敷衍者,装头盖面,但计目前剜肉补疮,不问明日是也。颟顸者,外面完全,而中已溃烂,章奏粉饰,而语无归宿是也。有此四者,习俗相沿,但求苟安无过,不求振作有为,将来一有艰巨,国家必有乏才之患。①

为此,他提出,今日之急务,首在用人。用人考察之法,有人才转移之道,有培养之方,有考察之法。曾国藩的上书对咸丰帝有所触动。为此,皇帝专门作出批示:"礼部侍郎曾国藩奏陈用人之策,朕详加披览,剀切明辨,切中情事,深堪嘉纳。"②随后,曾国藩又奉旨疏荐人才。他奏称:"李棠阶以学政归家,橐橐萧然,品学纯粹,可备讲幄之选;吴廷栋不欺屋漏,才能干济,远识深谋,可当大任;王庆云闳才精识,脚脚踏实,可疆圉之寄;严正

---

① 《应诏陈言疏》,《曾国藩全集·奏稿》(一),第7页。
② 黎庶昌:《曾文正公年谱》,第36页。

基洞悉民隐,才能济变;江忠源忠义耿耿,爱民如子。"①曾国藩推荐的,或是立身严正的理学实践家,或是才能济变的经世干才,这些人后来都成了晚清政坛上的名人。

针对民变四起、将骄兵疲、国用不足的现状,曾国藩又上《议汰兵疏》②,提出精兵简政的主张。他痛斥军队"以千百械斗为常","以勾结盗贼为业","其他吸食鸦片,聚开赌场,各省皆然。大抵无事则游手恣睢,有事则雇无赖之人代充,见贼则望风奔溃,贼去则杀民以邀功"。至于财用不足,原因则是五年之间,"一耗于夷务,再耗于库案,三耗于河决,固已不胜其浩繁矣。乙巳以后,秦、豫两年之旱,东南六省之水,计每岁歉收,恒在千万以外,又发币数百万以赈救之。天下财产安得不绌?"在财政如此困难的情况下,曾国藩反对在赋税之外,再去搜刮民财。他说:"当此之时,欲于岁入常额之外,别求生财之道,则搜刮一分,民受一分之害,诚不可以妄议矣。"那么解决之道只能是精兵简政。他指出,国家每年的财政支出,以兵饷最巨,绿营兵建制为六十四万人,而以六十七万以给军用,每年费银二百多万两。为节省费用,应该汰兵五万。"自古开国之兵,恒兵少而国强。其后则兵愈多,则力愈弱;饷愈多,则国愈贫"。为此他提醒咸丰帝注意将才,"但使七十一镇之中有十余镇可为腹心,五十余万之中有十余万可为长城,则缓急之际,隐然可恃"。咸丰帝看了此疏后,立即召见国藩,表扬他的意见"切中时弊",但又托词"俟广西事定再行办理"③,此疏留中不发。

显然,曾国藩苦口婆心,皇上却虚与委蛇。国藩又痛恨内外臣工谄谀欺饰,无陈善责难之风。他心有不甘,于咸丰元年(1851)四月二十六日又上《敬陈圣德预防流弊》一疏④,批评的矛头直指咸丰帝本人。他批评皇帝,一是"琐碎"。对于帝王来说,大事是"位置人才"、"审度地利"、"慎重军需"。而皇上不去考虑这些大事,却每每苛责于人臣事君的礼仪,因礼仪失检,动

---

① 黎庶昌:《曾文正公年谱》,第 38—39 页。
② 《议汰兵疏》,《曾国藩全集·奏稿》(一),第 19 页。
③ 黎庶昌:《曾文正公年谱》,第 21 页。
④ 《曾国藩全集·奏稿》(一),第 24 页。

辄处罚大臣。如此"谨其所不必谨",则"谨于小而反忽于大"。二是"徒尚文饰"。也就是批评咸丰帝只做表面文章。他说,从去年以来,皇帝即下诏求言,大臣的那些应诏之言"岂无一二嘉谟至计?究其归宿,大抵皆以'无庸议'三字了之"。臣子如若真提些有益国计民生的意见,皇上便敷衍了事,不感兴趣;而感兴趣的只是哪位大臣的小楷字写得好,哪位大臣的试律写得巧。他痛陈要研求经世实学,而"力杜小楷、试律工巧之风,乃可以崇实而黜虚"。三是批评皇上专权独断,有"骄矜之气"。而皇上专权自任,势必喜欢那些"谄媚软熟之人",佞臣满庭,直臣远去,则"一旦有事,则满庭皆疲苶沓泄,相与袖手,一筹莫展而已"。

在清朝历史上,像曾国藩这样敢于在奏疏中直斥皇帝是不多见的。他的骨鲠之气,来源于他的理学训练。南宋理学家朱熹有著名的《戊申封事》,其中多指斥宋孝宗之言。能言人之所不能言、不敢言,有谔谔谏臣之风,是理学家的传统。曾国藩在上书之时,已做好"恐犯不测之威"的准备,但他"业将得失祸福置之度外矣"①。咸丰帝在看了曾国藩的奏疏后,所作出的上谕云:"曾国藩条陈一摺,朕详加披览,意在陈善责难,预防流弊。虽迂腐欠通,意尚可取……(曾氏奏疏)或语涉过激,未能持平,或仅见偏端,拘执太甚。念其意在进言,朕亦不加斥责。"②据说曾国藩的奏折送上去之后,咸丰帝披览未毕,即"怒摔其折于地,立如军机大臣欲罪之"③。只是由于祁寯藻、季芝昌为他求情,才免于获罪。但咸丰帝也很快认识到了曾国藩的忠直,不久即让他兼署刑左侍郎和吏部左侍郎。咸丰元年(1851)十二月十八日,国藩又上《备陈民间疾苦疏》,认为"国贫不足患,惟民心涣散则为大患。目前之急务,其大端有三:一曰银价太昂,钱粮难纳;二曰盗贼太众,良民难安;三曰冤狱太多,民气难伸"④。针对银价太贵,他又上《平银价疏》,提出平抑物价的

---

① 《曾国藩全集·家书》(一),第212页。
② 黎庶昌:《曾文正公年谱》,第44页。
③ 蒋孔彰:《中兴将帅别传》卷一,光绪二十五年刊本,第2页。
④ 黎庶昌:《曾文正公年谱》,第49页。

对策。

虽然仕途遂顺,但曾国藩心情却很苦闷。放眼全国,狼烟四起,太平军势力正一天天壮大,清帝国的统治在风雨飘摇之中,而朝廷却拒绝一切革除政弊的建议。正直廉劲的曾国藩与腐败官场也格格不入,处境日益孤立,"公既好直谏,议事与诸公贵人不和。诸公贵人见之或引避,至不与同席,公亦视之如无也"①。这使他日益厌倦京官生活,甚至发出"补天倘无术,不如且荷锄"的感叹。②

第四节　书生从戎

咸丰二年(1852)六月,曾国藩被任命为江西乡试正考官。他离京南下走到安徽太和县小池驿,接到其母江氏已于六月十二日去世的讣报。国藩大恸,改服丧服,取道湖北黄梅,过江,至江西九江雇到船只,溯江西上。此时洪秀全领导的太平军已出广西进入湖南,攻陷道州、桂阳、郴州,由安仁、醴陵下犯省城长沙。湖南各郡的会党已经蠢蠢欲动,准备接应太平军。而曾国藩的家乡湘乡县会党尤多,号为难治。湘乡县令朱孙诒请出本县儒生罗泽南、李续宾、王錱、刘蓉等,组织乡团武装,以靖地方。曾国藩的父亲曾麟书以乡老巨望的身份总领乡勇组建。国藩行至武昌,才得知长沙被围的消息,于是从岳州改行旱路,取道湘阴、宁乡,于八月二十三日辗转回到家乡白杨坪,在兵荒马乱中安排母亲的丧事。

咸丰三年(1853),太平军攻陷汉阳府之后,迅速顺江东下,攻占江宁(今南京),据为首都,改名天京,立国号为"太平天国",随后分兵北伐,直逼河南、直隶,天下震动。而曾国藩已于上年十一月被清廷任命为湖南团练大臣。清廷的意图是趁太

---

① 黎庶昌:《曾太傅毅勇侯别传》,《拙尊园丛稿》,卷三"内编",清光绪二十一年金陵状元阁刻本。

② 《秋怀诗》,《曾国藩全集·诗文》,第22页。

平军主力东下江宁,武昌业已被官军收复、长沙也即将解严之际,让在家守制的曾国藩,联络各地士绅,组织武装,协查土匪,以安定地方,并配合官兵,对抗太平军。国藩一开始拘于丧礼,并不想接手此事,上疏请求终制。其好友郭嵩焘劝他说:"公素具澄清之抱,今不乘时自效,如君父何?且墨绖从戎,古制也。"①于是曾国藩不再推辞,决意出山从戎。

曾国藩认为,对付太平军,必须有一支骁勇能战的军队,这样太平军重返湖南时可以据城抵抗,守卫桑梓;太平军不来,则可以出省作战,主动进攻。于是他参照前明戚继光练兵之法,在农民中招募朴实健壮者,朝夕训练;将领全用本地儒生,号曰"湘勇"。曾国藩最初带往长沙的湘勇不过千余人,分为三营,中营由罗泽南带领,左营由王鑫带领,右营由邹寿章带领。为增强军队战斗力,曾国藩严明军纪,以"保境安民"、"不要钱,不怕死"号召湘勇,并规定"军士所过,有取民间一草一木者,即行正法"②。对于这支刚成立的军队,曾国藩在给咸丰帝的奏折中说:"以之御粤匪,则仍不足……然以之防土匪,则已有余。今粤匪全数东下,各县乡团以查拿土匪为主。"③因此曾国藩的湘勇初试牛刀之举,便是镇压本地响应太平军的会党群众和土匪流寇。他在公馆设审案局,"以芟除土匪为第一要务",自言"择其残害于乡里者,重则处以斩枭,轻则立毙杖下……但求屠弱百姓之少得安恬,即吾身得武健严酷之名,或有损于阴骘慈祥之说,亦不敢辞已"④。据曾国藩自己奏称,截至咸丰三年(1853)六月止,仅四个月,审案局直接杀人一百三十七名。他批令各县就地处死者及后来捕捉处死的串子会群众尚有九十二名。曾国藩因此获得"曾剃头"的诨号,他的做法也引起湖南官场的非议。他对咸丰帝上奏折解释说:"非严刑峻法,痛加诛戮,必无以折其不逞之志,而销其逆乱之萌。"⑤并对友人说:"书

---

① 赵尔巽等撰:《清史稿·曾国藩传》,第11908页。
② 《与刘长佑王鑫》,《曾国藩全集·书信》(一),第126页。
③ 《严办土匪以靖地方折》,《曾国藩全集·奏稿》(一),第44页。
④ 《与徐玉山》,《曾国藩全集·书信》(一),第128页。
⑤ 《严办土匪以靖地方折》,《曾国藩全集·奏稿》(一),第44页

生岂解好杀,要以时势所迫,非是则无以锄强暴而安屡弱之民。"①

曾国藩认为,东南地势多水,欲与太平军争衡,非建水师不可。于是奏请朝廷在衡阳建造战船,共二百四十艘。招募并训练水、陆军共万人,水军由褚汝航、杨载福、彭玉麟率领,陆军由塔齐布、罗泽南率领。

太平军于咸丰三年(1853)攻占金陵后,开始向两个主要战场进军,一是向华北进军,二是西进安徽、江西及湖北。西路太平军连陷安庆、九江,最后攻陷汉阳,武昌戒严;随后太平军一部进入湖南。战事危急,清廷开始考虑使用曾国藩的湘勇与太平军作战。而国藩认为,与太平军争雄首先是在水上,而不是陆上,没有强大的炮船和水勇,则无法与拥有千舟万舸的太平军相抗衡。于是决定不惜重金,购买洋炮,船炮不齐,拒绝出征。此时他顶着极大的精神压力,一方面朝廷催他尽快出兵,咸丰帝甚至责他:"试问汝之才力能乎?否乎?平时漫自矜夸,以为无出己右者,及至临事,果能尽符其言甚好,若稍涉张皇,岂不贻笑天下。若设法赶紧赴援,能早一步即得一步之益。"②另一方面,安徽、湖北形势危急,其门生或好友江忠源、李鸿章、袁午桥、陈岱云俱在安徽战场,处境危险。他举进士时的房师、湖广总督吴文镕也多次求其急援。但国藩坚持认为"舟师未备,去亦何益"③。为大局计,他拒绝了咸丰帝的命令,也摈弃了私人师友情谊。结果江忠源在庐州战死,吴文镕督师败死于黄州。

咸丰四年(1854)一月,曾国藩练成水陆兵勇各五千共计万人,再加上陆路之长夫、随丁,水路之水手、杂役,全军共一万七千人。随即发布《讨粤匪檄》,正式出征。檄文以保卫孔孟之道为名,号召文人才士起来抵抗"拜上帝教"的太平天国。其中曰:

---

① 《与魁联》,《曾国藩全集·书信》(一),第129页。
② 《筹备水陆各勇赴皖会剿俟粤省解炮到楚乃可成行折》附咸丰帝朱批,见《曾国藩全集·奏稿》(一),第82页。
③ 《复庄寄渔》,《曾国藩全集·书信》(一),第356页。

自唐虞三代以来,历世圣人,扶持名教,敦叙人伦,君臣父子,上下尊卑,秩然如冠履之不可倒置。粤匪窃外夷之绪,崇天主之教,自其伪君伪相,下逮兵卒贱役,皆以兄弟称之。谓惟天可称父,此外凡民之父,皆兄弟也;凡民之母,皆姊妹也。农不能自耕以纳赋,而谓田皆天王之田;商不能自贾以取息,而谓货皆天王之货;士不能诵孔子之经,而别有所谓耶苏之说、《新约》之书。举中国数千年礼义人伦、诗书典则,一旦扫地荡尽。此岂独我大清之变,乃开辟以来名教之奇变,我孔子、孟子之所痛哭于九原!凡读书识字者,又乌可袖手安坐,不思一为之所也!①

　　曾国藩出师即遭不利。先是水师遇大风,覆舟数十艘。陆师至岳州,与太平军一交手,前队即溃,引还长沙。水师在靖港作战,又败,曾国藩愤而投水自杀,被部下救起。所幸塔齐布在湘潭作战胜利,让曾国藩多少挣回了一些面子。国藩首战失利,招致湖南司道官员的讥笑、唾骂,甚至有人要参劾他,主张解散湘军。曾国藩只好"好汉打脱牙和血吞",他后来回忆说:"岳州之败、靖港之败、湖口之败,盖打脱牙之时多矣,无一次不和血吞之。"②他总结教训,认为致败的原因是功罪不明,赏罚不严。因此重整军队,扩充兵员,徐图自强。

　　太平军自岳州攻陷常德后,迅即北走,再克武昌。曾国藩带兵奔岳州,斩杀太平军枭将曾天养,然后克复武昌,大破太平军于田家镇,毙敌数万。从此湘军之名威震天下。田家镇战败的消息传到天京,太平天国东王杨秀清立刻派能征善战的将领石达开、罗大纲赶赴西线指挥。湘军攻九江不利,只好分兵进攻湖口和梅家洲。水师一部分战船被太平军诱入鄱阳湖内,被肢解为外江和内湖两截,因而遭受太平军火攻。湘军水师大败,曾国藩的座船亦被太平军俘获。他羞愧难当,再次跳水自杀,又被幕僚救起,用小船送入罗泽南营中。他遥望内江水师

---

① 《讨粤匪檄》,《曾国藩全集·诗文》,第232页。
② 《致沅弟》,《曾国藩全集·家书》(二),第1309页。

溃不成军,倍感凄凉和痛心,欲效春秋时晋国大将先轸那样,"策马赴敌死",慌得罗泽南、刘蓉等人急忙拉住马缰绳,苦苦劝说才罢。①

咸丰五年(1855),太平军再陷武汉,奔袭荆、襄。曾国藩派胡林翼回援湖北,塔齐布、罗泽南随国藩苦战江西。后塔齐布攻九江失利,呕血而死,江西军情更加危急。而罗泽南此时上书国藩,认为江西军情固然重要,但东南大局在于武昌,占领武昌才有建瓴之势,从而使湘军占据主动。于是罗泽南请求率部回援武汉。幕僚刘蓉颇为担心,劝说国藩:"公所恃者塔、罗。今塔将军亡,罗又远行,脱有急,谁堪使者?"国藩曰:"吾计之熟矣,东南大局宜如是,俱困于此无为也。"郭嵩焘为罗泽南置酒饯行,对泽南说:"曾公兵单,奈何?"罗泽南回答:"天苟不亡本朝,公必不死。"②于是罗泽南毅然率部回援武汉,旋即战死于武昌城下。

罗泽南战死后,曾国藩令李续宾统领罗泽南军,再克武昌,进攻九江,军威复振。咸丰七年(1857)二月,曾国藩父亲去世,他不待朝命,即径归守制。他坚请终制,朝廷不允,给假三月,令其回籍治丧。咸丰八(1858)年八月,国藩归军,驻建昌,渐次肃清江西诸郡县。太平军方面,天京发生内讧,洪秀全令北王韦昌辉杀死东王杨秀清,不久韦又被洪秀全处死。天京成千上万的将士因内讧被杀。石达开负气出走,由福建经江西辗转入湖南,企图西入四川。胡林翼考虑川盐乃湖北饷源,于是联合湖广总督官文疏请曾国藩援蜀。后石达开远走广西,上游兵事缓解,而太平军悍将陈玉成在安徽三河镇围歼湘军名将李续宾部六千人,李续宾与曾国藩的六弟曾国华同时丧命。这对于国藩来说是一个巨大的打击。他与胡林翼合谋,定三道图皖之策,派其九弟曾国荃率军围攻安庆。安庆未及攻下,而皖南广德县反被太平军攻下,随后杭州失陷。

咸丰十年(1860),李秀成率太平军击破清军江南大营,江苏、浙江也相继陷入太平军之手。形势此时对太平天国非常有

---

① 黎庶昌:《曾文正公年谱》,第130页。
② 赵尔巽等撰:《清史稿·曾国藩传》,第11910页。

利。左宗棠悲叹说:"此胜败之转机也!江南诸军,将骞兵疲久矣。涤而清之,庶几后来可藉手乎?"有人问"谁可当者?"胡林翼说:"朝廷以江南事付曾公,天下不足平也。"①直到这时,清廷才认识到朝廷绿营兵已不足恃,只有曾国藩的湘军才是唯一可依赖的力量。于是加曾国藩兵部尚书衔,署理两江总督,授钦差大臣,把和太平军作战的全部希望放在了他身上。在江苏、浙江危急之时,江浙官绅告急书信每天都要来数十次,朝廷要求曾国藩救援的诏书也一连下达。而国藩不为所动,坚持安庆之围不能撤。他认为安庆为金陵上游门户,只有攻克安庆,才能控制长江水道,为攻克金陵创造条件。为资饷江西,以及阻断太平军由浙、赣两省进援安庆之路,也为将来进军苏南张本,曾国藩集兵一万三千人进驻皖南祁门,留下曾国荃继续围攻安庆。恰在这时,第二次鸦片战争爆发,英、法联军侵犯京师,咸丰帝逃往热河。国藩闻警,做好提兵北上救驾的准备,写家信告知家人:"余若奉旨派出,带兵北上,成败利钝全不计较,但以明君臣大义。主辱臣死,分所当然耳。"②但他也预料到英法志不在侵占领土,此事必以和议解决,因此通过往返奏报的方法迁延时日,不肯解安庆之围而带兵北上。后来事态的发展也果如他所料。

咸丰十年(1860)冬,李秀成西征太平军进入皖南,破羊栈岭攻克黟县,距曾国藩祁门大营仅八十里。此时军报已绝断不通,情势十分危急。国藩在军中,"意气自如,时与宾佐酌酒论文"③。又自率大军从祁门进驻休宁。时值天雨,湘军二十二营中,溃败八营,而且被四面包围,粮饷已断。国藩给儿子曾纪泽、曾纪鸿写好遗书,信中说自己"官至一品,寿逾五十","若遂不测,毫无牵恋",唯有一点遗憾的是,古文与诗,用力颇深,如果身死,则成"广陵之散"④。正在国藩陷入绝望之时,太平军李世贤部与左宗棠交战失利,遂从景德镇东走浙江。于是湘军粮

---

① 赵尔巽等撰:《清史稿·曾国藩传》,第11912页。
② 《致澄弟》,《曾国藩全集·家书》(一),第587页。
③ 赵尔巽等撰:《清史稿·曾国藩传》,第11912页。
④ 《谕纪泽、纪鸿》,《曾国藩全记·家书》(一),第662页。

道复通,曾国藩转危为安,移居东流。

咸丰十一年(1861)八月,曾国荃攻克安庆。安庆的失陷,使天京失去重要屏障,从此太平军居于守势,湘军与太平军的主战场由安徽移至江苏。此时咸丰帝病死于热河,同治帝即位,慈禧太后垂帘听政,加曾国藩太子少保衔,命节制江苏、安徽、江西、浙江四省。朝有大政,咨而后行。国藩派曾国荃围攻金陵(天京),派左宗棠赴浙江荡平太平军李世贤部,派李鸿章赴苏、沪战场与太平军李秀成部作战。李鸿章从淮上募勇八千,曾国藩亲为其选配湘军良将,从此淮军成立。国藩共派出十路大军,发动了对太平天国的总攻击。他本人驻留安庆,总揽各战场的指挥权。

同治三年六月十六日(1864年7月19日),天京沦陷。曾国荃纵兵掳掠烧杀,清廷论功行赏,曾国藩赏加太子太傅,封一等毅勇侯,赏双眼花翎。自清开国以来,文臣封侯,曾国藩为第一人。

剿平太平天国之后,曾国藩功成不居,同时也是为打消清廷疑虑,自动裁撤他所直接统帅的湘军主力二万五千名,并让曾国荃辞去浙江巡抚的职务,以回籍养病为借口为他请假。东南局面已大定,但曾国藩的戎马生涯还没结束。同治四年(1865),捻军在山东曹州全歼清军剿捻主力僧格林沁所部骑兵,僧格林沁本人也被击毙。清廷大为震动,赶紧派曾国藩督师北剿,让他节制直隶、山东、河南军务,指挥三省所有八旗、绿营及地方文武员弁。

捻军是活跃在长江以北鄂豫陕皖边区的反清农民武装,起源于"捻子",早期燃油捻纸,聚众作法,后来揭竿而起,响应太平天国,武装对抗清廷。捻军以骑兵为主,驰骋于皖、豫、鲁、苏、鄂等八省十余年,兵力极盛时达二十万人。针对捻军流动作战、行踪飘忽不定的特点,曾国藩放弃了僧格林沁跟踪追击式的作战方式,采取了重点设防,坚壁清野,画河圈围的对策,以图将捻军聚而歼之。他上奏朝廷说:"扼要驻军临淮关、周家口、济宁、徐州,为四镇。一处有急,三处往援。今贼已成流寇,若贼流我与之俱流,必致疲于奔命。故臣坚持初议,以有定之兵,制无定之寇,重则剿,不重尾追。"①但这些措施,虽然稳健,不能速效。一年多的时间,捻军仍奔突如故,清军将士皆谓不以作战为苦而苦于奔逐。于是朝廷言路开始责怪曾国藩安坐徐州,剿捻无效。而国藩也自觉难堪,便于同治五年(1866)十月自请开缺协办大学士、两江总督等职衔,别派钦差大臣接办军务,自己以散员留军效力,又请求削去自己的封爵。朝廷只撤换了他的剿捻钦差大臣一职,令他南返两江总督原任,剿捻事宜,交由李鸿章办理。关于一切军情调度,上谕又要求李鸿章咨商于曾国藩。同治六年(1867)三月,曾国藩还两江总督任上。

李鸿章接手后,仍坚持曾国藩原定画河围圈的作战方略,力图以线控面,压缩与限制捻军的作战范围。但不久捻军突围而去,守局失败;李鸿章招致朝臣群起反对,朝廷也下旨切责。但他不像曾国藩那样,遇到谤议即疏请解职,而是仍力主守河之策。终于将东捻军逼迫到山东登州、莱州一带狭小地区,将西捻军围困在黄河、运河、徒骇河之间。同治七年(1868),东捻军首领赖文光东走扬州被俘,西捻军首领张宗禹投徒骇河而死,捻军最终全军覆灭。直到这时,曾国藩才算是彻底告别了战场,结束了他长达十几年的军旅生活。

第五节 晚年忧患

曾国藩是晚清较早的有世界眼光的政治人物。他在一手镇压农民革命的同时,另一手发起了中国近代化自强运动。咸丰十一年(1861),他创建安庆军械所,在历史上首次制造出洋枪洋炮。同治二年(1863),在曾国藩的扶持下,中国技术人员首次制成一艘木壳小轮船"黄鹄号"。是年,他接受近代中国首位留学美国的学生——容闳的建议,在上海建铁厂,即后来的江南制造厂。五年后,该厂建成中国第一艘轮船,并驶至南京请曾国藩验看。国藩高兴地将其命名为"恬吉号"。曾国藩还

---

① 赵尔巽等撰:《清史稿·曾国藩传》,第 11915 页。

罗致中外学者大量翻译西方的自然科学著作。同治九年（1870），他向清廷提出派遣学生赴美留学的建议，这一建议最终于同治十一年（1872）在曾氏卒后得以落实。这是中国近代史上留学生运动的开端。曾国藩发起洋务运动的尝试，用他自己的话说，"其大要不外三端，曰制器，曰学技，曰操兵"①。从而拉开了工业、教育、军事向西方学习的序幕。曾国藩发起洋务运动的目的，一方面是为了平定内地的叛乱，维护朝廷的统治；另一方面也有抵御外侮、维护民族利益的目的。他在同治元年（1862）五月七日的日记中说："欲求自强之道，总以修政事、求贤才为急务，以学作枪炮、学造轮船等具为下手工夫。但使彼之所长，多皆有之，顺则报德有其具，逆则报怨亦有其具。若在我者，挟持无具，则曲固罪也，直亦罪也，怨之罪也，德之亦罪也。内地之民，人人媚夷，吾固无能制之，人人仇夷，吾亦不能用之也。"②

同治三年（1864），曾国藩在攻陷天京的缺口处立碑曰："穷天下之力，复此金汤，苦哉将士，来者勿忘。"③他回顾十余年与太平军艰苦作战的历史，百感交集，又写下《昭忠祠记》。其中曰：

> 君子之道，莫大乎以忠诚为天下倡。世之乱也，上下纵于亡等之欲，奸伪相吞，变诈相角，自图其安而予人以至危，畏难避害，曾不肯捐丝粟之力以拯天下。得忠诚，起而矫之，克己而爱人，去伪而崇拙；履诸艰而不责人以同患；浩然捐生，如远游之还乡而无所顾悸。由是众人效其所为，亦皆以苟活为羞，以避事为耻。呜呼！吾乡数君子所以鼓舞群伦，历九州而勘大乱，非拙且诚者之效与？亦岂始事时所及料哉！④

在这篇文章中，他总结自己和湘乡勇士们正是靠着忠诚与

---

① 《钦奉谕旨复陈夷务折》，《曾国藩全集·奏稿》（十），第6092—6093页。
② 《曾国藩全集·日记》（二），第748页。
③ 《修治金陵城垣缺口碑记》，《曾国藩全集·诗文》，第277页。
④ 《湘乡昭忠祠记》，《曾国藩全集·诗文》，第304页。

无私才平定了大乱,而现在海宇粗安,"群材之兴也不可量矣,又岂以武节彪炳寰区也乎"?他希望不仅仅是战争需要这种忠诚无私奉献的精神,和平建国同样如此。只有这样,大清朝中兴才能有望。

内乱已经平定,曾国藩的湘军势力在晚清政治格局中迅速扩大。到同治三年(1864),全国8名总督中,有3名是湘系;全国15名巡抚中有7名出自湘军或与湘军关系密切。[①] 曾国藩倡导理学,在他的影响下,全国官场风气多少有所好转,以至于形成了短暂的所谓"同治中兴"的局面。但放眼全国,形势并不容乐观,曾国藩时时忧心忡忡。从吏治上看,他选拔人才的标准是"能做事,不爱钱,不怕死",他自己的确也起到了带头作用。在他训诫晚辈的书信中,时常教导家人节俭、勤奋、廉洁。他服官清正,据其女儿曾纪芬晚年自撰年谱,他在北京做官期间,一向贫苦,甚至当他已掌军权时,每年寄给家里的钱不过十至二十两银子。直到他已任直隶总督时,才从他的年俸里积蓄了二万两银子。[②] 但是,他整顿吏治并没有多大的起色,时时感叹:"安得有人乎?勇于事情者皆有大欲存焉!"[③]他在两江总督任上,曾试图推行一些改革,但成效不大。如在江浙推行减糟减赋、裁减浮额和取消士绅免税特权,以减轻中小地主及自耕农的钱粮负担,企图缓和社会矛盾。但不少巨室大族抗粮不交,国藩亦无可奈何。在李榕因办米捐被劾丢官之后,他更觉得巨室得罪不起。他在给李鸿裔的信中感叹说:"申夫(李榕)傲岸不羁,卒乃以此被谤。米捐固其借端,然办捐而必曰著重上户,使大绅巨室与中人小家平等捐输。此其势固有所不能。王介甫使品官形势之家均出免役钱文,众论愈哗,巨室之不可得罪也久矣!"[④]

---

① 参见董蔡时:《略论曾国藩、湘军与晚清督抚专政局面的形成》,《中学历史》,1989年第6期。

② 参见曾纪芬:《崇德老人八十自订年谱》,同治三年条下,聂氏家庭出版社,民国二十年铅印本。

③ 赵烈文:《能静居日记》(四),同治六年九月初四日。见吴相湘编:《中国史学丛书》,台湾学生书局1964年版,第1593页。

④ 《曾国藩全集·书信》(九),第6801页。

攻克天京之后，曾国藩为避免清廷的疑忌，决定解散湘军。湘勇遣散之后，不少人因为朝廷欠饷而心怀不满参加哥老会，成为抗清的团体。对这些哥老会，曾国藩力主不能"搜剔根株，窃恐愈剔愈众，愈搜愈乱，祸无了日"。国内的局势仍不稳定，甚至在湖南的家人能否安居也是个问题，这让曾国藩很是忧心。他在在同治六年六月初六日家书中说："人多言湖南恐非乐土，必有劫数，湖南大乱，则星冈公之子孙自须全数避乱远出。"①同治六年（1867）六月二十日，曾国藩对其幕僚赵烈文说："京中来人云：'都门气象甚恶，明火执仗之案时出，而市肆乞丐成群，甚至妇女亦裸身无裤'，民穷财尽，恐有异变，奈何？"赵烈文说："天下治安一统久矣。势必驯至分剖。然主威素重，风气未开，若非抽心一烂，则土崩瓦解之局不成。以烈度之，异日之祸必先根本颠仆，而后方州无主，人自为政，殆不出五十年矣。"国藩沉默良久，说："吾日夜望死，忧见宗祐之陨。"②但他对未来仍抱有幻想，认为"国运长短，不系乎强弱，惟在上位者有立国之道，则虽困而不亡"③。

同治七年（1868）六月，曾国藩调任直隶总督。他先在北京住了一个多月。先后四次受到那拉氏的接见，两次参加国宴。并在庆贺新年的宴会上以武英殿大学士排汉大臣班次之首。下面是曾国藩日记中所记的他与慈禧太后的一段对话：

太后问："汝在江南事都办完了？"

对："办完了。"

问："勇都撤完了？"

对："都撤完了。"

问："遣撤几多勇？"

对："撤的二万人，留的尚有三万。"

问："何处人多？"

对："安徽人多。湖南人也有些，不过数千。安徽人极多。"

---

① 《曾国藩全集·家书》（二），第1341页。
② 赵烈文：《能静居日记》（三），同治六年六月二十日，第1892页。
③ 赵烈文：《能静居日记》（四），同治六年九月二十三日，第1977页。

问:"撤得安静?"
对:"安静。"
问:"你一路来可安静?"
对:"路上很安静。先恐有游勇滋事,却倒也平安无事。"
问:"你出京多少年?"
对:"臣出京十七年了。"
问:"你带兵多少年?"
对:"从前总是带兵,这两年蒙皇上恩典,在江南做官。"
问:"你从前在礼部?"
对:"臣前在礼部当差。"
问:"在部几年?"
对:"四年。道光廿九年到礼部侍郎任,咸丰二年出京。"
问:"曾国荃是你胞弟?"
对:"是臣胞弟。"
问:"你兄弟几个?"
对:"臣兄弟五个。有两个在军营死的,曾蒙皇上非常天恩。"
碰头。
问:"你从前在京,直隶的事自然知道。"
对:"直隶的事,臣也晓得些。"
问:"直隶甚是空虚,你须好好练兵。"
对:"臣的才力怕办不好。"
旋即叩头退出。①

从这些无关紧要的对话中,可以想象曾国藩对最高当政者的失望。同治八(1869)年五月二十八日,赵烈文抵达保定,曾国藩就向他透露了悲观的心情:"吏治风俗颓坏已极,官则出息毫无";"两宫(慈禧、慈安两太后)才地平常,见面无一要语;皇

---

① 《曾国藩全集·日记》(三),第1581—1582页。

上冲默,亦无从测之;时局尽在军机恭邸(奕䜣)、文(文祥)、宝(宝鋆)数人,权过人主。恭砥极聪明而晃荡不能立足;文柏川(文祥)正派而规模狭隘,亦不知求人自辅;宝佩衡(宝鋆)则不满人口。朝中有特立之操者尚推倭艮峰仁,然才薄识短。余更碌碌,甚可忧耳。"①

同治八年(1869)二月,曾国藩正式接任直隶总督。他从清讼入手,整顿直隶吏治。仅用一年的时间即清理积案四万一千余起。但他的健康每况愈下,体力常感不支,右目近于失明,常感到眩晕。就在这时,天津发生了教案,朝廷命令其前去查办。

天津教案的起因是迷拐幼孩案。从咸丰二年(1852)起,法国传教士为扩大天主教的影响,在天津兴办育婴堂,养育弃婴,从事慈善。他们不仅让教民捐钱,还从欧洲募集捐款。教会收养的弃婴愈多,所获捐款相应亦多。因此,传教士或修女为追求育婴数量,往往不问弃婴的来路;而不法之徒为了赚钱,就干起了拐卖婴孩送入育婴堂的勾当。同治九年(1870)春夏之交,天津出现传染病,育婴堂大批儿童死亡,死婴多埋在教堂墓地,引起不明真相群众的怀疑。恰在这时,天津知府张光藻、知县刘杰拿获迷拐人口的奸民张拴、郭拐,将其正法;又据桃花口民团缉获迷拐李所之、武兰珍供称,迷药来自教民王三。于是市井哄传天主教堂遣人迷拐幼孩,挖眼剖心作为药引。民众被这些传言激怒,殴死对中国官员咆哮行凶的法国领事官丰大业,并焚毁教堂,共杀死法国领事、教士、商人十三名,俄国人三名,烧毁法、英、美、俄教堂、洋行、住宅十处。事发后,法、英、美、俄、德、比利时、西班牙等七个国家,联合向清政府抗议,并派出军舰在天津海面示威,要求清廷镇压民众,惩办官吏,并将天津知府、知县正法。

曾国藩就是在这种情况下临危受命的。中国是一个弱国,自鸦片战争以来,屡受列强欺侮,一般民众有很强的仇外、排外心理,对伴随武力跟进的西方天主教势力多有抵触。一方面,中外交涉本来就是个非常棘手的问题,更何况此案涉及七个国

---

① 赵烈文:《能静居日记》(四),同治八年五月二十八日,第2224—2225页。

家,中国可能再次面临战争的威胁;另一方面,如果曾氏对外妥协,则易引起国内民族主义情绪,无异于将自己放在火炉上烤。曾国藩深知问题的严重性。临行前,他给儿子写好二千余言的遗嘱,其中曰:

> 余即日前赴天津,查办殴毙洋人焚毁教堂一案。外国性情凶悍,津民习气浮嚣,俱难和叶,将来构怨兴兵,恐致激成大变。余此行反复筹思,殊无良策。余自咸丰三年募勇以来,即自效命疆场,今老年病躯,危难之际,断不肯吝于一死,以自负其初心。恐邂逅及难,而尔等诸事无所禀承,兹略示一二,以备不虞。①

曾国藩奉行的是实力外交。他很清楚刚刚经历过第二次鸦片战争以及太平天国、捻军动乱的中国,国力孱弱,并无和强大的西方国家作战的本钱。他给朝廷上奏说:"臣查此次天津教案,事端宏大,未能轻易消弭。中国目前之力,断难遽起兵端,惟有委曲求全之一法。"②虽然如此,他在谈判时据理力争,先是力求查明"武兰珍是否果为王三所使,王三是否果为教堂所养,挖眼剖心之说是否果为三王所使,抑系确有证据"。国藩认为,"此两者为案中最要之关键。审虚则洋人理直,审实则洋人理曲"③。同时他也做好了和战两手准备,令淮军名将刘铭传束装赴军,将静海之营调至天津,又檄调张秋全队进扎沧州一带。他给刘铭传去信说:

> 惟中国虽决计主和,究竟和与不和,其权仍操之自彼。彼若立意决裂,虽百请百从,终不济事……此时洋人在大沽者人数尚属无多,即续调安南、日本等处驻防之兵,计不过数千人,我以铭字全军御之,尚可稍与枝梧。阁下前在清江相见,曾言如与洋人构兵,必当投袂而起,今遇此事,正英雄建树奇勋之会。倘

---

① 《曾国藩全集·家书》(二),第1369页。
② 《曾国藩全集·奏稿》(十二),第6997页。
③ 《曾国藩全集·奏稿》(十二),第6967—6968页。

践前诺，非惟国藩受赐，实亦大局之深幸。①

经过对王三的审问，虽然他供认授药武兰珍，但时供时翻。调查天主教仁慈堂被查出的150多人，全说是由家人送至仁慈堂抚养，并无被诱拐现象。所谓迷拐婴孩、挖眼剖心之事竟查无实据。曾国藩不得不承认："杀孩坏尸，采生配药，野番凶恶之族尚不肯为，英法各国乃著名大邦，岂肯为此残忍之行？……彼以仁慈为名，而反受残酷之谤，宜洋人之忿忿不平也。"②审案的结果竟是"审虚则洋人理直"。于是，曾国藩提出了他议结津案的方案：

一、张光藻、刘杰革职，发往黑龙江效力；

二、判处凶犯二十人死刑，充军二十五人；

三、赔款及抚恤共计四十九万千七余两白银；

四、派崇厚为特使，前往法国道歉，并表示愿与法国"实心和好"。

方案公布后，朝野舆论大哗，自京师及各省讥议纷起，"责问之书数至"，曾国藩被骂为"卖国贼"。京师湖南同乡会尤引为乡人之大耻，会馆中所悬曾国藩"官爵匾额"悉被击毁。③但国藩不为所动，仍坚持自己的办案主张。他向朝廷及友人反复说："国藩平日办事拙滞，举措失机，实所不免。至如专挟私见，顾惜一己之毁誉，不问大局之成败，则素所不为。"④"但令大局不致从此决裂，即为厚幸；一身之丛毁实由智浅不能两全，亦遂不复置辨"⑤。从国家大局出发，不计个人之毁誉，表现了他理学家坚定的修养功夫。尽管如此，一生重视清名的曾国藩精神上仍受到了极大的刺激，他给儿子曾纪泽写信："吾此举内负疚于神明，外得罪于清议，远近皆将唾骂，而大局仍未必能曲全，日内当再有波澜。吾目昏头晕，心胆俱裂，不料老年遭此大

---

① 《致刘铭传》，《曾国藩全集·书信》（十），第7220—7221页。
② 《曾国藩全集·奏章》（十二），第6980页。
③ 徐凌霄、徐一士：《曾胡谈荟》，《国闻周报》，第六卷，第38期。
④ 《复奕䜣》，《曾国藩全集·书信》（十），第7260页。
⑤ 《复周寿昌》，《曾国藩全集·书信》（十），第7263页。

难。"①并哀叹说:"名已裂矣,亦不复深问耳。"②

同治九年(1870)八月,曾国藩再次调任两江总督。回江宁后,受教案事件的影响,心情仍不免悒郁,身患眩晕、目疾、肝风等多种疾病。同治十一年(1872)二月初一日,他在《日记》中写道:"余精神散漫已久,凡遇应了结之件,久不能完,应收拾之件,久不能验,如败叶满山,全无归宿。通籍三十余年,官至极品,而学业一无所成,德行一无可许,老大徒伤,不胜悚惶惭赧。"③初二日又记:"阅《二程遗书》,二更四点睡,尚能成寐。"④初三日又记:"早饭后清理文件,阅《理学宗传》……中饭后阅本日文件……阅《理学宗传》中张子一卷。二更四点睡。"⑤初四日,一代理学名臣曾国藩带着无穷的忧患和未了的心愿,在江宁两江总督官署因病溘然长逝。终年六十二岁。

曾国藩生平著述,有奏稿三十六卷,书札三十三卷,批牍六卷,诗集三卷,文集三卷,杂著四卷,求阙斋读书录十一卷,日记类钞二卷,十八家诗钞二十八卷,经史百家杂钞二十六卷,经史百家简编二卷,鸣原堂论文二卷,古文四象四卷。以上统编为全集,附年谱十二卷。又有求阙斋弟子记四十卷,为门人所记述。又有家书十卷,家训二卷,并行于世。⑥曾国藩全集的编纂,最早是由李瀚章编纂于清光绪二年(1876),由传忠书局印行的。该书共计一百六十七卷,汇集了曾国藩的奏稿、十八家诗钞、经史百家杂钞、经史百家简编、鸣原堂论文、诗集、文集、书札、批牍、杂著、求阙斋读书录、求阙斋日记类钞、孟子要略、年谱、传记、墓志铭等论著。1994年,岳麓书社出齐《曾国藩全集》三十册,共一千五百多万字,该书以曾氏家藏手稿为底本,参照清光绪二年(1876)传忠书局版《曾文正公全集》、台湾学生书局版《湘乡曾氏文献》及其他资料整理、编辑而成。2011年,

---

① 《谕纪泽》,《曾国藩家书》(二),第1375—1376页。
② 《谕纪泽》,《曾国藩家书》(二),第1382页。
③ 《曾国藩全集·日记》(三),第1943页。
④ 《曾国藩全集·日记》(三),第1943页。
⑤ 《曾国藩全集·日记》(三),第1944页。
⑥ 参见徐世昌等编:《清儒学案》,第6791—6792页。

岳麓书社又出版《曾国藩全集》的修订版,在 1994 年版本的基础上新增包括来自台湾的奏稿、批牍等内容约四五十万字,成为目前收集曾国藩遗著最为全备的版本。

第二章

曾国藩学术思想之背景研究

第一节 从宋学到汉学:清代康、雍、乾时期学术风气的转移

汉学,或者称"考据学",是清朝代表性的学术,与宋明理学的学术风格非常不一致。那么,清代汉学是如何兴起的?为什么会取代宋明学术成为清代最大的显学?关于这个问题,自上个世纪初以来,学术界争论得很热烈。代表性的观点有几种,分述如下:

一是梁启超的观点。他认为,清代学术为宋明理学的"一大反动",他将宋学转为清学解释如下:"吾言'清学之出发点,在对于宋明理学一大反动',夫宋明理学何为而招反动耶?学派上之'主智'与'主意','唯物'与'唯心','实验'与'冥证',每迭为循环。大抵甲派至全盛时必有流弊,有流弊斯有反动,而乙派与之代兴。乙派之由盛而弊,而反动亦然。"①

二是钱穆的观点。钱氏认为,汉学与宋学实无法截然分开。他说:"近世揭櫫汉学之名以与宋学敌,不知宋学,则无以平汉宋之是非。且言汉学渊源者,必溯诸晚明诸遗老。然其时如夏峰、梨洲、二曲、船山、桴亭、蒿庵、习斋,一世魁儒耆硕,靡

---

① 梁启超:《清代学术概论》,上海古籍出版社 1998 版,第 7—8 页。

不寝馈于宋学。继此而降,如恕谷、望溪、穆堂、谢山,乃至慎修诸人,皆于宋学有甚深契诣,而于是时以及乾隆,汉学之名,始稍稍起,而汉学诸家之高下浅深,亦往往视其所得于宋学之高下浅深以为判。道咸之下,则汉宋兼采之说渐盛,抑且多尊宋贬汉,对乾嘉为平反者。故不识宋学,即无以识近代也。"①

三是章太炎的观点。太炎认为,清儒埋头故纸堆,训诂考据,是向满清表达消极不合作的态度,"处无望之世,炫其术略,出则足以佐寇,反是欲以寇竟,即网罗周密,虞侯枊互……非施之训诂,且安施邪?"②

四是侯外庐将清代思想史定位为"启蒙"说。以"资本主义萌芽"的说法解释清初及清中叶学者对理学的批判。

以上是代表性的几种观点。20世纪80年代以来,这个话题又被热炒,学者们各表新见。如余英时,他引述西方思想史(history of ideas)的模式,提出"内在理路"(inner logic)说。大致是说晚明和程朱派与陆王派都认为自己的思想合乎孔孟的真意思,争到最后,"一定要回到儒家经典中去找立论的根据。义理的是非于是乎只好取决于经书了。理学发展到这一步就无可避免地要逼出考证之学来"③。此外,葛荣晋提出实学思潮取代理学末流说;台湾学者张寿安提出"以礼代理"说;日本方面,山井涌认为,气哲学取代了理哲学成为主流从而促成学术转向说等等。

上述众说,有一些虽然也言之成理,但颇为迂曲牵强的也不少,有的甚至是错误的。如章太炎的说法影响很大,但现在看来,并不完全是这样。有很多史料证明清廷甚至皇帝是鼓励和支持汉学运动的,并不如章氏所说的"不合作"说。这个问题我们在后面还要谈及。侯外庐的说法不能说完全没有根据,但正如余英时所指出的,将清代的反理学,说成是"代市民阶级争

---

① 钱穆:《中国近三百年学术史》,商务印书馆1997版,第1页。
② 章太炎:《检论》卷四,见《章太炎全集》第三册,上海古籍出版社1984版。
③ 余英时:《清代思想史的一个新解释》,见《中国思想传统的现代诠释》,江苏人民出版社2003年版,第164页。

利益",恐怕是难以成立的。① 余英时的"内在理路"说,将考据学说成起源于朱陆之争,可聊备一说,但也不是没有问题。事实上,朱学在康熙朝已占独尊地位,从康熙朝至乾嘉汉学大盛时已过去近百年的时间,这期间陆王之学早已风头不再,无法与如日中天的朱学争锋,怎么可能再激发出汉学之兴盛呢?所谓"实学"说,也有问题。因为不管是程朱还是陆王,都说自己的学说是"实学"。② 以清学为"实学"不足以服宋明儒。至于其他的说法,虽各自成理,但多少有迂曲之嫌。

比较以上众说,本文认为,梁启超和钱穆的观点,各说出一个问题的不同侧面,都比较接近历史的真实。但他们只是提出了这么一个观点,没有具体地展开和论证。我把两人的观点综合起来考察,在此基础上拈出一个"经世说"来解释从宋学到汉学的嬗变。

一、清初学人经世的焦虑与朱子学的回归

中国古代的儒学,有一个最大的特点,就是都以经世为目的。宋儒认为汉唐经学循规蹈矩,训诂考据,各守师说,这种死板的治学方法窒息了儒学的生命力,从而导致儒门淡薄,无法应对佛老的挑战。于是宋儒疑经、改经,甚至援引佛道,对儒家的几部经书进行了与汉唐说经大为异趣的新义理式的创造,这就是所谓的"道学"或"理学",也有人称之为"新儒学"。在宋代,道学有程朱一派的理学,侧重于道问学,有知识主义的倾向;有陆象山一派的心学,侧重于尊德性,有反知识主义的倾向。理学、心学还有气学都是讲义理的,在清代都泛称为"理学"或"道学"或"宋学",三个概念可以互用。自元代开始,朱熹所注的《四书》及朱派学者所注《五经》成了科举教科书,朱熹理

---

① 余英时:《清代思想史的一个新解释》,见《中国思想传统的现代诠释》,江苏人民出版社2003年版,第158页。

② 检索《四库全书》子部,"实学"一词最早见于《二程遗书·端伯传师说》。这个词在《朱子语类》中出现了5次,,在陆九渊、王阳明的文集中也多次出现。理学家都认为自己的学说是"实学"。

学也就成了后世官方的指导思想。从明初开始,学术定于一尊,思想统一的同时,出现了很多流弊,科举考试甚至出现"宁言孔孟误,不言程朱非"的现象。至明中叶以后,思想的僵化以及程朱道问学知识主义的倾向,使越来越多的学者沉溺于书册子,所学与所行严重脱节,而社会上道德人心却是越来越堕落,这时需要一种新的学术来应对这种教化危机。正是在这种情况下,绍继象山的阳明学出现了。王夫之曾经指出,学者"逐迹蹑影,沉溺于训诂。故白沙起而厌之,然而遂启姚江王氏阳儒阴释、诬圣之邪说"①。当然船山对王学不免有偏见,但他指出的学术界对知识主义的厌弃是王学产生的一个原因,这是正确的。陈献章(白沙)的名言"莫笑老慵无著述,真儒不是郑康成"②,很干脆地否定了朱熹格物致知的知识主义治学路向。王阳明在此基础上提出"致良知"的学说,尽管他本人并不采取反知的立场,但存在直指本心、反知识主义的学术倾向。《明史·列传·儒林》指出:"姚江之学,别立宗旨,显与朱子背驰,门徒遍天下,流传逾百年。"以至于出现"嘉隆之后,笃信程朱不迁异说者,无复几人"的局面。其实,不论是程朱还是陆王,其学术目的都在于经世,都认为自己得到了孔孟的真谛,都是针对当时的学术弊端提出的救世方案。学术总是在纠偏纠弊中向前运行,每一种学术的产生都有其时代的合理性。但时代变化了,学术也跟着变,僵化的学术总要被顺应时代的新学术所取代。这是学术史发展的一个普遍规律。

王学风行了一百多年,晚明甚至科举考试发挥的也是王学的义理。明代隆庆之后"科试文字大半剽窃王氏门人之言,阴诋程朱"③。那么,王学有没有达到它厚风俗、美教化、重扶道德礼教的经世目的呢?应该说是部分地达到了。黄宗羲的《明儒学案》长达六十二卷,其中大部分记得都是阳明学派中的儒者,他们忧国忧民的衷肠,他们严于律己的道德风节,他们生死祸

---

① 王夫之:《张子正蒙注·序论》,中华书局1975版,第2页。
② 陈献章:《再和示子长》,《白沙子》卷八,四部丛刊本。
③ 顾炎武:《举业》,顾炎武著、黄汝成集释,《日知录》卷十八,上海古籍出版社2011年版,第1055页。

福不动于心的修养境界,让人感到可敬可叹。明清易代,读书人普遍表现出自杀式的"赴义"情结,其惨烈的程度也为以前历代亡国时所少见。这不能不归功于王学教育。但是王学自身也出现了分化,正如梁启超所说的,"全盛时必有流弊"。王学虽然意在阐发圣道,但毕竟与禅学为近,有许多理论再阐释的空间,学者理解多歧,往往走向阳明本意的反面。同样是王门中的人物王塘南就很忧虑王学末流的猖狂自恣。他批评说:"'致良知'一语,惜阳明发此于晚年,未及与学者深究其旨。"及其弊病,则"学者以任情为率性,以媚世为与物同体,以破戒为不好名,以不事检束为孔、颜乐地,以虚见为超悟,以无所用耻为不动心"①。从这段话可以看出,阳明"致良知"本意是启发人的道德自觉,但被后学们引向反传统、反道德一途了。王阳明有名的"无善无恶心之体"等四句教,或许在他的体系中是圆融无病的,但后学的理解则是另一回事了,很多人以此作为无耻的借口。明末偏于程朱之学的顾宪成抨击说:"'无善无恶'四字最险、最巧。君子一生兢兢业业、择善固执,只著此四字便枉了为君子。小人一生猖狂放肆、纵意妄行,只著此四字,便乐得做小人。"②王夫之也对此深恶痛绝:"姚江王氏阳儒阴释诬圣之邪说,其究也,刑戮之民为闱贼之党皆争附焉,而以充其'无善无恶、圆融事理'之狂妄流害。"③所谓王学左派、泰州学派很多思想已成为阳明学的异端。李贽也是王门后学中的人物,公然为"好货、好色"正名。王学末流与狂禅派结合起来,使学人乃至官场中出现了一种追求奢靡和享乐的社会风气,所谓"酒色财气不碍菩提路",这种追求有私、追求个人享乐的思想观念,不论是程朱式的禁欲还是阳明式的良知都牢笼不住了。

公元 1644 年,李自成攻进北京,明朝灭亡。随后满人入关,很快征服了汉人成立了一个新的朝代——清朝。这对于知识分子来说是一个"天崩地裂"的时代。他们在痛苦地反思:我

---

① 黄宗羲:《江右王门学案五·太常王塘南先生时槐·语录》,见《明儒学案》,中华书局 1985 版,第 483 页。
② 顾宪成:《还经录》,见《顾端文公遗书》,清光绪刊本。
③ 王夫之:《张子正蒙注·序论》,第 2 页。

们怎么了？我们为什么亡国？我们哪里出了问题？清初学人找到了两个主要原因，一是腐败，二是缺少能经世致用的治国人才。腐败的根源是什么？清初学者都从学术上找原因。不管是顾炎武，还是王船山、张尔岐等人，都归罪于王学。顾炎武把王阳明比作魏晋时倡导玄学的何晏、王弼，认为"王弼、何晏二人之罪深于桀、纣，以为一世之患轻，历代之害重，自丧之恶小，迷众之罪大"。他还以李斯为例，说李斯以学术乱天下，导致焚书坑儒，"皆出于其师荀卿高谈异论而不顾者也"①。这是说王学末流带来的社会危害直接要王阳明负责。清初理学家张伯行也认为王学应为明亡负责，他从政治与学术相结合的高度宣判了王学的死刑。他说："自姚江之徒以不检饬为自然，以无忌惮为圆妙，以恣情为纵欲、同流合污为神化，以灭理败常、毁经弃法为超脱。……而圣贤之藩篱决矣！"②陆陇其也认为："每论（天）启、（崇）祯丧乱之事而追原祸始，未尝不叹息痛恨于姚江！"③正是由于学术不正，人心才沉于利欲，造成国家的覆亡。当然这些批评，多是愤疾之辞，腐败是社会制度造成的，归罪于学术，实属夸张。中国历史上，一遇到社会或民族危机，首先要怀疑和批判自己的文化，这是个常有的现象。理学怀疑汉唐经学，王学怀疑朱学，清初学人怀疑王学，"五四"时期怀疑传统文化，无不如此。王学对于救正士人的道德达到了部分目的，但它带来的流弊，所受到的批评也不全是冤枉之词。至于王学空谈心性不能致用，造成经世人才的匮乏，学人批评更多。最著名的批评有顾炎武的《与友人论学书》，骂那些学者"置四海之困穷不言而终日讲危微精一之说"。而且还说："百余以来的为学者，往往言心言性，而茫乎不得其解也。"④这个"百余年"明显就是指的王学流行时期。黄宗羲尽管有王学的背景，

---

① 顾炎武：《朱子晚年定论》，《日知录》，第 1065 页。
② 唐鉴：《传道学案·仪封张先生》，《学案小识》卷三，清道光二十六年四砭斋刻本。
③ 陆陇其：《周云虬先生四书集义序》，《三鱼堂文集》卷八，清康熙刻本。
④ 顾炎武：《与友人论学书》，《亭林文集》卷之三，四部丛刊本。

但他也批评说,遇到国家危机,让那些空谈心性的理学家开出有效药方时,他们"蒙然张口,如坐云雾"①。这些人物或许有一定道德境界,但最多不过"平时袖手谈心性,临难一死报君王",对救国救民于事无补。总之,学者们认识到改朝换代亡一姓不要紧,但不能亡天下,不能亡我们的文化,应该改造我们的学术,复兴儒学的真精神。顾炎武提出"行己有耻、博学于文"的口号,黄宗羲提出"经天纬地"之学,王夫之发出"六经责我开生面"的宏愿。他们都试图寻找救世良方,重新恢复儒学的经世传统,不约而同地把目光转向古老的经学,转向知识主义的传统了。

清初学人厌弃了王学,开出两个学术路向,一个是向朱学复归,一个是回归到汉唐经学。先说向朱学复归。既然王学是建立在反朱学的基础上出现的,那么现在王学有弊,势必然要再回到朱学的老路上去。根据现代一些学者的研究,重新接受朱学这种思潮成了清初学术界的共识。②清初对朱子学的尊崇,并不是如现代一些学者所解释的纯粹是清廷出于维护其专制统治的目的,应是朝廷和民间学者共同推进的结果。另一个路向是回归汉唐经学,是清初顾炎武、黄宗羲、王夫之、李颙、钱谦益、陆世仪等大儒不约而同的一个选择。顾炎武虽说尊朱,但不谈性理,主张要从识字开始,弄清《五经》的本义,提出所谓"经学即理学"的主张,成为清代考据学的开山祖师。但这个路向对那些科举制度下只读过《四书》,但《五经》却读不通的学人来说又谈何容易!连顾炎武都说:"古之所谓理学,经学也,非数十年不能通也。"③这是长期以来,明朝以《四书》义为主的科举考试种下的后果。所以这个路子只是为乾嘉朴学开辟了一个可能的方向,也不是当时一般学人力所能及的。清初的学术仍以朱学为主。有学者认为,阎若璩考证古文《尚书》为伪书,

---

① 黄宗羲:《赠编修弁玉吴君墓志铭》,《黄宗羲全集》第10册,浙江古籍出版社2005年版,第433页。

② 参见葛荣晋:《清初朱学的复兴与特征》,见祝瑞开主编《宋明思想和中华文明》,学林出版社1995年版,第94页。

③ 顾炎武:《与施愚山书》,见《亭林文集》卷之三。

抽空了理学的立论根据,是对理学致命的一击,因此也将他视为考据学开山之一。其实说阎氏是考据学大师,固然不错,但说他有意反理学,那是诬枉不实。殊不知,朱熹这个人也是非常重考据的,他早在宋代就怀疑过古文《尚书》之伪。阎氏只是接着这个思路来的,而且他是个坚定的朱学信徒,对朱子信奉得无以复加。阎若璩说:"昔人谓天不生仲尼,万古如长夜。愚则谓天不生宋儒,仲尼如长夜。又曰:周元公,其三代以下之伏羲乎!程纯公,三代以下之文王乎!朱文公,三代以下之孔子乎!斯数言者,虽圣人复出不废。"①可见周敦颐、程朱都是阎若璩崇拜的圣人。后来章学诚说顾炎武、颜若璩都是朱子的传人,并非没有根据。②

满人是少数民族,清廷要想成功统治汉人,必须要接受他们的文化。那么清初学人认可的学术是什么呢,那就是朱学。于是在清廷和学人的共同努力下,朱学占据了学术界的绝对优势。康熙帝的几个师傅如熊赐履、张英、陈廷敬之流都是理学大师,这使康熙帝从小就接受很好的理学教育,也使他对理学欣赏有加。所以康熙后来下令编纂《朱子全书》,将朱子在孔庙的地位由两庑提升到大成殿十哲之次,同时重用一批理学名臣,应该说顺应了时代的学术潮流。顺、康、雍时期是朱学的全盛时代。在朝有真真假假的理学名臣,在野有草莽下士真诚信奉着程朱。理学名臣,所谓"国史"有传;草莽下士理学家也真还不少,江藩的《国朝宋学渊源记》,专门记载了清初三十九位民间理学家修德行善的感人事迹。科举考试更是走了明朝中叶以前的老路,以朱注的《四书》作为主要教科书。那么朱学的复兴有没有起到经世的效果呢?应该说是有一定作用的。首先是尊朱的文化政策迎合了学人的学术反思,也逐渐消泯了知识分子对清朝的敌意。康熙帝深受理学影响,他将朱熹道问学精神发挥到极致,成为中国历史上一个非常博学、非常有治世才干的杰出君王之一。其次,对朱学的提倡和信仰,使清初的

---

① 阎若璩:《潜邱剳记》卷一,清乾隆间刻本。
② 章学诚:《文史通义·朱陆》,上海书店出版社 1988 年影印本,第 78 页。

吏治比较廉明。朱学提倡"存天理、灭人欲",对自己的生活欲望控制极严,据说朱子在建安时生活上自待及待人都是粗陋不堪、难以下咽的"脱粟饭"①,这种清苦的生活作风影响了后世的理学信徒。如康熙朝两江总督于成龙,为官廉洁爱民,生活极为俭朴,百姓称他为"于青天"。他还有个外号叫"于青菜",是说他每天只以青菜豆腐过活。1684年,他去世之时,唯一的私人财产只有几件破布衣,事迹非常感人。② 其他理学名臣张伯行、陆陇其等为官也非常清廉。张伯行的官箴是:"一丝一粒,我之名节;一厘一毫,民之脂膏。宽一分,民受赐不止一分,取一文我为人不值一文。"③学风能够提升士风。应该说理学对迅速缓和社会矛盾,促进民生复苏,为康乾盛世的出现是起了一定作用的。但程朱理学大盛的同时,就如梁启超所说,盛极必衰;也如钱穆所云,汉学从宋学中脱胎而出了。总之,尊奉宋学的同时,也孕育了反宋学的种子,这就是宋学新的对立面:汉学的兴起。

二、康、乾时期学风由宋学向汉学转移的原因

汉学为什么会取代宋学成为乾嘉时期学术主流并成为清代标志性的学术呢?我们认为,这仍然是出于学人经世的焦虑,他们认为只有汉学才能经世,才是实学。具体原因分析如下:

其一,尊崇理学也造就了大批的伪道学,这使一些正直的学人对理学产生了怀疑。如果学人对理学的信仰不坚定或持教条主义的态度而学习没入门,就很难接受程朱式的苦行主义的修养方法。但是官方又提倡这个东西,甚至权势者以此绳人不绳己,这势必造成伪善和虚假。如雍正时期的进士汪师韩对那些假道学们揭露说:"每见士大夫晚年之弊,无过两端:谈道

---

① 陈邦瞻:《宋史纪事本末》卷八十,中华书局1977年版,第875页。
② 参见(美)A.W.恒慕义主编:《清代名人传略》(上),青海人民出版社1995年版,第376—377页。
③ 陈康祺:《郎潜纪闻二笔》卷一,清光绪刻本。

学者,不读书之狐假也;谈禅悟者,无品行之兔脱也。苟与禄利之途,不觉暴露其本衷,不得不委折掩护,以曲为解。子罕言利与命与仁,而何世儒以命与仁与利同其噂噂而沓沓乎?"①每遇到个人利益,那些自称理学家的本质便暴露无遗了。乾隆时期著名文人蒋士铨也发出感慨:"必信必诚,不必讲道学,乃是真道学也。苟高视阔步,侈谈宋人语录,厚貌深情,色庄欺物,迹其所为,下同厮养。此诡计其术、桎梏其身之小人也。"②把那些假道学之可恶描绘得很形象。上有好者,下必甚焉。朝廷和皇帝喜欢这个东西,装出一副道学的模样,或许能骗取名声、侥幸升官。说个晚清时的笑话,对于历代之假道学是个普遍性代表性的讽刺。左宗棠是个有名的真道学,自律极严,但他常常被假道学所骗。他在官陕甘总督时,有个姓彭的知州,做出道学的样子,"垢衣恶食,出无轩盖,跨蹇骡从羸仆",得到左宗棠的叹赏,官升一级。还有个姓吴的材官,专候左宗棠公余出门时,穿着短衣弊履,担粪种田,专门表演给左看。这人当然也被左宗棠提拔升了官。最后出人意料的是,两人实际上都是大贪官。③ 这非常可笑,对假道学们是个绝妙的讽刺。康熙帝也认识到假道学的问题,他无奈地说:"朕见言行不符者甚多,终日讲理学,而所行全与其言悖谬,岂可谓之理学?"④假道学之多,让他非常反感。康熙三十三年(1694),皇帝干脆亲自出题"理学真伪论"以试八十九名翰林院学士。⑤ 至于理学名臣如李光地,全祖望曾经揭露他初年卖友,中年夺情,暮年则居然以外妇之子来归,这些令人不齿的行为确实损害了理学的名声。理学的道德高标主义也使学者对理学自身发生怀疑。比如戴震,他认为遂情达欲、将心比心才合乎孔孟的人性说,而理学则是真

---

① 汪师韩:《与友论讲学书》,见《上湖分类文编》(不分卷),清乾隆精刻本。
② 蒋士铨:《杭州崇文书院训士七则·道学之辨条》,《忠雅堂文集》卷十二,清嘉庆二十一年刻本。
③ 参见施补华:《泽雅堂文集》卷一"防诈条",清光绪十年刻本。
④ 爱新觉罗·玄烨:《圣祖仁皇帝圣训》卷五,文渊阁四库全书本。
⑤ 毛奇龄:《陆公神道碑铭》,见《西河集》卷一百八,文渊阁四库全书本。

释老、假孔孟,是杀人不见血的软刀子。他的《原善》和《孟子字义疏证》则以还原孔孟真义的名义,公开对理学进行批判。

其二,清初理学缺少理论的创新,其空疏和僵化为积学之士所不齿。学术要不断创新,才能跟上时代的发展,才能有生机和活力。理学产生于宋代,发展于元明,理论形态已高度成熟,理、气、心、性等范畴的讨论非常活跃,理学内部的流派也形形色色,可以说理论创新的空间已不是很多。黄宗羲总结明代学术时说:"有明文章事功,皆不及前代,独于理学,前代之所不及也,牛毛茧丝,无不辨析。"①"牛毛茧丝"云云,是指对理学各范畴有极精细的辨析。且不说累积三朝、汗牛充栋的各种理学家语录,就是读一遍卷帙浩繁的《宋元学案》和《明儒学案》也不容易。正如梁启超所说,学术发展至极盛,就会有反动,这就是盛极必衰的道理。而清初的理学,情况又有不同,清廷定朱学于一尊,排斥理学的其他派别,这就更加窒息了理学的活力。读书人又走上了明中叶以前的老路,埋头场屋,除了朱注的《四书》,不知有其他学问。吴敬梓在《儒林外史》中讽刺的范进,除了《四书》外连苏东坡是谁都不知,这个形象活画出康熙时代一般科举士人的庸陋。朱彝尊描述当时的学风:"自汉迄唐,各以臆说,散而无纪,其弊至于背畔,贵有以约之,此宋儒传注所为作也。今则士守绳尺,无事博稽,至问以笺疏,茫然自失。"②这个"守绳尺"就是一味墨守宋人经注,问他们汉唐笺疏,这些八股先生们就茫如云雾了。一旦考取功名,做了官之后,连那些教科书式的理学也当作敲门砖扔掉了。顺、康、雍时期的理学名臣,如魏象枢、魏裔介、李光地、张伯行、张玉书等人,都著书甚丰,但于理学发明不多,多以抄袭前人滥言为能事,从而博取理学之名。如魏象枢,《四库全书总目》别集存目内著录其《寒松堂集》九十二卷,别说还要做官处理政务了,就是天天写文章,写成卷帙盈百,也殊为不易。其著作之丰,真是令人浩叹!但翻开一看,多是历代理学家的语录摘抄。张伯行著书也不下

---

① 黄宗羲:《明儒学案·发凡》,中华书局1985年版,第17页。
② 朱彝尊:《五经翼序》,见《曝书亭集》卷三十四,清康熙五十三年原刻本。

六七十种，自道其"生平所黾勉者，惟在搜罗遗书，修葺补缀而已"①。就是他们抄书，也缺少眼光，东抄西凑，多失前代理学家的学术本真。后人批评说："意在表彰昔贤，而适成昔贤之累，其功过殆未足以偿也。"②王步青是雍正元年的进士，他终生研究朱注的《四书》，著有《四书本义汇参》，其实是将《朱子语类》、程朱文集、宋元明经解的相关材料，以义归类，搞成资料汇编，对士子科场考试来说是很好的参考书，当时士之疲老于场屋者，人手一册，奉为神明。这些文字很难说的上是学术。方苞也是康乾时期的理学信徒，但他的成就更在古文，于理学义理发明无多。当然，这也不能责怪这些人，我们说理学理论发挥的空间已是不多，更何况清初又将朱学定于一尊，这就使理学更加墨守和僵化。所以在那个时代，一般士子谁都可以谈些理学，谁都可以弄些高头讲章，这也就使理学不成其为学问，谈理学教条成了三家村先生的俗学，学问至此，能不转向吗？当然，清初理学，我们也不能把它说得一无是处。实践性强是清初理学的一个特点。通过读江藩的《国朝宋学渊源记》和唐鉴的《清学案小识》可知，无论在朝在野，都有一大批真道学，他们认为理学已被前儒开发殆尽，他们也无意于新义理的发明，只要能在道德生活中实践理学，他们就认为是真道学了。就是那些理学名臣，虽然所谓的国史传有所夸大，但各种史料表明他们品节的确有很感人之处。即如李光地，如果不是他自我标榜为理学，人们可能对他"外妇之子来归"有私生子的事不当一回事了。但不管怎么说，侈谈理学已流于俗，学术到了该转向的时候了。

其三，由朱熹理学的道问学引发出汉学，通过治汉学又引发了怀疑宋学、否定宋学的思潮。这一点钱穆先生说得好，不识宋学，无以识汉学，汉学有成者，多是从宋学出发。因为清人的学问基础是宋人注的四书五经，其底色是宋学，这是否认不了的事实。朱子学本来就有道问学的倾向，虽然宋人一般瞧不

---

① 张伯行：《正学论》，见《正谊堂集》卷十九，清光绪二年家刻本。
② 张舜徽：《清人文集别录》，华中师范大学出版社2004年版，第86页。

起汉儒,但朱子却重视训诂,评价汉代经师郑玄"是个好人",并且还说:"人只是读书不多。今人所疑,古人都有说了。只是不曾读得郑康成注。"①如果喜欢读书,沿着朱熹的路子向上走便是汉学。我们以朱鹤龄为例子。朱鹤龄的学问基础不过是宋人注的经书,即所谓的贴括之学。信奉"经学即理学"的顾炎武勉励他从事汉唐经学的研究,结果他对汉学进行深入研究后,就发现了问题。什么问题呢?就是朱熹和其他宋儒对儒家经书的解释很多是错的。于是他说《诗》力主诗序说,批评朱子对《诗小序》抨击太过。他总结自己治经的心得说,《六经》之学,"其兴也,以不专一说而兴;其衰也,以固守一说而衰……盖自贴义混殽,经术芜没,狂瞽相师,茫昧白首……故古人治经,患在多异说。今人治经,又患在专一说。说经者亦求其至是而已矣……愚用是网罗古今经解,衷以臆说,辑成《毛诗通义》、《尚书埤传》、《禹贡长笺》、《读左日抄》诸书"②。这段话就是批评元明以来固守宋人经注,以致造成经术荒芜,并主张治经要实事求是,不能固守一说。再如康熙三十六年(1697)的进士严虞惇,通过读汉人的经注,也认识到宋人学风的粗陋和空疏。他说:"自南渡以后,儒者高谈性命,而忽于实学。《易》之不主象占也,《礼》之不考器数也,《诗》之不详鸟兽虫鱼也,抱残守阙,承讹袭谬。"③就是说名物器数、训诂释词方面,宋人错误太多,这是他治汉学才有的体会。好学深思的学者们通过读古注,逐渐对理学圣门的合法性发生了怀疑。他们怀疑:宋人的经注合乎圣人的本意吗?通过研治汉学,他们认为只有汉人的经注才最合乎圣人的原意。如康乾时期的卢见曾说:"通经当以近古者为信。譬如秦人谈幽冀事,比吴越间宜稍稍得真。必先从记传始,记传之所不及,则衷诸两汉。两汉之所未备,则取诸义疏。义疏之所不可通,然后广以宋元明之说。勿信今而疑古,

---

① 黎清德编:《朱子语类》卷八十七,中华书局1986年版。
② 朱鹤龄:《寄徐太史健庵论经学书》,见《愚庵小集》卷十,文渊阁四库全书本。
③ 严虞惇:《胡朏明禹贡锥指序》,见《严太仆先生集》卷四,光绪九年严氏西泾草堂重刊本。

致有兔园册子、师心自用之诮。"①也就是说,离圣人的时代越近,经说就越接近圣门原意;说经应是记传不足取之两汉,两汉不足,再参考后世经说。并讽刺宋人经注为师心自用的"兔园册子"。从这些言论可以看出,到了康熙朝晚期,顾炎武等人开创的汉学之路正逐步地发扬光大,为有识之士所接受了。当然,清代汉学的目的仍是为了经世,汉学家认为,宋人的经注不准确,甚至糅杂了释老,是对儒家学说的歪曲。要知道,尧、舜、禹、周公、孔子等圣人的地位在封建时代是不可动摇的。学者们始终真诚地相信,圣人的学说能救世,只要找到圣人的本意,经世自不在话下了。康乾时期的汉学领军人物惠栋,迷信汉儒,虽然标榜"六经尊服、郑,百行法程、朱",实际甚为轻蔑宋儒,甚至发出"栋则以为宋儒之祸,甚于秦灰"的诅咒。为什么会这样?他的逻辑便是:"汉远于周,而唐又远于汉,宜其说之不能尽通也,况宋以后乎?"②就是说离圣人越近,经说当然越符合圣人原意。现代学者多从近代性来分析乾嘉诸儒的反理学,未免以今天的观念来比附古人。其实乾嘉诸儒的目的在于恢复圣经原意,争当圣门正统,以达经世目的。正如汉学另一巨擘钱大昕所言:"有文字而后有训诂,有训诂而后有义理。训诂者,义理之所由出,非别有义理出乎训诂之外者也。"③对于经学,钱氏公然主张"宋元以后无稽之言,置之不道"④。至于汉学大师戴震的这段话更是为人们所熟知:"夫使义理可以舍经而求,将人人凿空得之,奚取乎经学?惟空凭胸臆之无当于义理,然后求之古经,求之古经而遗文垂绝,今古县隔,然后求之训诂。诂训明则古经明,而我心所同然之义理乃因之而明。古圣贤之义理非他,存乎典章制度者是也。昧者乃歧训诂义理而二之,是训诂非以明义理,而训诂胡为?义理不存乎典章制度,势

---

① 卢见曾:《经义考序》,见《雅雨堂文集》卷一,道光二十年刻本。
② 参见钱穆:《中国近三百年学术史》,商务印书馆1997版,第352页。
③ 钱大昕:《经籍纂诂序》,《潜研堂文集》卷二十四,清嘉庆十一年刻本。
④ 钱大昕:《与王德甫书二》,见陈鸿森辑《钱大昕潜研堂遗文辑存》卷下,林庆彰主编《经学研究论丛》第六辑,台湾学生书局1999年版。

必流入于异端曲说而不自知矣。"①由是可知,汉学家沉沉闷闷的考据背后,其实都有着义理经世的目的。只不过这个义理,汉学家认为是孔孟的原始含义,与宋儒"六经注我"式的义理是不同的。但清代的汉学,源于宋学,因为他们都是读宋人注的四书五经长大的,这是不容否认的事实。有成就的汉学家都有宋学的根柢。如宋学家汪琬,其高弟子是惠周惕,周惕儿子是惠士奇,孙子是惠栋,三世传经,必溯源于汪琬。至于戴震,早年从师于尊崇朱子的江永,而戴氏早年也有迷信朱学的经历。这些人最后都入其室而操其戈,痛诋宋儒,难怪章学诚骂他们"以后历而贬羲和"②,姚鼐骂他们"诋讪父师"了。③

其四,汉学的兴起,得到了最高统治者乾隆帝的支持,乾隆帝居然也成了反理学的斗士。乾隆帝自幼接受的也是理学教育,早年对理学甚为推崇,还作过《明道程子论》、《复陆说》、《跋朱子大学章句》、《动亦定静亦定论》等理学论文,收入乾隆二十三年(1758)刊定的《乐善堂全集定本》。直到乾隆三十七年(1772),乾隆帝下令各省督抚购访遗书,其主要意向仍是:"其历代流传旧书,有阐明性学治法,关系世道人心者,自当优先购觅。"④可见编《四库全书》开始还是偏重收集理学图书的。根据台湾学者夏长朴的研究,乾隆三十八年(1773)以后,乾隆帝对朱子的态度有了变化。⑤他公开斥责朱子的井田、封建及公尸之说为"谬论"。对于《诗经》,他赞成毛诗的解说,反对朱子"别立解说"。对朱子著名的"心统性情"之说也嗤之以鼻,并作《乐性斋》批评说:"乐者悦之义,性者心之统。曰'心统性情',吾谓失轻重。天命之谓性,岂谓心所用?"⑥乾隆帝的《御制文三集》中的《经筵御论》收录了二十多条对宋学家的质疑,其中八条是

---

① 钱大昕:《戴先生震传》,《潜研堂文集》卷三十九。
② 章学诚:《文史通义·朱陆》,上海书店 1988 年影印本,第 79 页。
③ 姚鼐:《再复简斋书》,见《惜抱轩诗文集》卷六,清嘉庆十二年刻本。
④ 《乾隆三十七年正月初四日奉上谕》,见纪昀等编《钦定四库全书总目·卷首·圣谕》,中华书局 1997 年版,第 1 页。
⑤ 参见夏长朴:《乾隆皇帝与汉宋之学》,载彭林编《清代经学与文化》,北京大学出版社 2005 年版。
⑥ 爱新觉罗·弘历:《御制诗集·五集》卷十二,文渊阁四库全书本。

针对朱子的。针对程颐所说的"天下治乱系宰相,君德成就责经筵",乾隆帝大为不满,他在《书程颐论经筵劄子后》中说:"且使为宰相者,居然以天下之治乱为己任,而目无其君,此尤大不可也。"①晚年时的乾隆更是鄙视、厌恶宋学,直将理学斥为"妖孽"。他说:

> 历代名臣莫如皋、夔、稷、契、伊、望、萧、曹、房、杜、王、魏、韩、范、富、欧,是皆非讲学者也,而其致君泽民实迹,古今争诵之。即宋之周、程、张、朱,其阐洙泗心传,固不为无功,然其致君泽民之实迹,如向之所举,若而人者,安能并肩齐趋乎?而蜀洛之门户,朱陆之冰炭,已启相攻之渐。盖讲学必有标榜,有标榜必有门户,尾大不掉,必致国破家亡,汉宋明其殿鉴也。夫至国破家亡,黎民受其涂炭者不可胜数,而方以死节殉难者多为有光于古,收讲学之效。则是效也,徒成其为害,真所谓"国家将亡,必有妖孽"而已。②

这段话讲得非常严厉,等于让理学家们的讲学为宋、明的灭亡负责,矛头直接对准所谓濂、洛、关、闽,斥理学为不祥之物,无异于宣判了理学的死刑。乾隆帝厌恶理学,主要有两个原因,一是出于专制的心态厌恶理学家妄议朝政;二是厌恶理学家标榜门户,担心出现党争以引起政治上的麻烦。乾隆帝这段文字作于乾隆三十八年(1773)左右,等于政治上对理学定了调子,其后代表官方观点的《四库全书总目》的编写,便曲承风旨,极意丑诋宋学,而戴东原向程、朱发难的《孟子字义疏证》则作于乾隆四十一年(1776),这之间难道没有一点让人深思的联系吗?不少现代学者夸大了东原和官学立场的对立,其实是读书不细之过。

随着乾隆帝对理学态度的变化,直接影响到了帝国的文化政策和科举考试内容。乾隆四十七年(1782)之前,科举考试首场考朱熹注的《四书》文,第二场考程颐、朱熹、蔡沈、胡安国等

---

① 爱新觉罗·弘历:《御制文集·二集》卷十九,文渊阁四库全书本。
② 爱新觉罗·弘历:《御制文集·二集》卷十八。

宋儒注的《五经》。而且首场最重要,第二场多流于形式。到了乾隆四十七年(1782),科举程式改革,《五经》文移到首场,而且考试的标准一反元、明及清初旧规,尽废宋人经说,全采汉代经注;《四书》文移到第二场,变得不重要了。王鸣盛对此议论说:"今天子金声玉振,以实学为海内倡,更定取士令式。"①意思是说当今天子以汉学为实学,改变了科考内容。钱大昕论其影响云:"将使士皆通经学古,淹长者无不收录,浅陋者不得倖售,远近闻风,争自奋励。"②这是说,如果再像从前那样谈几句性理,就没有科举做官的可能了。我们知道,汉唐儒重《五经》,宋儒重《四书》,这是汉宋学术区别性的标志。朝廷对汉宋学术的评价,反映到了科举考试上,可以想象对社会的震撼力!利禄之途一开,汉学成为乾嘉时如日中天的显学也就可以理解了。

第二节　清中叶学术发展的三个转向

清代嘉庆、道光之际,中国学术发生了微妙的变化。风行一个多世纪之久的考据学风,渐趋走向衰歇,一个学术转向的时代已悄悄来临。清中叶学术的转向,大致说来,主要歧为三途:一是今文经学的兴起,二是宋学势力的回潮,三是汉学的义理化趋向。这三股学术势力的共同点都是反对"为考证而考证"的乾嘉学风,主张学术要张扬忧患意识和救世功能,要发挥义理和经世致用。三种学术思潮的路向不同,但都是激于乾嘉学术的困境以及嘉、道以来政治、风俗、国势的变化而形成的。

一、嘉、道之际考据学的渐趋衰微

事物发展到极致也常常走向它的反面,学术思潮也有一个

---

① 王鸣盛:《金轩来廎风月令诗序》,《西庄始存稿》卷二十六,清乾隆三十年刻本。
② 钱大昕:《山东乡试录序》,《潜研堂文集》卷二十三。

盛极必衰的过程。前已提及,顾炎武曾慨叹谈"性道"的理学著作"几充栋矣",由此引发士人对理学的厌弃。作为对理学的反拨,乾嘉学术不谈义理了(当然也并非都是如此,戴震、章学诚、焦循等人还是重视义理的,但是戴震作《原善》谈义理,即遭到众学人的耻笑,"群惜其有用精神耗于无用之地"①)。人们普遍相信,只有通过考证的方法,才能领会经学之真义;领会了真义,自然有经世之效。到了后来,考证学的经世意义逐渐隐去,为考证而考证成了唯一目的。梁启超说:"自顾亭林高标'经学即理学'之徽帜,以与空谈性命之陋儒抗,于是二百年来学者家家谈经,著作汗牛充栋。"据梁氏统计,阮氏《皇清经解》、王氏《皇清经解续编》所收作者凡百五十七家,为书三百八十九种,二千七百二十七卷,亦云盛矣;而未收及续出者尚不在其列。②号称"汉学护法"的阮元曾津津乐道:"我朝儒学笃实……有束发研经,白首而不能究者,岂如朝立一旨,暮即成宗旨哉!"③其实学风笃实固然比理学家轻立宗旨可取,但是"白首尚不能穷经"是否也意味着这样把学问给做死了?我们从阮元的话中可以看出,乾嘉时期的考据学风其实是已到了山穷水尽的地步。在此不妨推想,即使没有外部政治环境的逼促,仅从学术发展内在的理路看,在嘉道之际也应该到了学术转向的时候。班固曾批评汉代经学"碎义难逃,便辞巧说,破坏形体,说五字之文,至于二三万言……故幼童守一艺,白首而后能言;安其所习,毁所不见,终以自蔽。此学者之大患也"④。东汉章句经学的繁芜支离,走向极端便促成了魏晋玄学家以老庄义理解经,从而使义理之学取代了章句之学。当然乾嘉汉学与汉代经学不完全是一回事,但是在考据风气的影响下,学术界几乎"家家许郑、人人贾马",铿钉文字,沉溺于烦琐考据中不知所归,一字聚讼,

---

① 转引自余英时:《论戴震与章学诚》,生活·读书·新知三联书店 2000 年版,第 8 页。

② 梁启超:《中国近三百年学术史》,天津古籍出版社 2003 年版,第 200 页。

③ 阮元:《国朝汉学师承记序》,见钱仲书主编,朱维铮导读《汉学师承记》(外二种),生活·读书·新知三联书店 1998 年版,第 3 页。

④ 班固:《汉书·艺文志第十》,中华书局 1975 年版,第 1723 页。

动辄数千万言,以致"毕世治经无一言几于道,无一念及于用"。如此学风,重蹈汉代经学的覆辙是不可避免的。

促进清中叶由考据学风向经世致用学风转变的主要原因还在于政治形势和人心风俗的变化。自乾隆朝中后期始,社会矛盾开始深化,已呈现出中衰的迹象。进入嘉、道时期,更是"日之将夕",危机四伏。从嘉庆元年(1796)至道光二十年(1840)的45年间,规模较大的农民起义就有十余起,平均每三年就爆发一次,涉及的地区几乎遍及全国。说起来清朝的田赋并非很重,所谓"田不加赋"一直到了晚清还被视为"善政",土地兼并也没有明代中晚期严重。除了人口激增和西方列强经济侵略等原因造成的贫困之外,导致社会矛盾激化的一个最主要原因就是吏治的腐败和贪贿公行。乾隆时期,"侵贪之员,比比皆是",仅和珅一人的贪渎,即能富可敌国。章学诚《上执政论时务书》言之:

> 自乾隆四十五年以来,讫于嘉庆三年而往,和珅用事,几三十年,上下相蒙,惟事婪赃渎货。始则蚕食,渐至鲸吞。初以千百计者,俄而非万不交注矣,俄而万且以数计矣,俄以数十万计、或百万计矣。一时不能猝办,率由藩库代支,州县徐括民财归款。贪墨大吏,胸臆习为宽侈,视万金呈纳,不过同于壶箪馈问。属吏迎合,非倍往日之搜罗剔括,不能博其一欢。官场如此,日甚一日。①

嘉、道以往,官吏的贪婪更是骇人听闻:"州县舞弊,不过数万,省司则至数十万,部府则至千百万。此犹书吏耳,而堂官大吏,又从可知也。"②道咸时期的官吏张集馨所作《道咸宦海见闻录》披露的官场黑暗和腐败,让人真是触目惊心。此类的例子不胜枚举。总之,到了道咸时期,清王朝面临着内忧外患,已到了"大厦将倾"的时候了。

---

① 章学诚:《上执政论时务书》,《章学诚遗书》,文物出版社1985年版,第328页。
② 萧一山:《清代通史》卷中,中华书局1986年版,第278页。

与官吏的贪污腐败相偕而行的是士风的无耻和对国计民生的冷漠和麻木。龚自珍说:"政要之官,知车马服饰、言词捷给而已……清暇之官,知作书法、赛诗而已……堂陛之言,探喜怒以为之节,蒙色笑,获燕闲之赏,则扬扬然以喜,出夸其门生、妻子。小不霁,则头抢地而出,别求夫可以受眷之法……如是而封疆万一有缓急,则纷纷鸠燕逝而已。"①沈垚谈人心风俗之浇漓:"看到世俗人心,可惧之至!……都下无一事不以利成者,亦无一人以真心相与者,如此风俗,实有书契以来所未见。"②潘德舆(1785~1839)认为,人心风俗之坏是由学风造成的,学风坏则人心散,士人都去搞所谓"实事求是"的考据之学,重实证轻义理,甚至不谈理想与价值,其结果只能是信仰虚无,造成上下交征利。他说:

> 数十年来承学之士,华者骋词章,质者研考据。……为士者必恶讲学,不特心性精微之言不偶一关虑,即伦纪理乱、官守清浊、民生利病之大故,父兄于子弟,亦未敢相诏告敦勖者,况师友间哉!风尚既成,转相祖袭,牢不可诘。天下之士,遂真以为食色为切己,廉耻为务名,攫利禄为才贤,究义理为迷惑。而官箴玷,民俗薄,生计绌,狱讼繁,百害籍籍乘此而起。③

当然我们可以说,腐败的原因是社会制度问题,这固然不错,但在人亡政息、缺乏现代意义上的民主与法治精神与小农经济相适应的封建社会,提倡德治、增强士人的道德自律以端正士风是保持封建社会长治久安的唯一选择。嘉、道之际,在内忧外患的形势下,学术经世的呼声再次响起。潘德舆呼吁:"欲救人事,恃人才;欲救人才,恃人心;欲救人心,则必恃学术。"④这一切都预示着以考证学为主体的学风已走向穷途末

---

① 龚自珍:《明良论》(二),《龚自珍全集》,上海人民出版社 1975 年版,第 32 页。
② 参见钱穆:《中国近三百年学术史》,第 618—619 页。
③ 潘德舆:《晚醒斋随笔序》,《养一斋集》卷十八,清道光二十九年刊本。
④ 潘德舆:《与鲁通甫书》,《养一斋集》卷二十二。

路,一个学术转向的时代即将到来。

二、义理之学的兴起与清中叶学术的转向

嘉、道之际学术转向的标志之一是今文经学的复兴。关于清代今文经学,研究成果颇多,兹不详论,仅就其重经世、重义理的特点展开几句。清代今文经学说起来也是汉学之一种。乾嘉时期一批研究春秋公羊学的学者如庄存与、宋翔凤、刘逢禄、凌曙、孔广森等其实也是用考据训诂的方法来研究今文经学。但是因为西汉时期的今文经师本来就有喜言"微言大义"和联系世务的特点,与东汉经师注重名物、训诂、制度的说经风格不同,故今文经师重义理的作风势必影响到庄存与等人。当阎若璩论证《古文尚书》之伪已成定案后,朝野颇多共鸣,言官学臣甚至"议上言于朝,重写二十八篇于学官,颁赐天下"。于是,庄存与独持异议:"辨古籍真伪,为术浅且近者也……古籍坠湮十之八,颇藉伪书存者十之二……《大禹谟》废,'人心道心'之旨、'杀不辜宁失不经'之诫亡矣;《太甲》废,'俭德永固'之训坠矣。"①不管经书的伪与不伪,只看对世道人心有用无用,此也算是典型的今文经师作风。庄存与是清代第一位治公羊学的学者,他为嘉、道以往今文学派的复兴奠定了基础。真正把今文经学同经世致用结合起来则是承庄、刘之风而起的龚自珍、魏源等人,一直到晚清的廖平、康有为、梁启超,走的都是这条路线。已有学者指出:"在某种意义说,今文经学的复兴,即是理学精神的复苏。"②此论对于清中叶的今文经学来说,确实如此。今文经师与理学家说经都重微言大义,区别在于理学家重在言心性、言伦理纲常;今文家关心的是政治,他们通过治学谈制度、谈改革及应变之方。我们只要看看龚自珍的《五经大义终始答问》以及魏源的《诗古微》、《书古微》等书,便可发现这个特点。龚自珍对于理学,态度还是颇同情的,虽然他不是理

---

① 龚自珍:《武进庄公神道碑铭》,《龚自珍全集》,第141页。
② 马积高:《清代学术思想的变迁与文学》,湖南人民出版社2002年版,第254页。

学家。他对江藩作的《汉学师承记》认为"汉学"名目有"十不安"①。魏源受理学影响颇深,尽管他也讥讽宋学家空疏,但主要是从致用角度讲的。总之,龚、魏等今文家的学术都能贯通经史,旁及诸子百家,并且致力于清代的历史、地理以及时政问题。他们治经、治学,重视微言大义和实用,现实感较强。他们的目的在于通过治学给陷入危机的王朝统治开出救世良方,他们的关心的焦点在于政治。

学术转向的第二个标志是汉学的义理化趋向。这里需要说明的是,"汉学"的大概念当然也包括今文经学,但在传统说法上,清代汉学主要是指师法东汉经师以训释文字、名物、制度为学术旨向的学术流派。嘉道以往,随着考证学派救世热情和经世意图越来越淡,其支离破碎的弊端日益显现,当然更主要是由于社会风俗的腐化和士人道德感的缺失,一些汉学家也在对此反思,孜孜于文字训诂、版本考证,成就固足以炫世;但是读书与做人离析为二,做学问只求客观不求价值判断,或者说只求真不求善,如此确实会造成道德的冷漠和信仰丧失。他们试图将通经、修德、致用再次统一起来的努力有二:

一是反对为考据而考据,主张治经要以求义理为本。当然他们的"义理"和理学家的"义理"有所区别,着意于阐发原始儒学的精神。如焦循对拘泥于汉儒传注、为考据而考据的学风甚为反感,认为"考据之名,不可不除"②。他治经以戴震为旨归,致力于新义理疏证。焦循所著《论语通释》、《孟子正义》,其所阐发的哲学关注点仍在于世道人心,只是区别于理学家的义理而已。阮元认为"圣人之道,譬若宫墙,文字训诂其门径也,门径苟误,跬步皆歧"。他批评学人"求道太高,卑视章句",以致偏离了圣道,但他同时也批评考据家"或但求名物,不论圣道"。他认为,这就好比是终年徘徊于圣人的"门庑之间",还没有登

---

① 龚自珍:《与江子屏笺》,《龚自珍全集》,第 346 页。
② 焦循:《与孙渊如观察论考据著作书》,《雕菰集》卷十三,清道光岭南节署刻本。

堂入室。① 应该看到,阮元是反理学的汉学家,他的所谓"圣道"也是有别于宋儒的。他从1801年到1823年,先后撰写了三篇有关儒家哲学的重要著作,其中以《性命古训》最为著名,以此作出反宋儒的关于"性"、"命"、"仁"的新解释。

二是在汉学的基础上适度肯定宋学。汉学家求客观、重考据,更近似于今天史学的实证研究法,但考古与现实的联系总是隔了一层;而宋儒治经,尽管有臆说之病,但还是有寄托而善于发挥微言大义,容易与现实联系起来。随着形势的发展,一些汉学家也意识到这个问题,尽管他们未必相信宋学,但也不像他们的前辈如惠、戴等人反宋学了。如段玉裁,已意识到白首致力考据于世无甚裨益。有感于"乡无善俗,世乏良材,利欲纷拏"的社会现实,他七十五岁时甚至叹息自己一生"喜言训故考核",是"寻其枝叶,略其本根",结果是"老大无成,退悔已晚"。② 段是戴震的学生,他的《说文解字注》关于"理"、"性"、"道"等字一切变更宋儒故训,尽管他写的是说字的书,但多少也能体现一些乃师反理学之精神。但是到了他的晚年,他的态度有所改变,甚至以学人弃洛闽之学为忧。他认为:"汉人之小学,一艺也;朱子之小学,蒙养之全功也。"对那些言小学崇尚汉人、非议朱子的说法,段氏斥之为"此言尤悖",他表示自己要常读朱子的书"以省平生之过,以求晚节末路之自全"③。又据陈寿祺《左海文集·卷三·义利辨》:

> 仪征阮夫子(元)、金坛段若膺(玉裁)寓书来,亦兢兢患风俗之弊。段君曰:"今日大病,在弃洛、闽、关中之学,谓之庸腐;而立身苟简,气节败,政事芜,专言汉学,不治宋学;乃真人心世道之忧。"仪征曰:"近之言汉学者,知宋人虚妄之病,而于圣贤修身立行大节,

---

① 阮元:《拟国史儒林传序》,《揅经室集》(一)卷二,四部丛刊景清道光本。

② 段玉裁:《博陵尹师所赐朱子小学恭跋》,《经韵楼集》卷八,清嘉庆十九年刻本。

③ 段玉裁:《博陵尹师所赐朱子小学恭跋》,《经韵楼集》卷八,清嘉庆十九年刻本。

略而不谈,乃害于其心其事。"二公皆当世通儒,上绍许郑,而其言若是。①

此段引文提及阮元,他是有名的汉学"护法",此时也不再像早期那样鄙薄宋学,而有调合汉宋的倾向了。他说:"两汉名教,得儒经之功;宋明讲学,得师道之益;皆于周孔之道,得其分合,未可偏讥而互诮也。"②总之,汉学家也认识到死搞学问于世道人心无益了。他们或发挥汉代经学的义理,或适度肯定宋学,调和汉宋,开始有了经世意识和联系治道的自觉性。

嘉、道之际学术转向的标志之三是理学(或曰宋学)势力的回潮。这个问题比较复杂,我们下文重点讨论。

三、汉宋之争与理学势力的回潮

清中叶的汉宋之争一般认为是以方东树和江藩的论争为标志的,其实汉宋之争在乾嘉时期(最早可以上溯至康熙中叶)已露端绪。只是乾、嘉时宋学已势单力孤,不足以张其军。直到道光六年(1826),持宋学立场的方东树写成《汉学商兑》以反击汉学家江藩的《国朝汉学师承记》,形势才有了变化,宋学有卷土重来的趋势。

乾、嘉时期,理学溃不张军,汉学无论从官方到民间,都成了显学。梁启超曾说:

> 自康、雍以来,皇帝都提倡宋学——程朱学派,但民间——以江、浙为中心,反宋学气势日盛,标出"汉学"名目与之对抗……露骨地说,四库馆就是汉学家大本营,《四库提要》就是汉学思想的结晶体。就这一点论,也可以说是:康熙中叶以来汉宋之争,到开四库馆而汉学派大获全胜。③

自乾、嘉以至道光初年,官方支持汉学,而理学的地位一落

---

① 参见钱穆:《中国近三百年学术史》,第629页。
② 阮元:《拟国史儒林传序》,《揅经室集》(一)卷二。
③ 梁启超:《中国近三百年学术史》,第24页。

千丈，几乎成了过街之鼠，无论官方还是民间，都弥漫着一股反理学思潮。对这种思潮不满的人则显得有点落落寡合。章学诚说："至今休、歙之间，少年英俊，不骂程、朱，不得谓之通人，则真罪过，戴氏实为作俑。"①章氏年辈较戴稍晚，基本是同时人，他对戴震的批评是否正确是另一回事，但这段话至少标明了民间反理学势力之高涨。再来看官方的态度。乾隆三十八年（1773）姚鼐在朱筠的推荐下，进入四库馆撰写提要，但在汉学极盛时代，理学家多受到排斥。由于姚氏的理学背景，所撰提要经常受到其他馆臣的抵制，逼得姚鼐最后辞职离开。②让理学家更为难堪的是，元明以来的科举考试一直要求固守朱注，此时可以与朱熹立异，考试的答策"必诋宋儒"，书店中买不到濂、洛、关、闽所谓"宋五子"书了。邵懿辰说："方乾隆中，士大夫骛为考证训诂之学，内不本身心，外不可推行于时，虚声慕古，古籍愈出而经愈裂，文华日盛而质行衰，禁宋以后书不给视，肆人鬻宋五子书无过问者，应举为《四书》义敢倍异朱子之说，答策必诋宋儒士。"③乾隆时期的昭梿说："近世士大夫皆不尚友宋儒，虽江、浙文士之数，其仕朝者无一人以理学著。"④由此可见理学之萧条。

在此种背景下，从乾隆至道光初年的汉宋之争，尽管有程晋芳、翁方纲、姚鼐等宋学派的抗争，但总起来讲，宋学溃不成军，势单力孤。当然情况很复杂，汉宋营垒也不是绝对分明的。汉学家中的有些人物也还同情宋学。如乾嘉时校雠名家顾广圻、《尔雅》专家邵晋涵、考据家刘台拱等人都不满汉学者讥议宋儒，主张兼采汉宋之长。但是总的来说，理学的信仰者甚为寥落。姚鼐也不得不对汉学作出妥协。他虽然肯定考据的长处，但反对攻击程朱。他发表了《赠钱献之序》、《复蒋松如书》

---

① 章学诚：《又与朱少白书》，《章学诚遗书·补遗》，第611页。
② 参见郑福照：《姚惜抱先生年谱》乾隆三十九年条下，清同治戊辰年刊本。
③ 邵懿辰：《王孝子传》，《半岩庐遗集》不分卷，清光绪三十四年邵章刻本。
④ 昭梿：《满洲二理学之士》，《啸亭杂录》卷十，清钞本。

等一些批评汉学家的文章,但声音小,力量弱,在乾嘉时的汉宋之争中他基本上是个失败者。姚鼐最后不得不辞官,回乡投身教育,执教数十年,却取得了巨大的成功,培养出管同、梅曾亮、方东树、姚莹、刘开、陈用光、吴德旋、鲍桂星等名重一时的信奉理学的学者和文人,为道光之后的理学及桐城文派的复兴埋下了种子。

汉宋之争的对峙,以方东树道光十一年(1831)刊行《汉学商兑》为标志,双方的力量发生了变化,宋学派有东山再起的苗头。方东树(1772~1851),字植之,安徽桐城人,他师从姚鼐,是有名的"姚门四杰"之一。他连应乡试十次,直到五十岁未能博一第,后不复试。一生大部分时间都在辗转四方,寻求教职或入幕,借以养家糊口,过着相当贫困的生活。在《答姚石甫书》中,他说:"仆孤穷于世,邈独无见收之人,乃至无一人可共语。"①他的孤立不仅是物质上的贫困,还在于当汉学大炽之时,宗程朱的他显得落落寡合。1818年,汉学家江藩刊印《国朝汉学师承记》,并附有《国朝经师经义目录》,将不符合汉儒训诂之学的概摒弃不录,与宋学有一点牵连的也予以拒绝。其书严汉宋之分,而且对宋学不无讥讽,甚至把考证学的开山大师顾炎武、黄宗羲置于最后一卷,原因在于他们的学术仍与理学有牵连。应该说这也是一部充满门户之见的书。受此书的刺激,同样持门户之见的方东树奋起还击,写成《汉学商兑》,对从清初毛奇龄以来的反宋学言论逐一批驳,并对汉学的治学方法大肆抨击,展开了对汉学的全面反攻和清算。

《汉学商兑》的主要内容有如下几点:

一是对汉学家群起攻击程朱表示愤慨。方东树说:"今汉学诸公,口言诵法孔氏,而痛斥义理……不过欲反程朱而已……数十年来,此风遍蒸海内,如狂飚荡洪河,不复可望其澄鉴。在上者其势位既足以轩轾一世,风会所尚,一时高才敏疾之士,又群趋附之。平居谈论,若不畔程朱,即非学,言有偶及之者,辄羞恶若将浼焉。若不共戴天之仇,义必如是,而后为丈

---

① 方东树:《答姚石甫书》,《仪卫轩文集》卷七,清同治七年刊本。

夫者。"①自戴震为"情"、"欲"正名,斥程朱"以理杀人",将其比为"申(不害)、韩(非)"之后,汉学家抨击宋学的言论颇多。方东树这段话并非夸张。

二是为程朱理学辩护。方东树认为程朱理学严天理人欲之辨,能惩欲窒贪,提升人格,促进社会风气的好转。

三是批评汉学家的治经方法。针对汉学家"圣贤义理存乎典章制度"、"训诂明则义理明"的说法,方东树说:"古人学问,大抵两端,一小学,一大学。训诂、名物、制度,只是小学内事。《大学》直从'明'、'新'说起,《中庸》从'性'、'道'说起……故白首著书,毕生尽力,止以名物、训诂、典章、制度小学之事,成名立身,用以当大人之学之究竟,绝不复求'明'、'新'、'至善'之上,痛斥义理、性道之教,不知本末也。"②方氏认为,小学并不能取代大学,所谓"以意逆志,不以文害辞,不以辞害意",圣人的意思有出于语言文字之外者。再说义理并非都需要从训诂中得出,忠孝信义、进退取予、礼义廉耻等字,不需要读《尔雅》、《说文》,而世无不明者。他讽刺说:"汉学诸人,言言有据,字字有考,只向纸上与古人争训诂形声,传注驳杂,援据群籍证佐数百千条,反之身己心行,推之民人家国,了无益处……然则虽实事求是,而乃虚之至者也。"③

四是讥讽汉学家企图通过考礼来恢复三代之治的荒谬。前面我们说过,考据家并非全无经世目的,他们企图弄清三代制度并以此作为救世良方。但方东树讽刺说,他们根本弄不清这些制度,到头来互相争吵,不知谁听谁的。比如《周礼》中的《考工记》,对其中三代时的车制,"江氏有《考》,戴氏有《图》,阮氏、金氏、程氏、钱氏皆言车制,同时著述,言人人殊,讫不知谁为定论"。其他如赋役、禄田、宫室、衣服、冕弁,也是"各自专门,亦互相驳斥,不知谁为真知定见"。方东树认为,井田礼乐大端,三代圣人,已不沿袭,按照荀子"法后王"的观点,这些"虽

---

① 方东树:《汉学商兑》,见钱钟书主编、朱维铮导读《汉学师承记》(外二种),第 401—402 页。

② 方东树:《汉学商兑》,第 320 页。

③ 方东树:《汉学商兑》,第 276 页。

古圣之制,亦尘饭木赘耳"。这些东西,考证出来,固然不错;考不出来,"亦无关于身心性命、国计民生、学术之大"①。

五是批评汉学家与宋儒立异的新义理。如阮元根据郑玄注,重新解释"仁"为"相人偶",意思是说:"必有二人,而仁乃见。"阮氏讽刺宋儒把"仁"解释成玄虚的"生生之意"。方东树反驳说:"夫子称:'回也,其心三月不违仁。'岂颜子三月之后,忽不与人偶邪?"如果"相人偶"为"仁"的话,"乡党比邻"都可以称"仁人"了,孔子为什么又说做个仁人是很难的事,而且他自己也不以仁人自居,更不轻易许人以"仁"呢?伯夷、叔齐饿死西山,其意不求人偶,圣人为什么又说他们是"求仁得仁"呢?方东树讽刺道:"'杀身成仁',岂必二人同杀,而后成其与人偶乎?"②言外之意是说汉学家通过训诂说义理真是扞格不通。又如戴震批评宋儒理欲之辨"祸斯民甚烈",方东树反驳说:"程朱严辨'理'、'欲',指人主及学人心术邪正言之,乃吃紧本务,与民情同然好恶之欲迥别。今移此混彼,谓当遂其欲,不当绳之以'理',言'理'则为'以意见杀人',此亘古未有之异端邪说。"③方氏认为程朱理欲之辨是针对帝王与学人的心术而言,并非是针对民情好恶而言。他认为戴震的"达情遂欲"说会引发邪欲的流行。

以现代人的思想和眼光看来,汉学家重证据和归纳、演绎的治学方法实在是应该肯定的,正如胡适所言,这体现了"历史的眼光"和"科学的方法"。④ 即使是三代时的车制和服饰,从现代的史学、考古学、社会学意义上说,也有弄清楚的必要,毕竟求是与致用是两回事。但是在方东树的时代,"以经术饰政术"仍是中国的传统,汉学家治经考经的目的他们自认为仍是为了经世和应用。一旦方东树揭破了他们皇帝的新装,指责他们的考据不仅越考越糊涂,而且于身心性命、国计民生了无益处,这的确也戳到了他们的要害和痛处。方氏的学生苏惇元宣称《汉

---

① 方东树:《汉学商兑》,第 405 页。
② 方东树:《汉学商兑》,第 304—305 页。
③ 方东树:《汉学商兑》,第 279—280 页。
④ 胡适:《戴东原的哲学》,安徽教育出版社 1999 年版,第 102 页。

学商兑》出版之后,考证之学"随之渐熄"①。这或许有点吹捧和夸大的味道,事实上直到晚清,考证学仍在延绵不断,但方东树的指责让汉学家为之气沮倒是实情。

其实,无论汉学还是宋学都是关于儒学的学问,都是读同样的经典,宗共同的祖师,有同样的信仰,本质差别是不太大的。区别在于理学家的经学,是哲学式的研究,是六经注我的方法;而汉学家的经学则是以历史学的方法,以还原经书本义为目的。在理学家那里,儒家伦理道德有天道或本体的支撑,带有宗教家的味道;而汉学家则认为理学家的理本体杂糅了释道,他们试图以训诂的方法将其消解,以恢复原始儒学之真义。说到底,理学家的天理人欲之辨,其实是中世纪时代的一种善良与秩序教育。方东树当然还看不到这一层,他只是觉得汉学家"痛斥穷理,力辟克己反心之学",会造成人欲横流和社会风俗的败坏。他攻击汉学家为情欲张目,从而"恣欲任情,逾闲荡检,惟以有著述为藏身之固,天下亦遂以此恕之。贪黩卑污者有之,淫纵邪行者有之,愎忿忮克者有之,举无妨于经学通儒之名"②。这虽然有些过分,但也不全是污赖之词。如段玉裁当县令贪污;王旭收徒敛财;惠栋的父亲惠士奇被皇帝罚用私财修镇江城,可见其居官敛财之多;毕沅、阮元幕府中汉学家们多有丑闻;汪中、焦循、江藩之流狂狷傲慢等。③ 当然这或许并不能说明什么问题,汉学家中也有不少为人清介、志节高尚、官声不错的人,如洪亮吉、王念孙、王引之父子、孙星衍、江声、武亿等人。同样道学家中也不是没有拉大旗作虎皮的伪道学和腐败分子。方东树虽然有些偏激和意气用事,但起码说明一点:他对汉学的抨击绝不仅仅局限于治学的技术层面,而是表达了一个知识人对学人通经、修德和致用发生断裂的忧虑。正如日本学者滨口富士雄所指出的,对于鸦片战争前夕吏治腐败、道德堕落、人心风俗和社会环境恶化,方东树认为汉学运动在全国

---

① 方东树:《仪卫轩文集·苏惇元序》。
② 方东树:《汉学商兑》,第406页。
③ 参见朱维铮:《汉学师承记·导言》,钱钟书主编、朱维铮导读《汉学师承记》(外二种),第21—22页。

范围内鼓吹毫无价值的考证方法应对此负责。①

方东树的《汉学商兑》于道光十一年(1831)刊行后再重印，三十年中至少印过五种以上的版本，产生了广泛的社会影响。②他说出了一批久受压抑的理学家或同情理学的人物心中想说的话，他们想重新祭起道学家理欲之辨的老调，以表达他们对人欲横流、漠视民瘼、不讲气节等官场风气的不满和对道德问题的关切。如沈垚、潘德舆、陈寿祺、管同、梅曾亮、姚莹、吴廷栋、张海珊等人都言人心风俗之弊，普遍认为"吏治之坏，根于士风；士风之衰，起于不知教化"③。他们认为救世的药石是端正学术、明理欲之辨。理学家倭仁在京师组织"吃糠会"以与奢靡的官场习气相对抗。④唐鉴著《清学案小识》将固守程朱的理学家奉为正宗，大力表彰一批为官清廉的理学名臣。所以理学在清中叶的复兴，实非偶然，是地主阶级知识分子出于救世补天的需要而兴起的一股学术思潮。这再一次雄辩地说明，中国学术的发展是无法绕开政治、无法绕开社会现实的。

正如胡适评价清中叶学术时所说："这是一个转变的时代，在这个时代，上一个世纪获得的知识被保存下来加以巩固，同时产生一种新的怀疑精神，对整个清代学术的健全性与适用性提出疑问，并且探索更新更有用的知识与行动方法，以期有助于内忧外患迫在眉睫的国家。"⑤清中叶学术的三个转向扭转了乾嘉学术的发展路向，对后世中国都产生了深远的影响。今文经学的大旗由后来的康有为、梁启超接过，成为传播西学、鼓

---

① 参见(美)艾尔曼著，赵刚译：《从理学到朴学——中华帝国晚期思想与社会变化面面观》，江苏人民出版社1997年版，第168页。

② 参见杨怀志、潘忠荣主编：《清代文坛盟主桐城派》，安徽人民出版社2002年版，第66页。

③ 管同：《与朱干臣书》，《因寄轩集初集》卷六，清光绪己卯年合肥张士珩本。

④ 徐珂：《八旗学派》，《清稗类钞》第八册，中华书局1986年版，第3791页。"吃糠会"的记载还见于匡辅之：《倭文端公别传》、李时灿：《中州先哲传·倭仁》。

⑤ 胡适：《清代名人传略序》，见(美)A.W.恒慕义主编、中国人民大学清史研究所译《清代名人传略》(上册)，第11页。

吹民主、倡导变法的理论工具。理学的复兴产生了一批严守三纲五常、理欲之辨的"气节"之士，如曾国藩、罗泽南、刘蓉、胡林翼、左宗棠等人，当然他们的理学已不同于传统，而是广收杂学，成为理学经世派。这些人物力挽狂澜，镇压了太平天国革命，扶清朝的江山于未倒，而且持身严正，清廉自律，促成了社会风气的好转，使清王朝出现了短暂的"同治中兴"局面。汉学的义理化倾向激发了学者在鸦片战争之后关心国家民族前途命运的忧患意识，使他们重新思考学以致用的问题。汉学家的科学求是精神与救世热情结合起来，促成了一批士人将汉学的求是研究法由经学扩大到域外地理、典章制度、诸子百家、自然科学等多领域的研究，为后来洋务运动的展开以及科学救国等实学思潮的出现奠定了思维和心理基础。总之，清中叶学术的转向，是在特定的政治、经济、风俗形势下对乾嘉学术之反拨，是清代学术发展史上的转捩点和重要环节；它为近代学术发展开启了道路，对后世产生了深远的影响。

曾国藩正是在这样的学术背景下，先是受师友影响接受了理学，进而调和汉宋学术，走上以理学修己、以礼学治世的学术道路，并成为晚清宋学派的领军人物。

曾国藩理学思想的形成

第一节 曾国藩的理学渊源与师友关系

曾国藩是在道光年间理学势力渐趋抬头的学术气氛下接受理学的。他之信仰理学,既有家乡学风的心理基础,更主要的是受到桐城派以及唐鉴、倭仁等一帮理学师友的影响。

一、受湖南学风的影响

钱穆认为曾国藩学术渊源"有闻于其乡先辈之风而起者"①。余英时就钱穆的思路进行展开,引杨树达日记中的材料,说明湖南学人在乾嘉时代懂汉学者极少,由此得出的结论是:由于接触不到当时的主流学术——汉学,湖南"在学术文化上还居于落后地位"②。杨树达的日记是合乎历史实际的,但治汉学者少,其实并不等于说文化的落后。还是用曾国藩的一篇文章来说明问题。曾氏说:"乾隆之末,海内文人以靡丽辩博相高。昆明钱南园侍御沣,独以刚方立朝,视学湖南,以正谊笃行

---

① 钱穆:《中国近三百年学术史》,第632页。
② 余英时:《曾国藩与"士大夫之学"》,见《士与中国文化》,上海人民出版社2003年版,第582页。

风楚之人,所取率多端士。"①正如阮元督抚广东,广州成为汉学的重镇一样,钱沣视学湖南,提倡义理之学,颇乖乾嘉时以"辩博相高"的汉学潮流。这是学风的差异,似难以"先进"、"落后"衡量之。钱沣(1740~1795),字东注,号南园,乾隆辛卯进士,曾任湖南学政。他一生谨守其师王素怀的教导:"古人立品,必从慎独中始,于人所共知而犹不检,独中岂可复问?人禽之界混,则虽读破万卷,适取罪圣贤耳。"②钱沣治学以义理为主,重视敦品立行,不重学问博辩。他是葛云轩中秀才时的座师,曾国藩的父亲曾麟书又是葛云轩的弟子。葛氏对湘乡学风影响很大。曾国藩说:"吾乡风气淳古,士人循循,不敢背越礼法,以自放其亡等之欲。论者以为渊源一本于先生。"③可知,在钱沣的影响下,葛氏之学亦颇有道学气息。国藩二十七岁中进士,此前一直生活在湘乡乡下,在这种学风环境中,日后容易接受理学是自然的。

二、受桐城派的影响

萧一山《清代通史》说:"自朴学盛行以后,理学衰微不张……理学之薪传,反为文学家所夺。"④在乾、嘉、道时期,我们很难再发现像清初孙奇逢、李颙、陆世仪、张履祥、陆陇其那样的理学思想家,治理学的人寥若晨星,只有桐城派诸君子在那里固守阵地。但桐城诸人与其说他们是思想家,不如说是文学家更为合适,他们是用文学来表达理学的道德伦常观念。曾国藩中进士前虽然受了家乡重义理学风的影响,但他对理学的了解是不多的,也还谈不上对理学的信仰。道光二十年(1840)四月,他散馆授翰林院检讨,此时的志向是"以文章报国"、"可以无愧词臣"⑤。此前所读的书也多是经、史、诗赋之类。最早启蒙曾国

---

① 《葛寅轩先生家传》,《曾国藩全集·诗文》,第238页。
② 徐世昌等编:《清儒学案》,第8123页。
③ 徐世昌等编:《清儒学案》,第8123页。
④ 萧一山:《清代通史》,第1951页。
⑤ 《曾国藩全集·日记》(一),第42页。

藩理学入门的是桐城派门下的邵懿辰。邵懿辰,字位西(一作惠西),是清代后期复兴宋学的一员要将,是有名的理学家和今文学家。邵氏以举人身份入仕京师时,曾经是文学家梅曾亮门下的一员①,而梅曾亮则是姚鼐著名的四大弟子之一。桐城文派加上宋学是邵懿辰当时的主要信仰。据曾国藩道光二十年(1840)十一月十六日日记:"邵惠西来,谈及国朝二魏(按:魏裔介、魏象枢)、李文贞(光地)、熊孝感(赐履)、张文端(英)诸人。"②这是邵氏第一次和国藩谈理学,所谈诸人都是康熙朝的理学名臣。五天之后,邵氏又对国藩谈理学。国藩日记云:"邵言刘蕺山(宗周)先生书,多看恐不免有流弊,不如看薛文清公(瑄)、陆清献公(陇其)、李文贞公(光地)、张文端(英)诸集,最为醇正。自渐(惭)未见诸集,为无本也。"③这段日记说明两个问题:其一,邵氏是个宗程朱的理学家,他认为宗王学的刘宗周不免有流弊,而所赞赏的都是纯粹的程朱派;其二,反映出曾国藩的理学知识实在还很贫乏。明代薛瑄的《读书录》是公认的理学入门书,曾氏作为翰林院博学的高才生,竟然"自惭未见",当然这并不说明他学识贫乏,只说明理学在嘉道时期还没有多少市场。

邵懿辰是曾国藩的好友,立身行事颇有理学家的风格,"讲气节、重行谊"。他曾对鸦片战争中有卖国之嫌的大学士琦善"发十九事难之";"大学士赛尚阿视师广西,(邵)手疏七不可诤之。诸公贵人,病其峭直"。④咸丰十一年(1861),杭州被太平军攻陷,时邵氏正在杭州,作为知己的曾国藩"心知位西,烈士也",必不屈"殉国"。果如所料,"位西三日不食,骂贼遇害"⑤。邵氏学术据曾国藩说:"初以安溪李文贞公(光地)、桐城方侍郎(苞)为则,摈斥近世汉学家言。为文章,务先义理,不事缛色繁

---

① 邵懿辰:《半岩庐遗文·跋》。
② 《曾国藩全集·日记》(一),第49页。
③ 《曾国藩全集·日记》(一),第50页。
④ 《曾国藩全集·诗文》,第283页。
⑤ 《曾国藩全集·诗文》,第282页。

声,旁征杂引以追时好。"①应该说邵氏对引领国藩理学入门是起了作用的。邵氏推荐的张文端(英),著有《聪训斋语》,书中有"读书者不贱,守田者不饥,积德者不倾,择交者不败"等格言②,该书成了曾国藩日后教子的主要教材。③ 国藩以"书蔬渔猪"、"耕读世家"教育家人,其思想即渊源于此。

邵懿辰既是梅曾亮的门人,而邵、曾又是好友,因此曾国藩和梅曾亮的交往也就成了顺理成章的事。道光年间,梅曾亮在京城做了一个户部郎中的小官,长期得不到升迁。曾国藩有《赠梅伯言二首》。其一诗曰:"隘巷萧萧劣过车,蓬门寂寂似逃虚。"这是说梅曾亮生活之潦倒。第二首盛赞梅氏的文章:

单绪真传自皖桐,不孤当代一文雄。读书养性原家教,绩学参微况祖风。众妙观如蜂庤蜜,独高格似鹤骞空。上池我亦源头识,可奈频过风日中。④

此诗有两点值得注意:其一,斥"众妙"(盖指汉学家言),褒"独高"(指桐城宗旨);其二,认识到了桐城源流,并说自己"频过"(多次拜访)梅曾亮。国藩通过与邵懿辰和梅曾亮交游,走进桐城派门下。后来以曾氏为首形成的湘乡文派,其实仍在桐城门户内。考曾国藩日记,他在五十岁时回忆说:"姚先生(鼐)持论宏通,国藩之粗解文章,由姚先生启之也。"⑤对于方苞,他也甚为推崇,评价方氏"不愧为一代大儒。虽乾嘉以来汉学诸家百方攻击,曾无损于毫末"⑥。前已提及,桐城派是嘉道理学的主要阵地。以方、姚为宗,其实也就意味着曾国藩接受了理学立场。考察国藩理学思想的形成,不可忽视邵懿辰、梅曾亮对他的影响。

---

① 《曾国藩全集·诗文》,第 282 页。
② 清史委员会编:《清代人物传稿·张英》,中华书局 1986 年版,第 250 页。
③ 《曾国藩全集·家书》(二),第 1220 页。
④ 《曾国藩全集·诗文》,第 85 页。
⑤ 《曾国藩全集·诗文》,第 250 页。
⑥ 《曾国藩全集·诗文》,第 560 页。

三、受唐鉴、倭仁、吴廷栋等人的影响

曾国藩理学信仰的形成及其学术规模的确立,受唐鉴的影响最为巨大。曾氏自称:"国藩本以无本之学,寻声逐响,自从镜海先生游,稍乃粗识指归,坐瞽见明,亦耿耿耳。"①唐鉴是个坚定的理学信徒,在当时汉学方炽的环境中,他截断众流,独标程朱,倒是有很大的反潮流勇气。1846年曾国藩作《送唐先生南归序》,其中回忆说:

> 高才之士,钩稽故训,动称汉京,闻老成倡为义理之学者,则骂讥唾辱。后生欲从事于此,进无师友之援,退犯万众之嘲……吾乡善化唐先生,三十而志洛闽之学,特立独行,诟讥而不悔……吾党之士三数人者,日就而考德问业。②

如果怀疑曾氏此言有些夸大的话,陈康祺《郎潜纪闻》一段话可为之作注脚:

> 乾嘉以来,朝士崇尚汉学,承学之士,翕然从风,几若百川之朝东瀛,三军之随大纛。公(唐鉴)独潜研性道,被服洛闽,力践精思,与世殊轨,亦豪杰之士矣。③

唐鉴在京师期间聚拢了几个理学弟子,如倭仁、吴廷栋、曾国藩、窦垿、何桂珍、吕贤基等人,形成一个理学小团体。道光二十六年(1846),唐鉴致仕南归,将理学的精神又带回了湖南。湘乡生员(即俗称"秀才")罗泽南、刘蓉等人与此时退休家居的唐鉴相从切磋问学④,使湖南也出现了一个理学小环境。以唐鉴为师友的这些理学人物对中国近代史的影响巨大,他们或是

---

① 《复贺长龄》,《曾国藩全集·书信》(一),第3页。
② 《送唐先生南归序》,《曾国藩全集·诗文》,第168页。
③ 陈康祺:《郎潜纪闻》卷六,清光绪刻本。
④ 参见《罗忠节公年谱》道光十八年条下,清同治二年长沙刊本;刘蓉:《复曾涤生阁学书》,《养晦堂文集》卷五,清同治二年长沙刊本。

清官廉吏，如倭仁、吴廷栋；或是镇压太平天国、再造清室的功臣，如曾、罗、刘等人。他们中间何桂珍、吕贤基、罗泽南在平定太平天国运动的战争中殉难，①倭仁的两个儿子和一个侄子分别在内战和八国联军陷京师时"殉国"；②曾国藩一门"忠节"，在战争中，两位弟弟（曾国华、曾国葆）也献出了生命。精神的力量不可小觑，道学的名声在当时尽管不太好听，但在士大夫普遍或为名而谋、或为利而奔的时候，唐鉴的弟子们却是真诚地践履着理学家的礼义廉耻和理欲之辨。

考唐鉴理学圈子中的人物，曾氏与吴廷栋的交往最早。吴氏少年时的老师陈滋凫是桐城刘大櫆的门人，故吴廷栋受宋学的影响自不待言。据方宗诚《吴竹如先生年谱》道光十六年条下所记：

> 先生力自刻苦，常守朱子"志士不忘在沟壑"之训，故不以利害为欣戚，不妄拜一人……不妄受一钱、一粟。尝言廉耻者人心之天理也，风俗波靡，使无一二人存此天理于不绝，世运何由否而复泰？又曰人生纵不能为转移风俗之人，亦不当为败坏风俗之人。③

道光十六年（1836），时吴氏官刑部主事，时年四十四岁，而国藩还没有考取进士。道光十九年（1839），吴廷栋有《呈唐镜海先生诗八章》，其中之四曰：

> 末俗扇浇风，利欲争纷拏。人心成锢疾，谁为挽风波？所嗟廉耻丧，举世相媕娿。道在愧厉之，师立善人多。④

从此诗写作时间上看，吴氏早于曾国藩结识唐鉴。据国藩写于

---

① 参见《清史稿·列传一百八十七·何桂珍》，第11825页；《清史稿·列传一百八十六·吕贤基》，第11813页。
② 参见李细珠：《晚清保守思想的原型——倭仁研究》，社会科学文献出版社2000年版，第80页。
③ 方宗诚：《吴竹如先生年谱》道光十六年条下，清光绪四年畿辅志局刊本。
④ 方宗诚：《吴竹如先生年谱》道光十九年条下。

道光二十年(1840)七月初四日和初五日的日记："初四日，头痛甚……初五日，请安徽吴竹如比部(曾国藩自注：名廷栋，乙酉拔贡，小京官)诊视，知为疫症。"①看来吴氏颇懂医道，曾、吴的结识即因此而起，此后常相往来，成为终生挚友。从曾国藩的日记看，曾、吴时常切磋理学是在道光二十二年(1842)以后的事，也就是在国藩与唐鉴交游并接受了唐氏的学术观点之后。在此之前，国藩日记多次写到与吴的交往，但并没有关于讨论理学的记载，尽管吴氏早就是个理学信徒，而且也比曾国藩年长十八岁。我们不妨推测，"天质木讷"的吴廷栋，②此时可能还不足以改变曾国藩的学术信念，但由于他与曾的密切往来，无疑对促进国藩向唐鉴问学产生了一定的影响。

道光二十一年(1841)七月十四日，曾国藩正式向唐鉴问学。此前两天，他先把《朱子全集》买来，并花了两天的时间翻阅了一下，但不得要领，③看来他去见唐鉴是有备而去的。七月十四日日记云：

> 又至唐镜海先生处，问检身之要、读书之法。先生言当以《朱子全集》为宗。时余新买此书，问及，因道此书最宜熟读，即以为课程，身体力行，不宜视为浏览之书……又言为学只有三门：曰义理，曰考核，曰文章。考核之学，多求粗而遗精，管窥而蠡测。文章之学，非精于义理者不能至。经济之学，即在义理内。又问：经济宜何如审端致力？答曰：经济不外看史，古人已然之迹，法戒昭然；历代典章，不外乎此。又言近时河南倭艮峰(仁)前辈用功最笃实，每日自朝至寝，一言一动，坐作饮食，皆有札记。或心有私欲不克，外有不及检者皆记出。先生尝教之曰：不是将此心别借他心来把捉才提醒，便是闭邪存诚。又言检摄于外，只有"整齐严肃"四字；持守于内，只有"主一无适"四字。又言诗、文、词、曲，皆可不必用功，诚能用力于义

---

① 《曾国藩全集·日记》(一)，第46页。
② 《曾国藩全集·书信》(一)，第4页。
③ 《曾国藩全集·日记》(一)，第91页。

理之学,彼小技亦非所难。又言第一要戒欺,万不可掩著云。听之,昭然若发蒙也。①

余英时曾评论说唐鉴的"这番谈论对曾国藩以后的学术生命实有再造之功;他的治学规模就此奠定了"②。这个评论并非夸张。考曾国藩一生治学,其宗旨的确不出唐鉴的这番教导。这段日记有几点值得注意:第一,从"昭然若发蒙"这样的字眼看,国藩对唐鉴的教导心悦诚服,已彻底接受了唐氏的学术观点。这一年他三十岁,一生六十二年的岁月此时已走完近一半,但他终于找到了今后的为学方向和安顿身心的道路。第二,为学、为人要一宗《朱子全集》,以义理之学统摄考核、文章、经济(经世济民)。这与曾氏后来提出的"国藩一宗宋儒,不废汉学"③以及重视经世致用同时讲求以文传道的思想是一致的。第三,唐鉴向国藩介绍、推荐倭仁,称道倭仁的理学践履工夫十分笃实,要求国藩与他交游,这使国藩在"师友夹持"的影响下,进一步接受了理学。

倭仁是咸同时期复兴理学的重要人物。据方宗诚观察,倭仁治理学,最初从王学入手,"俱由阳明、夏峰之言入,后与吴竹如侍郎志同道合,时侍郎方为刑部主事,公日夕相讲习,始专宗程朱之学"④。看来倭仁也和曾国藩一样,开始都曾受到吴廷栋的影响。道光二十年(1840),倭仁向唐鉴问学,唐氏明确地指点他:"学以居敬穷理为宗,此外皆邪径也。"⑤"居敬穷理"是程朱学派的宗旨,可见倭仁也是在唐鉴的指导下皈依程朱理学的,他师事唐鉴只比曾国藩早了一年,而且这一年中进步很快。唐鉴对他很满意,所以当着国藩的面称赞倭仁"用功最为笃实"。这无疑促成了刚入道的国藩与倭仁的交往。

关于曾国藩何时与倭仁开始来往,由于笔者没有见到曾氏

---

① 《曾国藩全集·日记》(一),第92页。
② 余英时:《曾国藩与"士大夫之学"》,见《士与中国文化》,第585页。
③ 《曾国藩全集·书信》(五),第3466页。
④ 方宗诚:《节录倭文端公读儒粹语编笔记跋》,《柏堂集后编》卷六,《柏堂遗书》本,清光绪志学堂家藏版。
⑤ 倭仁:《倭文端公遗书》卷四,光绪元年六安涂氏求我斋刊本。

道光二十二年(1842)一月至九月的日记(岳麓本《曾国藩全集》缺),尚难推断二人结识的时间。不过他们的相识应不会迟于这一年的九月份。据曾国藩道光二十二年(1842)九月十八日致其四位老弟的家信:

> 吴竹如近日往来极密,来则作竟日之谈,所言皆身心国家大道理。渠言有窦兰泉者(曾氏自注:垿,云南人),见道极精当平实……竹如必要予搬进城住,盖城内镜海先生可以师事,倭艮峰先生、窦兰泉先生可以友事。师友夹持,虽懦夫亦有立志……以是急思搬进城内,屏除一切,从事于克己之学。镜海、艮峰两先生亦劝我急搬。①

由此可见,曾、倭已相谈甚欢,曾、窦此时尚未谋面。曾国藩搬进城后,唐鉴的那个理学修炼小圈子才正式宣告形成。

道光二十二年(1842)十月初一日是曾国藩决心按照理学家的修养方法"脱胎换骨"、"立志自新"、重新做人的日子。他在后来的书信中多次提到这一天。② 就在这一天,他去拜访倭仁,并向倭氏求教:

> 拜倭艮峰前辈,先生言"研几"工夫最要紧,颜子之有不善,未尝不知,是研几也。周子曰:"几善恶"。……失此不察,则心放难收矣。又云:人心善恶之几,与国家治乱之几相通。又教予写日课,当即写,不宜再因循。③

众所周知,"惩忿窒欲"、"迁善改过"、"见过自讼"是理学家的传统,他们通过这种方式来检测自己的言行是否合乎天理,以合"天理"为至乐。理学家所谓的"孔颜乐处",并非是以贫为荣、以贫为乐,而是身心摆脱了名利缠缚后而自觉进行道德践履的精神状态。在理学史上,理学同志互相交换日记,以相互督责反省当天的言行是否合于"天理",这是很常见的修养方法。倭

---

① 《曾国藩全集·家书》(一),第34页。
② 参见《曾国藩全集·家书》(一),第41页,第46页。
③ 《曾国藩全集·日记》(一),第113页。

仁的自我反省工夫极严,"每日有日课册,一日之中一念之差、一事之失,一语一默皆笔之于书……盖其慎独之严,虽妄念偶动,必即时克治,而著之于书"①。在倭仁的影响下,从道光二十二年(1842)十月初一日起,曾国藩就"照艮峰样,每日一念一事,皆写之于册,以便触目克治"②。这一天的确是曾国藩一生的分界线,翻看国藩日记便可发现,十月一日之前和之后的风格是很不一致的。十月一日之前多是就事谈事,很少自责语;之后多检点身心、见过自讼的话。而且从这天起,曾国藩发誓以日记自课,"誓终身不间断"③,并开始和理学同志互换日记,进行所谓"师友夹持"、互相课责。《曾国藩日记》的手稿本保存了不少倭仁等人在上面所作的批语。如道光二十二年(1842)十一月二十四日日记天头上,倭仁批曰:"我辈既知此学,便须努力向前,完养精神,将一切闲思维、闲应酬、闲言语扫除净尽,专心一意,钻进里面,安身立命,务要另换一个人出来,方是功夫进步,愿共勉之!"④道光二十三年(1843)以后,我们在曾氏手稿本的日记上就看不见同仁们的批语了,看来互换日记没有持续很久,但曾国藩每天记日记并自我批评的习惯却坚持下来,一直到他去世的前一天。

查方宗诚撰的《吴竹如先生年谱》,其中保存有不少吴廷栋和曾国藩等人讨论理学的材料。如道光二十五年(1845)条下,"四月与曾公论省察之学"有一大段话。道光二十六年(1846)条下也记载了在吴廷栋的家中,吴氏与倭仁、曾国藩、何文贞等人讨论理学的热烈场面。他们的活动甚至影响到了吴的长子吴应炽:"应炽侍立窗外静听,常至夜分";"凡经传注疏及程朱书潜心讨论,且知功名富贵不足轻重,耻于苟获,立志为人"⑤。

从道光二十年(1840)至道、咸之交近十年间,曾国藩在师

---

① 《曾国藩全集·日记》(一),第113页。
② 《曾国藩全集·家书》(一),第40页。
③ 《曾国藩全集·家书》,第46页。
④ 《曾国藩全集·日记》,第133页。
⑤ 参见方宗诚:《吴竹如先生年谱》,道光二十五年、二十六年条下。清光绪四年畿辅志局刊本。

友的"夹持"下,经历了一个从对理学较为陌生到对宋元以来的理学史十分熟悉的过程。道光二十五年(1845),唐鉴著《国朝学案小识》,这是一部以程朱派为正宗的学术史著作。唐氏命国藩校字付梓,曾氏为之作《书学案小识后》,表现出他对清代理学史已是相当地熟悉。道光二十九年(1849),曾国藩校刻朱熹所编的《孟子要略》,这是他以汉学家的方法研究朱子的一部学术专著。朱熹此书久已亡佚,曾氏好友刘传莹于金仁山《孟子集注考证》辑佚搜出,但未及整理便去世了。曾国藩在此基础上从《朱子语类》、《朱子文集》、真德秀《真西山文集》、朱彝尊《经义考》、王白田《朱子年谱》中搜寻该书的线索,并仿朱子《近思录》之例,为此书"疏明分卷之大旨";而且议论说,此书看起来打乱了《孟子》的章节次序,但结合朱子的一贯思想,即"但见其首尾完具"①。这表明他对朱熹理学已有十分深刻的理解。

第二节 曾国藩的理学思想

学术界不少人看不起唐鉴的理学,如著名经学史家周予同说"唐鉴不过是腐儒"②。此类评价还有不少。附带地,对曾国藩的理学,学界向来也不予重视,认为不过是些陈词滥调。其实考察一下理学史,真正像曾国藩那样取得了显赫"事功"、实践了理学家津津乐道的"内圣外王"的理学人物还真没几个,曾国藩的"成功",一定意义上是他学术的成功。仅此一点,便足以说明对曾国藩的理学不可等闲视之。前已提及,唐鉴培养的弟子们后来都成了近代史上显赫人物,就此来说,似乎也不可把唐鉴小瞧为那些理学史上常见的腐儒辈,他的思想还是有其特别的地方。曾氏学术和"事功"即是唐鉴思想的继承、展开和实践,关于这一点,我们在第五章具体比较、论述,此处稍作

---

① 参见曾国藩:《孟子要略》,《曾国藩全集·诗文》,第 567 页、第 574 页。

② 周予同:《中国经学史讲义》,上海文艺出版社 1999 年版,第 8 页。

展开。

唐鉴的学术思想集中体现在他的《国朝学案小识》中。此书论清代学术,以程朱派为正宗,同时也不废其他学派之长,显示了较为开放和务实的倾向。"清世理学家言,竭而无余华"。在"理、气、性、道"等命题上,宋明理学已"牛毛茧丝,无不辨析",要想有新的发明,确实也难。而道学家空谈心性也常常为论敌所诟病。清初理学家已经注意到这个问题,在固守程朱老调的同时,表现出一定的务实倾向。如张履祥从"随事精察、格物致知"的观点出发,重视对农业的研究;陆世仪尤重实学,对程朱理学进行修正,认为学者不应局限于学习《四书》、《五经》,天文、地理、河渠、农学、医药、兵书等一切"切于世用"的学问,都当在研习范围内。在体用关系上,陆世仪更强调"用",着力于人事。① 唐鉴的理学思想便是这种务实倾向的进一步发展。他说:"圣人之学,格致诚正,修齐治平而已。离此者畔道,不及者远于道者也。"② 又说:

> 道之所以歧,儒之所以不真,岂有他哉?皆由不识格致诚正而已。习空谈者,索之于昭昭灵灵而障于内;守残篇者逐之于纷纷藉藉而蔽于外。斯二者,皆过也。今夫礼乐兵农、典章名物、政事文章,法制度数,何莫非儒者之事哉!……朱子曰盈天地间千条万绪,是多少人事!圣人大成之地,千节万目,是多少工夫!惟当开拓心胸,大作基址,须万理明澈于胸中,此心与天地一体,然后可以语孔孟之乐。须明古今法度,通之于当今而无不宜,然后为全儒。而可以语治平事业。③

这段话有两层含义:其一,只讲诚正不讲格致,换言之就是只明本体不讲功夫,就会陷入昭昭灵灵,空谈无用;其二,只讲

---

① 唐鉴:《太仓陆先生》,《清学案小识》卷二,商务印书馆1957年版,第23页。
② 唐鉴:《清学案小识·叙》,第1页。
③ 唐鉴:《清学案小识·叙》,第3页。

格致,不讲诚正,则会纷纷藉藉、往而不返而蔽于外(联系上下文,此指汉学家)。我们知道,程朱的"格物致知"虽有一定的认识论因素,但主要是从伦理德性上说的;而唐鉴的"格致"却更多有认识论意义,将格物的内容从"道德心性"扩大到"礼乐兵农、政事文章",这也可以说是对程朱理学的修正和发展。综合唐鉴思想可知,虽然他十分强调"格致"和"治平"的重要,但他认为这一切必须以"诚意、正心"为基础,换言之,即是先立德性。德性不立,人被名利缠缚,则会意志薄弱、患得患失,终究也做不成大事。正如王夫之所说:"盖凡声色、货利、权势、事功之可欲而我欲之者,皆谓之欲。……三代以下,忠节之士,功名之流,摩拳擦掌,在灯窗下要如何与国家出力,十九不成,便成也不足以致主安民,只为他将天理边事以人欲行之耳。"①唐鉴认为,"诚正、治平"的道理程朱已讲得很清楚,后人只要照着做就行了。所以唐鉴和他的弟子们在本体和心性方面并无意另立新说,即使有所发挥也多是老生常谈,但他们的确很重视这些陈旧的说教,认为学习程朱之道是做一切事业的基础。

理学的内容十分庞杂,我们研究曾国藩理学从何处入手呢?朱熹的《近思录》可给我们一些启发。《近思录》是朱熹和吕祖谦编定的关于周敦颐、二程、张载的四子语录。此书的内容虽非朱子的原创,但论者以为,从文献学意义上,通过编者对杂乱的四子语录进行剪裁辑序,颇能反映理学的整体框架和程朱的理学思想。②《近思录》分卷十四,其逐篇纲目是:一道体,二为学大要,三格物致知,四存养,五改过迁善、克己复礼,六齐家之道,七出处进退辞受之义,八治国平天下之道,九制度……我们用现代哲学的话语,用"本体论"、"性论"可取代"道体",用"认识论"、"修养论"取代"为学、致知、存养、克治"。"齐家"、"治平"找不到合适替代词,仍不得不用"大学之道"来归类。这就是程朱理学的主要内容,用传统的术语来说就是"内圣外王"

---

① 王夫之:《读四书大全说》卷六,中华书局 2009 年版,第 369—370 页。

② 严佐之:《朱子近思录导读》,见朱熹、吕祖谦撰,严佐之导读《朱子近思录》,上海古籍出版社 2000 年版,第 12 页。

之道。曾国藩的学术深受唐鉴影响,以程朱义理为核心,向外扩展建立了一个庞杂博大的体系,这一点我们放在第五章论述;他的所谓"外王之道",我们也将在后面讨论。这里只讨论他的本体论、性论、认识论和修养论,虽然多是些宋明理学的陈言,但这是曾国藩学术和"事功"的基础,也是理解曾国藩这个人物的根本所在,而且对于理学的诸多范畴,曾氏仍有许多独特的识见,故仍有论述之必要。

一、顺性命之理论

曾国藩关于宇宙万物的本体和人性的思想直接来源于周、程、张、朱理学。他说:

> 盖天下之道,非两不立,是以立天之道,曰阴与阳,立地之道,曰柔与刚,立人之道,曰仁与义,乾坤毁则无以见《易》;仁义不明,则亦无所谓道者。传曰:天地温厚之气,始于东北,而盛于东南,此天地之盛德气也,此天地之仁气也;天地严凝之气始于西南,而盛于西北,此天地之尊严气,此天地之义气也。斯二气者,自其后而言之,因仁而育物,则庆赏之事起;因义以正物,则刑罚之事起。①

这是对周敦颐以《周易》解释宇宙生成以及万物化生思想的发挥,并结合张载的气化理论,阐述了天、地、人三才合一和天人不二的理念,为仁义、刑政从天地宇宙中寻找本质依据。理学家的本体论和性论,其目的当然不是为了论证和发现宇宙万物和人性的自然意义,而是为了沟通心性与本体、伦理与天道的联系,使儒家的道德践履获得天道或本体的支撑,从而打通人的存有世界和意义世界的关系。曾国藩有一篇《顺性命之理论》的哲学文章,其"性"、"命"观点,仍是在《中庸》性命思想的基础上,遵循程朱理学性、命原于天道、太极或理的传统思路。其文曰:

---

① 《曾国藩全集·书信》(一),第20页。

> 尝谓性不虚悬，丽乎吾身而有宰；命非外铄，原乎太极以成名……盖自乾坤奠定以来，立天之道曰阴与阳，静专动直之妙，皆性命所弥纶。立地之道曰柔与刚，静翕动辟之机，悉性命所默运。是故其在人也，絪缊化醇，必无以解乎造物之吹嘘。真与精相凝，而性即寓于肢体之中。含生负气，必有以得乎乾道之变化。理与气相丽，而命实宰乎赋畀之始。①

这是说，性、命都源于太极或理，在自然万物而言，主宰是太极或理，对人而言，太极附丽于生命而成为性，理与身体（气）相附而成为命。性与命都体现了大自然絪缊化醇之妙，都含有太极阴阳刚柔、动静翕辟之理。这是论人性与天道、太极的关联，为儒家的人性学说寻找终极的天道或本体依据。

那么反映天道之理的性与命对于个体的人和社会的人有哪些体现呢？国藩说：

> 以身之所具言，则有视、听、言、动，即有肃、乂、哲、谋。其必以肃、乂、哲、谋为范者，性也；其所以主宰乎五事者，命也。以身之所接言，则有君、臣、父、子，即有仁、敬、孝、慈。其必以仁、敬、孝、慈为则者，性也；其所纲维乎五伦者，命也。此其中有理焉，亦期乎顺而已矣。②

即是说，作为个体的人，有"视、听、言、动"等自然属性，这些自然属性并非没有节制，而需要有"肃、乂、哲、谋"为之规范，这是人之性决定的。"性"是怎么来的呢？这是由"命"所决定，源自天道，不以人的意志为转移。同样地，作为社会的人，有"君、臣、父、子"这种社会关系，则必有"仁、敬、孝、慈"作为处理这种社会关系的准则，这也是由人人具有的"性"所决定；之所以如此，是因为人就是有这种"命"，此命是天道的表现，是不可抗拒的。

性、命既然源自天赋，那么其具体内涵是什么呢？曾国

---

① 《曾国藩全集·诗文》，第132页。
② 《顺性命之理论》，《曾国藩全集·诗文》，第133页。

藩说：

> 性浑沦而难名，按之曰理，则仁、义、礼、智，在吾心已有条不紊也。命于穆而不已，求之于理，则元、亨、利、贞，诚之贯乎通复者，在吾心且时出不穷也。有条不紊，则践形无亏，可以尽己性，即可以尽人物之性。此顺乎理者之率其自然也。时出不穷，则泛应曲当，有以立吾命，即有以立万物之命。此顺乎理者之还其本然也。①

这段话的意思是说，性本难名，如果以"名"指称的话，则是"仁义礼智"，这种仁义礼智之性已天然地具于人们心中；命则是以乾卦作象征的天道通过"元、亨、利、贞"的变化通贯乎人的过程。实践仁义礼智，才能使人的天然之性圆满无亏，才能尽己性也能尽物性；只有顺应天道的变化才能立己命也能立万物之命。在对性、命的本源和内涵进行阐释之后，曾国藩提出了他自己对待性、命问题的态度。他反对两种倾向：一是反对"不知性命"，他认为人不知性命，则"必致戕贼仁义"；二是反对空谈性命，"高虚无之见者，若浮萍遇于江湖，空谈性命，不复求诸形色，是理以徜恍而不顺矣"②。看来，曾国藩不仅强调对性命理论的正确理解，同时还重视见诸形色的性、命践履功夫，或许正是这一点才是他性命理论的特别之处。

通过以上分析，曾国藩论性、命主要还是继承程朱一派的思路，理与太极是宇宙万物之本体，落实到人身上，则成为性与命两个范畴，从而使人之性与宇宙本体与天道沟通起来。本来原始儒学是不怎么讲本体的，宋儒借鉴佛、道本体论建构方法，以极为精致的思辨方法将以"仁义礼智"为总名的"天理"置换了佛、道以空、无为总名的本体论，从而使儒家的伦理道德获得天道的支撑和形而上的本体依据。经过改造的理学，虽与佛、道二教有着本质的区别，但有一点是共同的，都具有宗教的超越意义。乾、嘉时期的一批思想家，如戴震、凌廷堪、焦循、阮元

---

① 《顺性命之理论》，《曾国藩全集·诗文》，第133—134页。
② 《顺性命之理论》，《曾国藩全集·诗文》，第134页。

等人对理学的宗教性十分敏感,他们认为理学杂糅释、道,造成许多弊端,或者空谈心性,或者以意见为理,导致"以理杀人",同样是从天道谈起,戴震从天道中发现的是"自然的人",他公开为情、欲正名,肯定人的气质之性,这在商业比较发达的康乾盛世是时代之必然。而理学家从天道中发现的是"道德的人",他们认为天道的本质是仁义礼智,并以此来界定人的本质,从而沟通天人,使个体的我融入大化流行的天道,实现廓然大公、天人合一的超越境界。说得通俗一点,理学以其宗教的实质把自然的人变成道德的人,人全部价值的核心在于发现天赋的道德属性,积极践履反映宗法制度的君臣父子等五伦纲常;至于人的其他特性,如名利欲望、个人爱好、生活方式的选择都不重要,而且与封建道德相悖时还要坚决地压抑、消灭之,这就是"存天理,灭人欲"。曾国藩的性、命理论仍是传统理学的一套,认识这一点很重要,他把三纲五常视为天经地义,不容动摇。他一方面自觉地践履封建道德,自律甚严;同时既反贪官,也反对农民造反,把这些一概斥之为不安其分的"人欲",他的立身行事是由他的世界观决定的。

二、格物致知,实事求是

"格物致知"是《大学》提出的德性认知方法。自朱熹作《补格物致知传》之后,后世理学家无不谈"格物致知"。朱熹所说的"知",从根本上说是本体之知,存在之知,也就是德性之知。"格物"的目的是发明德性,而并非获得客观知识,这与现代科学的认识论是有很大差别的。[①] 但是朱熹将"格物"解释为"即物穷理",认为事事物物各有其理,这的确有向外求理的认识论意义。朱熹的"理"一方面是本体之理,这个"理"是先验的宇宙万物存在的最终依据;另一方面,理又并非是悬空和不可捉摸的,落实到事物的层面,理又是事物"所以然"和"所当然"的统一。"所以然"是本然之理,属于必然性范畴;"所当然"是应然

---

① 参见蒙培元:《情感与理性》,中国社会科学出版社2002年版,第296页。

之理,属于目的性范畴。这样朱熹的"即物穷理"便有很复杂的一面,属于客观事物方面的必然规律和属于价值层面的应然规则都在可"穷"之列,所谓"物"是自然界和人文界的通称。但是朱熹的格物其重心是在人文界,是求应然的价值和理想而不是求必然的规律和真理。他虽然认为"一草、一木、一昆虫之微,亦各有理"①,但是他认为学者穷理,主要是"明人伦、讲圣言、通世故",如果"兀然存心于一草一木、一器用之间,此是何学问?如此而望有所得,是炊沙而欲其成饭也"②。可见他把求事物之真实、之规律看成是"炊沙成饭",即使是格草木器物之理,其目的仍在于通过体察万物以明人所固有的仁义礼智之理,"至于用力之久,而一旦豁然贯通焉,则众物之表里精粗无不到,而吾心之大用无不明矣"③,达到一种天人、物我合一的神秘境界。

  曾国藩的"格物致知"说继承了程朱一派的观念,也有他自己对这个问题的特识和理解。他说:"格物,致知之事也……物者何?即所谓本末之物也。身、心、意、知、家、国、天下皆物也,天地万物皆物也,日用常行之事皆物也。格者,即物而穷其理也。"④如果从科学的认识论来说,以上的认知对象"物"涉及生理学、心理学、政治学、自然科学等,求其理即求其规律。但曾国藩在此所说的"格物致知"显然不是上述意义层面的,他的"格物"仍是考求儒家道德践履的所以然之理。他说:"如事亲定省,物也;究其所以当定省之理,即格物也。事兄随行,物也;究其所以当随行之理,即格物也。吾心,物也;究其存心之理,又博究其省察涵养以存心之理,即格物也。吾身,物也;究其敬身之理,又博究其立齐坐尸以敬身之理,即格物也。每日所看之书,句句皆物也;切己体察,穷究其理即格物也。"⑤曾氏把孝亲、顺兄、以儒家的义理存心、持身都视作"物",思考这样做的

---

  ① 宋黎清德编:《朱子语类》卷十五。
  ② 朱熹:《答陈齐仲》,朱熹著,郭齐、尹波点校《朱熹集》卷三十九,四川教育出版社1996年版,第1792页。
  ③ 朱熹:《四书章句集注·大学章句》,上海书店出版社1987年影印本,第6页。
  ④ 《曾国藩全集·家书》(一),第39页。
  ⑤ 《曾国藩全集·家书》(一),第39—40页。

所以然即是"格物"。比如孝亲是一物,思考为什么要孝亲即是格物。可见,曾国藩的格物,主要是指弄清封建伦理道德的所以然,只有知之深才能信之真,其最终目的,是为了在理性原则的指导下从事德行实践,通过道德主体的自觉操持,实现万物存有的价值以及人生意义。

曾国藩认为,学者的全部目的在于"格物诚意"。格物是认知功夫,诚意是实践功夫,他说:"格物则剖仁义之差等而缕晰之,诚意则举好恶之当于仁义者而力卒之。"[1]他还结合程朱"理一分殊"的理论说明格物的重要性:

> 吾之身与万物之生,其理本一源,乃若其分,则纷然而殊矣。亲亲与民殊,仁民与物殊,乡邻与同室殊,亲有杀,贤有等,或相倍蓰,或相什百,或相千万,如此其不齐也。不知其分而妄施焉,过乎仁,其流为墨;过乎义,其流为杨。生于心,害于政,其极皆可以乱天下,不至率兽食人不止。故凡格物之事所为委曲繁重者,剖判其不齐之分焉尔。[2]

其意是说人间万理本自一源,来自天道,天道自有其秩序、条理在,故人伦秩序也纷然万殊。以亲亲为核心,向外推为仁民,再推展开来才是爱物。不分等差地"兼爱",过乎仁则流于墨学;仁不兼施,过乎义则成为杨朱"为我之学"。格物就是明等差、分贵贱,就是要弄清"礼义三百,威仪三千"这些繁苛的礼教规矩及其必然性。因此曾国藩十分强调格物的重要性,重视"道问学",主张"即物求理",反对阳明学派的"即心证理"。他说:

> 惟于理有未穷,故其知有不尽。此言吾心之知有限,万物之分无穷,不究乎至殊之分,无以洞乎至一之理也。今王氏之说,曰致良知而已,则是任心之明,而遂曲当乎万物之分,果可信乎?……物与我相际之分殊也,仁义之异施,即物而区之也。今乃以即物穷理为支离,则是吾心虚悬一成之知于此,与凡物了不相

---

[1] 《答刘蓉》,《曾国藩全集·书信》(一),第21页。
[2] 《答刘蓉》,《曾国藩全集·书信》(一),第21页。

涉，而谓皆当乎物之分，又可信乎？①

曾国藩反对阳明学派改格物为格心，他认为任心自明，纯任主观，必然会突破儒学之樊篱进入"浮屠之趋"。

前已提及，程朱所谓的"物"乃宇宙界与人文界的通称，虽然格物的重心是身心性命之学，但并不废弃一些客观存在的知识领域，"即物穷理"有某些科学认识论的因素。曾国藩又深受唐鉴的影响，重视对"礼乐兵农、典章名物、政事文章，法制度数"的探究，这使他对格物致知的理解在传统的基础上有所突破和深化。他说：

> 惠定宇、戴东原之流钩研诂训，本河间献王实事求是之旨，薄宋贤为空疏。夫所谓事者，非物乎？是者，非理乎？实事求是，非即朱子所称即物穷理者乎？②

"实事求是"是主观合于客观实际的一种科学思维方法，朱子的"即物穷理"与"实事求是"显然还不完全是一回事。曾国藩以"实事求是"解"即物穷理"，反映了他独特的识见。在此思想的指导下，他很注意对天文、地理、军政、官制、盐漕、赋税等问题的研究，所谓"有事于身与家与国，则当一一详核焉而求其是"③，使"格物致知"真正成为"内圣外王"的必备功夫。曾国藩还对朱子的格到极处"豁然贯通"的"格物"说提出了批评。他说：

> "格物"之说，聚讼千年，迄无定论。国藩以为人心当丽事物以求知，不可舍事物而言知。朱子曰"至也"是也。其曰穷至事物之理，欲其极处无不到。则与格字求之太深，反多一障耳。④

他认为朱子训"格"字为"至"是对的，但朱子说穷至极处"表理

---

① 《答刘蓉》，《曾国藩全集·书信》(一)，第21页。
② 《书学案小识后》，《曾国藩全集·诗文》，第166页。
③ 《孙芝房侍讲刍论序》，《曾国藩全集·诗文》，第256页。
④ 《笔记二十七则》，《曾国藩全集·诗文》，第368页。

精粗无不到",就太玄乎了,反而成为一障。这表明了曾国藩在格物致知问题上比较重视实证的倾向。

三、明诚复性,天理人欲

"诚"是宋明理学的一个重要哲学范畴。周敦颐《通书》云:"诚者,圣人之本。'大哉乾元,万物资始',诚之源也。'乾道变化,各正性命',诚斯立焉。纯粹至善者也。"刘宗周对这段话的解释是:"诚者,天之道也,四德之本也。诚之者,人之道也。"①可见"诚"是沟通天道和人道的中介。就天道而言,"诚"体现了万物化生的乾元变化,是人间的四德之本、百行之源;就人道而言,自觉地存诚,就是践履体现天道意志的道德伦理。曾国藩继承了这一传统理学思想,他在《复贺长龄》中说:"窃以为天地之所以不息,国之所以立,贤人之德业之所以可大、可久,皆诚为之也。故曰:'诚者,物之始终,不诚无物。'"②

"诚者,物之始终,不诚无物"这句话语出《中庸》。《中庸》说:"成己,仁也;成物,知也。性之德也,合内外之道也。"可见"诚"实际上是儒家"内圣"与"外王"合一的最高境界。在曾国藩看来,"诚"是天地化生、万物创制、贤人立德的总根源总依据,君子明诚,不仅从道德范畴上落实,而且更重要的是体验到天地运行、宇宙大化、万物始终的内在生命,并从中汲取个人进德修业的生机和力量。曾国藩赋予"诚"以本体含义,仍是为封建道德践履寻找终极的依据。在道德层面上,"诚"即为诚实、真实。"诚实不欺"是天道运行和道德伦理的共同本质,人如果能以"诚"践履道德,便会进入真实无妄的大化流行境界,实现物我、天人的合一。所以除本体意义外,曾国藩很重视"诚"的道德意义。他说:

> 是故诚者,不欺者也。不欺者,心无私著也。无私著者,至虚也。是故天下之至诚,天下之至虚者也。

---

① 周敦颐撰,徐洪兴导读:《周子通书》,上海古籍出版社 2000 年版,第 31 页。

② 《复贺长龄》,《曾国藩全集·书信》(一),第 3 页。

> 当读书则读书,心无著于见客也。当见客则见客,心无著于读书也。一有著则私也。灵明无著,物来顺应,未来不迎。当时不杂,既过不恋,是之谓虚而已矣,是之谓诚而已矣。①

在这里,"诚"即真实不欺,以至虚之心泛应万物,也就是程朱理学常说的"主一无适",这是"诚"之应有之意。一个人如果为名利缠缚,不去遵循德性之诚,内心就会憧憧扰扰,病患百出。所以曾国藩向前辈检讨自己:"盖尝抉剔平生之病源,养痈藏瘤,百孔杂出,而其要在不诚而已矣。……故每私发狂议,谓今日而言治术,则莫若综核名实;今日而言学术,则莫若取笃实践履之士,物穷则变,救浮华莫如质。积玩之后,振之以猛,意在斯乎?……果存诚而不自欺,则圣学王道又有他哉?"②无论是个人修身,还是政治、学术,曾国藩认为存诚去伪是振衰救弊、实现"圣学王道"的前提和基础。

从个人的修养来说,"明诚"的目的是为了"复性","复性"的目的是为了按照"仁义礼智"所谓"天理"的原则进行道德践履。曾国藩继承了孟子的性善说,同时也赞成程朱将"性"分为义理之性和气质之性的说法。他说:"程朱又分出义理之性、气质之性,以明孟子性善之说无失,亦自言各有当。"③又说:"人性本善,自为气禀所拘,物欲所蔽,则本性日失,故须学焉而后复之,失又甚者,须勉强而后复之。"④他认为气禀和物欲是构成身心交病的主要原因,君子只有复性、尽性才能不为外物所夺,才能养成胸中日月常新美的光明境界。他说:

> 凡民有血气之性,则翘然而思有以上人。恶卑而就高,恶贫而觊富,恶寂寂而思赫赫之名。此世人之恒情。而凡民之中有君子人者,率常终身幽默,暗然退藏。彼岂与人异性?诚见乎其大,而知众人所争者

---

① 《曾国藩全集·读书录》,第2页。
② 《复贺长龄》,《曾国藩全集·书信》(一),第3—4页。
③ 《曾国藩全集·读书录》,第278页。
④ 《笔记二十七则·勉强》,《曾国藩全集·诗文》,第378页。

> 之不足深较也……君子之道，自得于中，而外无所求。饥冻不足于事畜而无怨；举世不见是而无闷。自以为晦，天下之至光明也。①

所谓"血气之性"即是程朱所说的"气质之性"。人受气质之拘牵，不免疲奔于名利；而所谓"抱道君子"则默运天地之性，守仁义礼智之天理，参与天地宇宙的大化流行，故而获得一种超越的人生境界，故无论处境如何，都能保持一种超然之乐，这就是理学家所谓的"孔颜乐处"。

朱熹认为，孟子之后，《尚书·大禹谟》中的"人心惟危，道心惟微，惟精惟一，允执厥中"的"道统"传承者是河南二程，朱熹也把这十六个字视为道统的全部内涵。曾国藩也认为明人心、道心以及天理、人欲之辩是明诚复性的全部功夫。他说："是故皇降之衷，有物斯以有则；圣贤之学，惟危惕以惟微。……惟察之以精，私意不自蔽，私欲不自挠，惺惺常存，斯随时见其顺焉。守之以一，以不贰自惕，以不已自循，栗栗惟惧，斯终身无不顺焉。"②对"危"、"微"的省察是一个不间断的修养过程，如果放松懈怠，则君子可以变为小人；如果明诚复性，小人也可以成为君子。故此，"仁者物我无间之谓也。一有自私之心，则小人矣。义者无所为而为之谓也。一有自利之心，则小人矣。同一日也，朝而公正，则为君子；夕而私利，则为小人。同一事也，初念公正，则为君子；转念私利，则为小人。惟圣罔念作狂，惟狂克念作圣，所争只在几微。君子无终食之间违仁，造次必如是，颠沛必如是，一不如是，则流入小人而不自觉矣"③。以发展变化的观点看待君子、小人，这是曾国藩对理学家常谈的"危微之辩"的一点新见。

对于"天理、人欲"问题，曾国藩反对汉学家攻击理学有悖人情或以人情解说天理的说法。他对友人邓汪琼持"人情外之天理，毕竟非天理"的看法不以为然，特地给邓氏复信反驳道：

---

① 《养晦堂记》，《曾国藩全集·诗文》，第221—222页。
② 《顺性命之理论》，《曾国藩全集·诗文》，第133—134页。
③ 《笔记二十七则·君子小人》，《曾国藩全集·诗文》，第379—380页。

> 来示谓人情外之天理,毕竟非真天理,恐有语病。如和奸,人情也;强奸,亦人情也。家法禁和奸,王法禁强奸,皆天理也。从阁下之说,然则为家长者概不禁和奸,为官长者概不禁强奸乎?①

这与他的理学朋友吴廷栋的看法是一致的。吴氏说:"天理中之人情可许,天理外之人情不可循也。"②总之,合乎仁义礼智等封建道德规范的人情即是天理,否则即使出于人情仍是"人欲"。

曾国藩认为"慎独"也是明诚复性之功夫。他说:

> 尝谓独也者,君子与小人共焉者也。小人以其为独而生一念之妄,积妄生肆,而欺人之事成。君子懔其为独而生一念之诚,积诚为慎,而自慊之功密。其间离合几微之端,可得而论矣……自世儒以格致为外求,而专力于知善知恶,则慎独之旨晦。自世儒以独为内照,而反昧乎即事即理,则慎独之旨愈晦。要之,明宜先乎诚,非格致则慎亦失当。心必丽于实,非事物则独将失守。③

慎独是理学家常常讨论的圣贤功夫。曾国藩认为"以格致为外求",而不去发明性理,则失慎独之旨;只明本体而不即事穷理,则会失之玄虚,更不符合慎独之旨。必须"由诚而明",讲求格致穷理功夫,使所穷性理落实到事物和践履中来,才是慎独之真义。

四、居敬主静,已发未发

"居敬主静"是理学家造道入德、提升道德境界的一种修养方法。周敦颐提倡"主静"。其《太极图说》云:"圣人定之以中

---

① 《复邓汪琼》,《曾国藩全集·书信》(一),第727页。
② 方宗诚撰:《吴竹如先生年谱》,咸丰八年条下,清光绪四年畿辅志局刊本。
③ 《君子慎独论》,《曾国藩全集·诗文》,第181页。

正仁义,而主静(自注云:无欲故静),立人极焉。"①程朱对"静"字有别解,认为涵养的方法并非静修,而应动修,因为"人心不能不交感万物"。《二程遗书》云:"又问:'敬莫是静否?'曰:'才说静,便入于释氏之说也。不用静字,只用敬字。才说著静字,便是忘也。'"②可见二程不同意周敦颐"无欲故静"的说法,他们主张用"主敬"来代替"主静"。作为主体认知修养的一种形式,程朱"主敬"的含义是:其一,敬是"主一无适";其二,敬是收拾自家精神;其三,敬是动容貌,整思虑,正衣冠、尊瞻视。曾国藩一并接受了周敦颐和程朱的说法,对居敬、主静兼收并蓄,认为二者并不矛盾,有自己独到的识见。

曾国藩于道光二十四年(1844)仿朱子《敬箴》作修身课程《五箴》③,五箴之二即是"居敬箴"。考察曾氏日记,可知国藩一生都在讲求"持敬"。如咸丰十年(1860)九月初八日,军旅倥偬中的他在日记中记下:"睡后,思八年所定'敬、恕、诚、静、勤、润'六字课心课身之法,实为至要至该。吾近于静字欠工夫耳。"④又如同治九年(1870)即在他去世前的第二年二月十一日他又记下:"一心履簿(薄)临深,畏天之鉴,畏神之格;两眼沐日浴月,由静而明,由敬而强。"⑤可见曾氏是多么重视敬与静的修持方法。那么曾国藩所谓的"敬"字是什么含义呢?他在《居敬箴》中说:

> 居敬箴:天地定位,二五胚胎。鼎焉作配,实曰三才。俨恪斋明,以凝女命。女之不庄,伐生戕性。谁人可慢?何事可弛?弛事者无成,慢人者反尔。纵彼不反,亦长吾骄。人则下汝,天罚昭昭⑥

此处言敬,先从天地人谈起,从天道的根源性谈敬的必要性,敬

---

① 周敦颐撰,徐洪兴导读:《周子通书》,第 48 页。
② 程颢、程颐撰,潘富恩导读:《二程遗书》,上海古籍出版社 2000 年版,第 238 页。
③ 分别参见《曾国藩全集·家书》,第 81 页,第 497 页。
④ 《曾国藩全集·日记》(一),第 535 页。
⑤ 《曾国藩全集·日记》(三),第 1724 页。
⑥ 《致温弟沅弟》,《曾国藩全集·家书》(一),第 81 页。

在此处同时有"主一无适"、专心致志和对人恭敬的意思。用通俗的话来说,就是时时处处专一于仁义礼智之践履,用志不纷。国藩又说:"敬,整齐严肃,无时不惧。无事时心在腔子里,应事时专一不杂。清明在躬,如日之升。"①即是说人如果能做到"敬",时时把捉、提醒此心,就不会心有旁骛;顺天理而行,不杂任何私意,就会感受到"清明在躬、如日之升"的天人境界。国藩认为,人时时主敬,按照封建道德践履,则会仰不愧、俯不怍,长期修持,则会心泰神安,身体日强。又说:

> 主敬则身强。敬之一字,孔门持以教人,春秋士大夫亦常言之,至程朱则千言万语不离此旨。内而专静纯一,外而整齐严肃,敬之功夫也;出门如见大宾,使民如承大祭,敬之气象也;修己以安百姓,笃恭而天下平,敬之效验也。程子谓上下一于恭敬,则天地自位,万物自育气无不和,四灵毕至。聪明睿智,皆由此出。以此事天飨帝,盖谓敬则无美不备也。吾谓敬字切近之效,尤在能固人肌肤之会、筋骸之束。庄敬日(日)强,安肆日偷,皆自然之征应,虽有衰年病躯,一遇坛庙祭献之时、战阵危急之际,亦不觉神为之悚,气为之振,斯足知敬能使人身强矣。若人无众寡,事无大小,一一恭敬,不敢懈慢,则身体之强健,又何疑乎?②

在曾国藩看来,人如果持敬于仁义礼智等天理原则,不为非分的利欲所困扰,所谓视、听、言、动一仍于道德礼法,自然不敢懈息、安肆,不敢以利欲缠缚身心,以此修身,不仅益于德性,而且也是健身和长寿之道。

前已提及,程朱主张用主敬来取代周敦颐的"主静",认为静字易入老释之道。国藩认为,儒者之静与老释之静是不同的。他说:

> 净明心地,自是儒先教指。二氏虽亦明心,而释

---

① 《笔记十二则》,《曾国藩全集·诗文》,第396页。
② 《谕纪泽》,《曾国藩全集·书信》(一),第1393页。

以御神为主,可静不可动;老以守气为主,能逸不能劳。明净略同,善用其明净之心则异。①

国藩认为,儒者之静是动中之静、是劳中之静。一句话,静是心灵的安静,而非放弃世事什么都不做。一个人能持敬,即按照儒家的道德伦理去实践,则自然能静。他说:

> 自濂溪揭"主静"之旨,程朱亦常以"静"字垂教,苟其遗弃伦物而于静中别求端倪者,或不免误入歧途。若习静以涵养此心,则即《大学》所云"定静安虑"者,又何岐趋之有?朱子注《中庸》首章有云:"自戒惧而约之,以至于至静之中,无少偏倚,而其守不失。"此数语者,谓之主静可也,谓之居敬亦可也。盖不善言"静",恐入生熙之门,善言"静",犹是存养之道。言岂一端,夫各有所当也。②

可见静是敬的结果,此静是心灵之静,是每临大事有静气之静。曾国藩作有《主静箴》,表达了儒者之静的气象:

> 斋宿日观,天鸡一鸣。万籁俱息,但闻钟声。后有毒蛇,前有猛虎。神定不慑,谁敢余侮?岂伊避人,日对三军。我虑则一,彼纷不纷。③

此静是专一于道德理想不为生死利害所撼动的静气,是一种大无畏的精神,是"敬"(专一)于仁义礼智的气象。所以曾国藩很重视静字,把静坐作为终身日课之一:"每日不拘何时,静坐四刻,体现来复之仁心。正位凝命,如鼎之镇。"④此处的静坐不同于释老之静,是为了体验"来复之仁心",为了恪守儒家之义理,这时的静坐目的是为了更好地居敬。

二程认为,"静"有流入释氏之弊,如果静修到"身如枯木,心如死灰",则是死物,一切都忘了,也就无所谓明天理了。二

---

① 《复赵烈文》,《曾国藩全集·书信》(七),第5192页。
② 《复陈艾》,《曾国藩全集·书信》(十),第7051页。
③ 《致温弟沅弟》,《曾国藩全集·家书》(一),第75页。
④ 《笔记十二则》,《曾国藩全集·诗文》,第396页。

程说:"盖人活物也,又安得为槁木死灰?既活,则须有动作,须有思虑……敬以直内,则须君则是君,臣则是臣,凡事如此,大小大直截也。"①可见二程主张以居敬取代主静。曾国藩接受了周敦颐"无欲故静"的思想(按:理学家的人欲是指不符合道德伦理的非分欲望,并非泛指一切人欲),认为儒者之静不同于释道,静字并非枯寂,而是生生不息的天地之仁德的表征,人能与天地合德,则自然入静。他结合程朱的"已发、未发"心性说,来说明儒者之静的真义和实质,将濂溪学的主静说与程朱派的主敬说沟通起来。他说:

> "神明则如日之升,身体则如鼎之镇。"此二语,可守者也。惟心到静极时,所谓未发之中,寂然不动之体,毕竟未体验出真境来。意者只是闭藏之极,逗出一点生意来,如冬至一阳初动乎?贞之固也,乃所以为元也。蛰之坏也,乃所以为启也。谷之坚实也,乃所以为始播之种子也。然则不可以为种子者,不可谓坚实之谷。此中无满腔生意,若万物皆资始于我心者,不可谓之至静之境也。然则静极生阳,盖一点生物之仁心也。仁心不息,其参天两地之至诚乎?颜子三月不违,亦可谓洗心退藏,极静中之真乐者矣。我辈求静,欲异乎禅氏入定冥然罔觉之者,其必验之此心。有所谓一阳初动,万物资始者,庶可谓之静极,可谓之未发之中、寂然不动之体也。不然,深闭固拒,心如死灰,自以为静,而生理或几乎息矣。况乎并不能静也,有或扰之,不且憧憧往来乎?深观道体,盖阴先于阳,信矣。然非实由体验得来,终掠影之谈也。②

其意是说,儒者之静是未发之中、寂然不动之体,此"未发之中"和"寂然不动"包藏有天地的生生之意,此象征仁德的生生之意是沟通天人的共同德性,区别于禅家的心如死灰、冥然无觉。所谓"未发之中"是静,"发而中节谓之和"也是静,此静是动中

---

① 程颢、程颐撰,潘富恩导读:《二程遗书》,第76—77页。
② 《曾国藩全集·读书录》,第2—3页。

之静,是将主体心灵消融于仁义礼智的安静。这样,曾国藩将周敦颐的"主静立人极"与程朱派的"主敬立人极"统一起来,主敬即是主静,敬是静的前提,静是敬的功效,儒者不必因释道言静而讳言静,居静修持,同样也可以心态安详宁静。在敬、静问题上,曾国藩对理学内部的分歧表现了他创造性的理解和发挥,有其独特的识见。值得注意的是,在理学家修养方法上,曾国藩有辩证的理解,敬、静问题也不例外。他说:"圣贤之言德行者,名类甚多。苟以一两字切己反求,皆有终身可行之益,但末流之弊,不可不防。故虞庭教胄及皋陶九德,皆各有相反之字以矫其偏而成其善。"①理学史上的末流之弊及其危害,曾国藩显然是十分清楚的,正是这些流弊不断地招致对理学的攻击和批评。曾氏提出以相反之字"矫其偏而成其善",的确是明智之举,合乎事物辩证发展的规律。

五、一两分合,变化中庸

曾国藩并未有专门的易学著作,但对《周易》之大义,却有精到的认识。在本体论上讲天道性命,认识论上讲实事求是,道德论上讲明诚复性,修养论上讲居敬主静,其落脚点都在于履天道而达"元、亨、利、贞"。贞,正也,中也。而中、正的前提则是事事分两。

"一分为二"的思想,在中国殷周之际的《周易》中已有萌芽。这个思想经汉唐的发展到了宋代,邵雍用"先天象数"来推衍太极生成万物的过程为"一分为二",并以此来诠释"太极生两仪"。朱熹在此基础上从"先天象数"推而解释阴阳二气的化生过程,同时吸收了二程"万物莫不有对"以及张载"一物两体"等思想,系统论述了"一分为二"思想。② 朱熹说:"凡事无不相反以相成……明道(程颢)所以云:天下之物,无独必有对,终夜

---

① 《复陈艾》,《曾国藩全集·书信》(十),第 7051 页。
② 参见张立文:《朱熹评传》,南京大学出版社 1998 年版,第 205—206 页。

思之,不知手之舞之足之蹈之,直是可观,事事如此。"①他认为任何事物都存在着对待方面,而对待方面本身,也存在着相反相成的两个方面。二程、朱熹对《中庸》中的朴素辩证思想有着精到的理解,认为中庸即是"执其两端,量度其中","中也者,未动时恰到好处;时中者,已动时恰到好处"②,也就是说事物的发展要无过无不及,存在着一个量取其当的"度"。

曾国藩继承了先秦儒学以及宋明理学"凡物必有对"和"执两用中"的辩证思想。他说:

> 天地之数以奇而生,以偶而成。一则生两,两则还归于一。一奇一偶,互为其用,是以无息焉。物无独,必有对,太极生两仪,倍之为四象,重之为八卦,此一生两之说也。两之所该,分而为三,淆而为万,万则几于息矣。物不可以终息,故还归于一。天地絪缊,万物化醇;男女构精,万物化生。此两而致于一之说也。一者阳之变,两者阴之化。故曰:一奇一偶者,天地之用也。③

也就是说"一则生两"是一分为二,"两则还归于一"是合二为一。矛盾对立的两个方面统一成一事物,奇偶互用、矛盾消长推动事物的发展变化。国藩又说:

> 盖天下之道,非两不立,是以立天之道,曰阴与阳,立地之道,曰柔与刚,立人之道曰仁与义,乾坤毁则无以见《易》;仁义不明,则亦无所谓道者。……因仁以育物,则庆赏之事起;因义以正物,则刑罚之事起。中则治,偏则乱。④

他认为物无独,必有对。合阴与阳才成为天道。合仁与义才成为人道,作为庆赏的仁与作为刑罚的义都是人道不可或缺的两个方面,矛盾的对立面平衡则治,失衡则乱。

---

① 黎清德编:《朱子语类》,卷六十二。
② 黎清德编:《朱子语类》,卷六十二。
③ 《送周荇农南归序》,《曾国藩全集·诗文》,第162页。
④ 《答刘蓉》,《曾国藩全集·书信》(一),第20页。

通过《周易》谈儒家义理是理学家的传统。《四库全书总目》云："《易》之为书，推天道以明人事者也。《左传》所记诸占，盖犹太卜之遗法，汉儒言象数，去古未远也。一变而为京（房）、焦（赣），入于机祥……王弼尽黜象数，说以老、庄，一变而为胡瑗、程子，始阐明儒理。"①朱熹将《周易》的阴阳变易原理贯穿到他的基本哲学范畴之中，如理气、道器、天理人欲、人心道心、天命之性气质之性、义理功利等，这些范畴也是"凡物必有对"，呈现出相互差异、对待、冲突而又相互包涵、统一、融合的关系。曾国藩继承了宋儒这个传统，通过研习《易》以明儒理，根据《周易》的阴阳消长、吉凶变化之理来说明遏制"人欲"、"气质之性"的必要性。他在《求阙斋记》中说：

> 国藩读《易》，至《临》而喟然叹曰：刚侵而长矣。至于八月有凶，消亦不久也，可畏也哉！天地之气，阳至矣，则退而生阴；阴至矣，则进而生阳，一损一益者，自然之理也。物生而有嗜欲，好盈而忘阙。……故曰："位不期骄，禄不期侈。彼为象箸，必为玉杯。"积渐之势然也。而好奇之士，巧取曲营，不逐众之所争，独汲汲于所谓名者……其于志盈一也。夫名者，先王所以驱一世于轨物也。中人以下，蹈道不实，于是爵禄以显驭之，名以阴驱之，使之践其迹，不必明其意。若君子人者，深知乎道德之意，方惧名之既加，则得于内者日浮，将耻之矣。而浅者哗然骛之，不亦悲乎！……于是名其所居曰"求阙斋"。凡外至之荣，耳目百体之耆，皆使留其缺陷。礼主减而乐主盈。乐不可极，以礼节之，庶以制吾性焉，防吾淫焉。若夫令问广誉，尤造物所靳予者，实至而归之，所取已贪矣，况以无实者攘之乎？行非圣人而有完名者，殆不能无所矜饰于其间也。吾亦将守吾阙者焉。②

这段话的大意是说，凡人、物都有嗜欲，按理学的说法是气质之

---

① 《经部·易类一》，《钦定四库全书总目》卷一，第3页。
② 《求阙斋记》，《曾国藩全集·诗文》，第154—155页。

性和人心使然。那些利欲熏心的人在俸禄之外期求奢侈,有了象牙筷子,就想配碧玉杯子,真是欲望永无止境。好名的人虽不逐利,但同样是一种"欲"。因为先王用功名爵禄驱使士人研习经书,是为了使中人以下有积极性去研习和实践道德。那些真正对道德学问有信仰、有兴趣的人是不会去计较功名的。按照《周易》盛极必衰、一损一益的自然之理,那些对名利有非分之想的人发展到一定的程度,必然会走向自己的反面,严重的会身败名裂。曾国藩为自己的居处取名为"求阙斋",这个"阙"应是指理学范畴中的"气质之性、人心、人欲"。至于"人心、人欲"的对立面"道心、天理"等儒家认可的一切美德,国藩不仅不主"阙"而且始终求"盈",并认为这是保身免祸之道。他说:

> 近来见得天地之道,刚柔互用,不可偏废,太柔则靡,太刚则折。刚非暴虐之谓也,强矫而已;柔非卑弱之谓也,谦退而已。趋事赴公,则当强矫,争名逐利,则当谦退;开创家业,则当强矫,守成安乐,则当谦退;出于人物应接,则当强矫,入于妻孥享受,则当谦退。若一面建功立业,外享大名,一面求田问舍,内图厚实,二者皆有盈满之意,全无谦退之意,则断不能久。①

可见,所有属于享受安乐、争名逐利内容的,国藩都反对盈满,认为这是致凶遭灾之道,他所谓的"求阙"主要是指个人利欲方面的。

曾国藩认为事物的渐化在一定限度内,超过这个限度就会发生性质的变化。他说:"吉凶悔吝,四者相为循环。……天道忌满,鬼神害盈,日中则仄,月盈则亏。"②这是否是一种简单的盛极必衰循环论呢?并非如此。国藩认为要"处中则变"、"随时变易",才能保持贞吉;遇凶知道自悔,方能免于灾戾。他说:

> 吉,非有祥瑞之可言,但行事措之咸宜,无有人非鬼责,是即谓之吉。过是则为吝矣。……易之道,当随时变易,以处中当变,而守此不变,则贞而吝矣。凡

---

① 《致沅弟季弟》,《曾国藩全集·家书》(二),第 837 页。
② 《读书笔记二十七则》,《曾国藩全集·诗文》,第 360 页。

行之而过，无论其非义也，即尽善之举，盛德之事，稍过，则咎随之。①

所谓"吉"是指行事措置适当，而不超过"中"（度）。"中"并非庸常不变，而是"时中"，随着事物的发展，"中"的标准也发生变化，过中则是取咎之道，导致事物由吉趋凶，发生性质的变化。值得注意的是，国藩认为即使是"盛德之事"也不能过中，过中也会走向其自身的反面，这种辩证思维有其深刻的一面。

对世间的万事万物、一道一艺，曾国藩都以对立统一、矛盾的观点看待之。以书法为例，他说：

> 予尝谓天下万事万理皆出于乾坤二卦。即以作字论之：纯以神行，大气鼓荡，脉络周通，潜心内转，此乾道也；结构精巧，向背有法，修短合度，此坤道也。凡乾以神气言，凡坤以形质言。礼乐不可斯须去身，即此道也。乐本于乾，礼本于坤。作字而优游自得真力弥满者，即乐之意也；丝丝入扣转折合法，即礼之意也。②

作字既要有发散的神气，同时也要有收敛的法度，对立统一、冲突融合而共成一物，这与礼、乐的精神实质是一致的。但是正如程朱的辩证法一样，任何事物都存在着相反相成的对待方面，但这一原理遇到三纲五常就失效了，因为在朱熹看来，"三纲五常，礼之大体，三代相续，皆因之而不能变"③。曾国藩亦认为三纲之道，"是地维所赖以立，天柱所赖以尊"④。总之，他的辩证法最终仍是服务于纲常伦理、等级秩序等封建社会的最高原则。

---

① 《读书笔记二十七则》，《曾国藩全集·诗文》，第360页。
② 《致澄弟温弟沅弟季弟》，《曾国藩全集·家书》（一），第35页。
③ 朱熹：《论语集注·为政》，《四书章句集注》，第12页。
④ 《谕纪泽》，《曾国藩全集·家书》（二），第936页。

第四章

理学与曾国藩的人生境界

宋明理学的基本内涵是围绕《大学》所谓"三纲领、八条目"而展开的,是"以道体为核心,以穷理为精髓,以居敬、明诚为存养工夫,以齐家、治国平天下为实质,以成圣为目标"的总括。[①]上一章我们讨论了曾国藩对"格、致、诚、正"等理学范畴的理解及其特点,下面谈谈他以理学修身的人生实践。

在进入正题之前,先梳理一下曾国藩接受理学、实践理学的背景。这个问题我已在第三章中有所论述,为更好地说明问题,不妨再稍作赘述。太平天国革命运动前夕,清王朝的统治已处于岌岌可危之中,士风媚俗,腐败公行,民生疾弊。嘉道之际,龚自珍即对官场乡愿横行、是非不分、奔竞谋私的风气表示了深深的绝望。他说:"士皆知有耻,则国家永无耻矣;士不知耻,为国之大耻。"无廉耻节操、一心想着货财名利的官员遍布朝野,"而封疆万一立有缓急,则纷纷鸠燕逝而已,伏栋下求俱压焉者鲜矣"[②]。龚自珍已认定"日之将夕,悲风骤至",预感到"山中之民,有大音声起,天地为之钟鼓,神人为之波涛矣"[③]。但龚氏没等到太平天国大革命的到来就去世了。曾国藩的好友刘蓉论当时风俗:

---

① 张立文:《宋明理学的内涵》,《宋明理学研究》,人民出版社 2002 年版,第 13—14 页。

② 龚自珍:《龚自珍全集》第一辑《明良论》,上海人民出版社 1975 年版,第 31—32 页。

③ 龚自珍:《龚自珍全集》,第一辑《尊隐》,第 87—88 页。

> 今天下之士,靡然不知名节行检之可贵,而惟浮薄、软熟、奔竞之为务,甚或乡人所不肯为者,彼顾腼然为之不以自愧,盖其自修于家者,久已无复礼义廉耻之防,况望其施诸政事以成天下之风俗哉!①

而当时的学术主流汉学流弊渐多,或饾饤文字脱离现实,或以考据为手段嘲弄宋儒的"理欲之辨",已不能担当起促进士人道德自律以及重整风俗的任务。道光年间沈维鐈说:

> 聪慧杰特之士,厌常喜新,则有崇训诂而蔑绳检,以汉学、小学凌驾宋儒者矣。……不守博文约礼、诚明敬义之训,不知礼义廉耻之防,世道人心,流波莫挽,有心者所为怒焉深忧也。②

在此背景之下,部分士人想起前明士人之所以讲气节,能超然于生死,是因为讲理学的缘故。③ 他们企图重新复兴理学以唤起士人的道德感,拯救清王朝内忧外患的危机。曾国藩的理学老师唐鉴说:

> 天下之患莫大于不顾防检,不敦节概,不修礼义廉耻,不遵规矩准绳。破廉隅而趋异便,弃闲范而就奔驰,容悦以为恭,婞婴以为敬,揣摩以为智,迁就以为才,委蛇以为识时务,和同以为近人情,饰巧诈以固恩权,假声华以固名誉,扬扬自得而不以为可恶,赫赫凌人而不以为可悲。……丧其所固有,而亡其所本来,审若是也,道几不绝乎?④

唐鉴认为,学术正则士风正,士风正则政术正,政术正则人心

---

① 刘蓉:《致某官书》,《养晦堂文集》卷三,沈云龙主编《近代中国史料丛刊》第382册,第65页。
② 沈维鐈:《清学案小识·序》,见唐鉴《清学案小识》,第2页。
③ 参见钱穆:《中国近三百年学术史》,第621页,沈子敦语;第634—635页,管同语。又如吴廷栋说:"明朝开国,既崇尚程朱之学,人人奉为法守,故能培养一代人心廉耻,而节义最著。"参见方宗诚撰《吴竹如先生年谱》咸丰二年条下。
④ 唐鉴:《清学案小识·提要》,第2—3页。

定、风俗正。他主张研习程朱理学以端正士风,作为拯世救时之要务。程朱理学明理欲之辨,主要是指人君和士人的心术而言,是为了遏止统治者的无底贪欲,以维护社会的长治久安。就这一点而言,方东树的认识并没有错(详见第二章)。虽然"理欲之辨"对于统治者来说多是对人不对己,更多地转嫁到他人或百姓头上,成为所谓的"伪道学"。但也不可否认,无论在朝在野,确实有不少人在真诚地信仰理学、实践理学。所以,道、咸之际,在士风堕落、道德滑坡、贪贿公行的大背景下,在汉学的冲击下,一度消沉的理学有渐趋抬头和复兴的趋势,这有其历史的必然性。

但是仅仅从拯世救时的角度来说明曾国藩接受理学和实践理学是不够的,因为拿理学作为手段治人与作为信仰律己毕竟是两回事。前面已谈及,国藩三十岁时才真正信仰理学,他的部将罗泽南也是三十岁时皈依理学①。曾国藩的理学老师唐鉴亦是"三十而志洛闽之学,特立独行,诟讥而不悔"②。再从历史上看,桐城派鼻祖时文名家方苞虽然乡试、殿试都考了第一,但他一度"视宋儒为腐烂"③,后来在京师听人指点,才开始信仰理学。可见八股文考试以及读朱熹的《四书集注》与理学信仰是两码事。从江藩《国朝宋学渊源记》来看,此类例子更多,如施瑛、罗有高、程在仁、邓元昌等人都经过了一个学术信仰转型的过程。不少人真正信奉了理学后反而放弃了举业。如"施瑛,字虹玉,休宁人。初为举业,诣府应试,入紫阳书院听讲,瞿然曰:'学者当如是矣'。遂弃举业,发愤志于道"④。此人举业功名干脆不要,一心搞理学去了。

为什么会出现这种情况呢?我认为这与理学自身的特点有关。任继愈先生认为理学是一种宗教,学界亦有人不同意这

---

① 参见《罗忠节公年谱》道光十六年条下。
② 《送唐先生南归序》,《曾国藩全集·诗文》,第168页。
③ 方苞:《再与刘拙修书》,《望溪先生全集》卷六,清咸丰元年戴钧衡刻本。
④ 江藩:《国朝宋学渊源记》,见钱钟书主编,朱维铮导读《汉学师承记》(外二种),第208页。

个观点。但不可否认,理学援引释道,是对传统儒学的一次改造。理学与佛、道二教的修养目的虽有不同,但在企图实现对人生欲望的超越上,却有相似之处。王阳明曾形容那些心无所守、失去精神家园的学者"如入百戏之场,欢谑跳浪,骋奇斗巧……耳目眩瞀,精神恍惑……如丧心病狂之人,莫自知其家业之所归"①。这说明一个问题,人们即使不信宗教,但还是需要精神安顿和自我超越,否则被名利拘牵,心灵营营扰扰,并无幸福可言。理学家正是从宇宙演化的角度将儒家的道德伦理赋以本体和终极意义,使人们在道德践履中获得人生意义和自我超越。所以在某种意义上说,理学家与宗教家的确有可以沟通之处,对信仰的执著和固守是二者共同的特点。方孝孺为固守"天理"被灭十族而不悔,文天祥拒绝高官厚禄的诱惑而视死如归,真是生死富贵不足以动其心。更为重要的是理学家认为按照他们的方法修行,则会进入"至乐之境",即所谓"孔颜乐处";而且还能健体强身(所谓"以志率气"、"主敬则身强")。但是功利化、机械化的八股文考试往往遮蔽理学的非功利性超越意义,将功名富贵与理学牵在一起似乎有些滑稽。所以在明清时期,许多人背诵朱熹注的《四书》,不过是将其作为升官发财的敲门砖,与真正的信仰仍是两码事。

曾国藩二十七岁中进士,三十岁之前还谈不上有什么信仰,他像大多数人一样参加科举求取功名富贵以光宗耀祖。三十岁时,唐鉴指点他为学要以程朱为宗,而且唐鉴还认为"今夫救时者人也,而所以救时者道也"。道学不仅能拯世救时,而且对个人也有好处:"抱仁戴义可以淑身心,周规折矩可以柔血气,独立不惧,可以振风规,百折不回,可以定识力。守顾不重乎哉!"②这对曾国藩确立理学信仰产生了极大的影响。前面我们已说过,以唐鉴为首的理学小团体只是奉理学为修身原则,他们无意于在理论上有多大的发明,正如宗教徒无意于发明一套新神学一样,他们主要是理学实践家。曾国藩的修身之道即是理学家的修养方法和思想的具体实践。

---

① 王阳明:《传习录》卷中,江苏古籍出版社 2001 年版,第 154 页。
② 唐鉴:《清学案小识·提要》,第 3 页。

研究曾国藩的修身律己之道，需要参考他《日记》、《家书》、《书信》中的材料。这些材料是否可信呢？有没有作伪的可能？1994年岳麓书社整理出版的《曾国藩日全集·日记》是据宣统元年(1909)十月中国图书公司印行的手稿本标点，并以台湾学生书局1965年影印本《曾文正手写日记》校勘。手稿本系曾氏以行草书写成，其中有不少错字衍字，标点本仍保持原样，故颇能反映曾氏日记的原貌。曾国藩对自己的著作一向持低调态度。同治五年(1866)五月十三日他在给好友吴廷栋的信中说："至谓以著述为心，则国藩久无此念。曩岁儿辈来祁门省视，还湘之顷，告以勿刻文集，小儿亦能默喻此意。"①晚年处理天津教案，因担心遭遇不测给儿子立下遗书："余所作古文……尤不可发刻送人，不特篇帙太少，且少壮不克努力，志亢而才不足以副之，刻出适以彰其陋耳。如有知旧劝刻余集者，婉言谢之可也。"②大概这并非是出于谦虚的场面话。因此，曾氏日记、家书即使有些作伪或掩掩遮遮的情况，应该说大致还是可信的。

曾国藩说："予自三十岁以来，即以做官发财为可耻。"他三十岁时，正是道光二十一年(1841)。前已提及，1841年是曾国藩受唐鉴等人的影响而信仰理学的一年，三十岁之前的他，为学的目的是猎取功名富贵；三十岁之后，他便确立了自己的信仰，以理学家的修身准则律身处事，一直到他去世为止。

朱熹曾把为学之序规定为五："学、问、思、辨、行"，前四者为致知，"行"为实践。他主张先知后行。所谓"明天理"以及"格、致、诚、正"，目的都是为了"行"（实践）。而"行"分为：修身之要即"言忠信，行笃敬，惩忿窒欲，迁善改过"；处事之要即"正其义不谋其利，明其道不计其功"③。曾国藩三十岁之后的理学修养也不外这两个方面。

---

① 《复吴廷栋》，《曾国藩全集·书信》（八），第5758页。
② 《谕纪泽纪鸿》，《曾国藩全集·家书》（二），第1370页。
③ 朱熹：《白鹿洞书院揭示》，《朱熹集》，四川教育出版社1996年版，第3893页。

第一节　修身之要——惩忿窒欲、迁善改过

理学家常组织成小团体,以聚会或交换日记的方式相互劝勉规过,彼此监督,这在理学史上是常有的现象。如江藩《国朝宋学渊源记》记载:"辅仁会……十有余人,每月朔一举,威仪进止咸中规矩。里人目以为痴。"①邓元昌与理学同志"为日程,言动必记之,互相考核"②。明末清初证人会、共学山居等理学同志会也是如此修行。理学家的悔过类似于基督徒的忏悔,只不过他们悔过的对象是"天理"或"良知"而非上帝。

曾国藩在道光年间参加了以唐鉴为核心的理学小团体,即以"惩忿窒欲、迁善改过"为宗旨,进行理学修养训练。道光二十二年(1842),曾国藩给诸弟的信说:"余自十月初一日起亦照艮峰样,每日一念一事,皆写之于册,以便触目克治,亦写楷书。……念念欲改过自新。"③他还在倭仁的指导下编定了课程,内容共分十三项:主敬、静坐、早起、读书不二、读史(二十三史每日读十叶,虽有事不间断)、写日记(须端楷。凡日间过恶:身过、心过、口过,皆记出。终身不断)、日知其所亡(每日记茶余偶谈一则。分德行门、学问门、经济门、艺术门)、月无忘所能(每日作诗文数首,以验积理之多寡、养气之盛否)、谨言、养气(无不可对人言之事。气藏丹田)、保身(谨遵大人手谕:节欲、节劳、节饮食)、作字、夜不出门。④ 这十三项内容在类别上不太一致,"主敬"、"谨言"、"养气"比较抽象,不好验证;但"早起""读史"、"写日记"以自我反省等这些课项,他基本上终生坚持

---

① 江藩:《国朝宋学渊源记》,见钱钟书主编,朱维铮导读《汉学师承记》(外二种),第 214 页。
② 江藩:《国朝宋学渊源记》,见钱钟书主编,朱维铮导读《汉学师承记》(外二种),第 217 页。
③ 《致澄弟温弟沅弟季弟》,《曾国藩全集·家书》(一),第 40—41 页。
④ 参见《曾国藩全集·日记》(一),第 138 页;又见《家书》(一),第 49 页。

下来,检索他的日记便可发现这一点。

从 1842 年起,曾国藩开始和理学同志交换日记,以便监督、规劝各自的言行。如道光二十二年(1842)十月十四日一则日记:

> 未初,客来,示以时艺,赞叹语不由中。予此病甚深。……以为人情好誉,非是不足以悦其心。试思求悦于人之念,君子乎?女子小人乎?且我诚能言必忠信,不欺人,不妄语,积久人自知之。不赞人亦不怪(天头:不管人怪否,要忠信。艮峰)。苟有试而誉人,人且引以为重(天头:重否?)。若日日誉人,人必不重我言矣!欺人自欺,灭忠信,丧廉耻,皆在于此。①

十月二十日日记云:

> 读书时,心外驰,总是不敬之咎,一早清明之气,乃以之汩溺于诗句之小技,至日间仍尔昏昧。(文辞溺心最害事,朱子云,平淡自摄,岂不较胜思量诗句耶! 艮峰)……日内不敬不静,常致劳乏,以后须从"心正气顺"四字上体验。谨记谨记!又每日游思,多半是要人说好。为人好名,可耻!而好名之意,又自谓比他人高一层,此名心之症结于隐微者深也。何时能拔此根株?(天头:此心断不可有)。②

括号内的批语是曾国藩的理学同志倭仁等人所作的批语。倭仁的批语对曾国藩触动很大,而曾氏也十分佩服倭仁的自课之严。他在道光二十二年(1842)十一月二十六日中的日记中说:

> 归,接到艮峰前辈见示日课册,并为我批此册,读之悚然汗下,教我扫除一切,须另换一个人。安得此药石之言!细阅先生日课,无时不有戒惧意思,迥不似我疏散,漫不警畏也。③

---

① 《曾国藩全集·日记》(一),第 118 页。
② 《曾国藩全集·日记》(一),第 120—121 页。
③ 《曾国藩全集·日记》(一),第 134 页。

曾国藩与同人互换日记并没有持续多久,但理学家这种对照"天理"见过自讼的传统国藩通过记日记保持下来。他是于同治十一年(1872)二月初四日下午因病去世的,去世前还在坚持写日记,督责自己的公务与读书的勤惰情况。如同治十一年(1872)二月初一日云:"余精神散漫已久,凡遇应了之件,久不能完,应收拾之件,久不能检(按:此指公务),如败叶满山,全无归宿。通籍三十年,官至极品,而学业一无所成,德行一无可许,老大徒伤,不胜悚惶惭赧。"①初二日下午,因身体不好,"手执笔而如颤,口欲言而不能出声",就不再阅核公事。至晚上又"将批稿核毕,阅《二程遗书》"②。初三日,"阅《理学宗传》中张子一卷"③。到了第二天,他"连呼足麻",即病逝在两江总督任上④。这种生命不息、反省不已、奋进不止的精神实令人感叹。

曾国藩说:"凡人一身,只有迁善改过四字可靠;凡人一家,只有修德读书四字可靠。此八字者,能尽一分,必有一分之庆;不尽一分,必有一分之殃。"⑤那么什么是"善"、什么是"过"呢?理学家所谓的"善",也可称之为"天理"、"天地之性"、"道心"、"良知"之类。换句话说,即是"仁义礼智"之总名。理学家认为,这些美好的德性都是由天道演化而赋予人的固有本性,人只有存天理才不违天,顺天则吉祥,违天则必受其咎。那么"恶"是从哪里来的呢?他们认为,源于人的形体之私。朱熹说:"人性本善而已,才堕入气质中,便薰染得不好了。"⑥这里的"气质"指血肉之躯的欲望。程颐说:"人之为不善,欲诱之也。诱之而弗知,则至于天理灭而不知反。故目则欲色,耳则欲声,以至鼻则欲臭,口则欲味,体则欲安。此则有以使之也。"⑦有论者把程颐这句话解读为宣传宗教僧侣主义。其实仔细体味,程颐并非是全面否定耳、目、口、鼻、体之欲,而是说"有以使之

---

① 《曾国藩全集·日记》(三),第1943页。
② 《曾国藩全集·日记》(三),第1943页。
③ 《曾国藩全集·日记》(三),第1944页。
④ 黎庶昌编:《曾文正公年谱》,第557页。
⑤ 《曾国藩全集·家书》(一),第217页。
⑥ 黎清德编:《朱子语类》,卷九十五。
⑦ 程颢、程颐:《二程集》,中华书局1981年版,第319页。

也",亦即这些欲望本身不是罪恶,而是不善和恶的来源。事实上,程朱理学把人的正常的生理欲望是视为"天理"的。朱熹即说过"饮食者,天理也"①。理学家之"灭人欲"与僧侣之禁欲有本质的不同。如吕祖谦说:

> 如饮食而至于暴殄天物,释氏恶之,而必欲食茹菇;吾儒则不至暴殄而已。衣服而至于穷极奢侈,释氏恶之,必欲衣坏色之衣,吾儒则去其奢侈而已。至于恶淫慝而绝夫妇,吾儒则去其淫慝而已。释氏本恶人欲,并与天理之公者而去之;吾儒去人欲,所谓天理者昭然矣。②

朱熹认为孔子"食不厌精,脍不厌细"这些"浑是道心"而并非人欲。③ 由此可知,理学家认为在礼法制度规范内的欲望即是天理,比如俸禄有等差,俸禄之内的享受即是天理,不安其分,有贪污行为或者有觊觎非分之想即是人欲。总之,理学家认为个人之行为合乎仁义礼智即是合天理,没有道德之实而求道德之名在他们看来也是人欲。

在国藩看来,所有儒家称道的美德如"清"、"慎"、"廉"、"谦"、"勤"、"俭"等品质都被天理之总名"仁义礼智"所涵盖,践履这些美德即是合乎天德之表现。他真诚地相信,固守"天理"则是合于天德进而消除烦恼、强体健身的必由之道。他认为人之所以不乐,多是因为私欲缠身,或为名或为利或为色而苦。他颇为欣赏明代理学家高攀龙所说的话,精神不畅多是由于人有私欲所致,"凡天理,自然通畅和乐;不通畅处,皆私欲也,当时刻唤醒,不令放倒"④。又道光二十三年(1843)正月二十六日日记:"'凡天理自然通畅'。余今闷损至此,盖周身皆私意私欲

---

① 黎清德编:《朱子语类》,卷十三。
② 叶绍翁:《东莱南轩书说》,《四朝闻见录》卷一甲集,清知不足斋丛书本。
③ 朱熹《答黄子耕》:"以道心为主,则人心亦化为道心矣。如乡党篇所记,饮食衣服,本是人心之发,然在圣人分上,则浑是道心也。"见《朱子语类》卷五十一。
④ 《曾国藩全集·日记》(一),第 152 页。

缠扰矣，尚何以自拔哉！"①即是说合于"天理"（仁义礼智）自然身心愉快，有非分的欲望（人欲），则会身心交病。从道光二十二年（1842）起，他便痛责自己的各种欲望，以企望使自己回复到圣贤德性。

一、自讼好利、好色之心

去求利贪鄙之心，是曾国藩信仰理学后常自讼的一个内容。如道光二十二年（1842）十月初十日日记："昨夜，梦人得利，甚觉艳羡，醒后痛自惩责，谓好利之心至形诸梦寐，何以卑鄙若此！方欲痛自湔洗，而本日闻言尚怦然欲动，真可谓下流矣！"②十二月初九日又记："早起，约岱云同至琉璃厂买纸，便至书铺。见好物与人争，若争名争利，如此则为无所不至小人矣。倘所谓喻利者乎？"③"君子喻于义，小人喻于利"。人有自利之心，便会患得患失，瞻前顾后，从而缺失了为理想而献身的勇气。所谓"无欲则刚"即是此理。纵观国藩一生，基本上做到了廉以自守，不为利害所动，这些实得益于他早年的理学修养。

对于一个血气方刚的年轻人来说，喜好美色是难免的。但曾国藩信仰理学后，在这个问题上颇为挣扎，早期的日记中，他常常谴责自己的邪狎之念。如道光二十二年（1842）十一月初一日日记中说他去朋友家，对"楼上堂客注视数次，大无礼"④。是年十一月十六日日记："归，房闼大不敬，成一大恶。细思新民之事，实从此起。万化始于闺门，除刑于以外无政化，除用贤以外无经济，此之不谨，何以谓之力行！"⑤十二月十一日："友人纳姬，欲强之见，狎亵大不敬。"⑥曾国藩认为注视别人的老婆、强见别人的姬妾都是"不敬"（不专一于礼法）的表现。此类的

---

① 《曾国藩全信·日记》（一），第 153 页。
② 《曾国藩全集·日记》（一），第 116 页。
③ 《曾国藩全集·日记》（一），第 139 页。
④ 《曾国藩全集·日记》（一），第 124 页。
⑤ 《曾国藩全集·日记》（一），第 130 页。
⑥ 《曾国藩全集·日记》（一），第 139 页。

记载还有一些,不赘。

国藩年轻时虽然难免有邪狎之行、好色之心,但长期的理学修养对他的色心不能说不是一种抑制。咸丰十一年(1861),曾国藩在安庆军中,他后背癣疾发作,痒得一连数夜难以成眠。当时他的妻子欧阳夫人正在湖南乡下,身边无人照顾,在友人和弟弟们的撺掇下,纳了一个陈姓女子作妾。可惜一年多,陈姓女子就因肺病去世了。同治八年(1869),曾氏在直隶总督任上,此时家眷仍在南方,曾国藩倍感孤独,就又动起纳妾的想法。他给儿子的信中说:"日困簿书之中,萧然寡欢。思在此买一妾服侍起居。……言明系六十老人买妾,余死即行遣嫁。观东坡朝云诗序,言家有数妾,四五年相继辞去,则未死而遣嫁。亦古来老人之常事。"①其实在当时达官贵人姬妾成群是常见的事,曾国藩仅置一妾还要掩掩遮遮为自己找出许多理由。但不久曾国藩即放弃了这个念头。他的九弟曾国荃倒极想玉成其事,给曾国藩写信说:"《湖南文征》序文,读之者无不钦企。……即文章以觇精神之强旺,耄耋期颐,乃兄固有之寿,倘得少阴以扶助老阳之气,益觉恬适有余味矣。"②大意是说,你最近写的文章有雄直之气,从文章看精神,你活高寿不成问题,如果纳一小妾,采少阴补老阳,将更有助于健康。曾国荃结合自己最近新纳一妾的切身经验,开导曾国藩说:"此固无关于一生之大者。随其心之所安而矣。"③但当媒人真把女子带来时,曾国藩最终还是放弃了。他写信告诉两个弟弟:"善长(即玉二)带一婢女来,云将为吾置箧,而吾弟亦赞成之者。吾以精力太衰,理不久于人事,不欲误人子女,故不收纳,不久即当倩媒另行择配。"④所以终曾国藩一生,在男女问题上,他还是很严肃的,这也算是他理学自治的结果吧。从曾国荃"此固无关于一生之大

---

① 《谕纪泽》,《曾国藩全集·家书》(二),第1355页。
② 曾国荃:《致伯兄》,见曾麟书等撰:《曾氏三代家书》,岳麓书社2002年版,第394页。
③ 曾国荃:《致伯兄》,见曾麟书等撰:《曾氏三代家书》,岳麓书社2002年版,第394页。
④ 《致澄弟沅弟》,《曾国藩全集·家书》(二),第1411页。

者"这句话看来,曾国藩的确如吕祖谦所言把夫妇之外的"淫慝"视之为"人欲",而且将生活作风问题视为"一生之大者",并力求加以克治。

二、自讼不良嗜好和生活习惯

曾国藩早年有抽大烟(鸦片)的恶习和睡懒觉的不良习惯。道光二十一年(1841),他已经三十岁了,正在北京做翰林院检讨。是年七月十一日,也就是他为拜访唐鉴而去琉璃厂买《朱子全集》那一天。他在这天的日记中写道:

> 午饭后,陈岱云、梁俪裳来,留吃饭,邀同至琉璃厂书店,因买《朱子全集》一部。归来,陪陈、梁二人吃面、烧鸭片。①

也就是说,在拜访唐鉴的前两天曾国藩还在抽鸦片。九月一日他便"誓从今永禁吃烟,将水烟袋捶碎"②,但很快就食言了。真正起效果并坚持下来是在十月份和倭仁等人交换日课之后。十月二十一日日记:"誓永不再吃烟。如再食言,明神殛之!"③在理学同志的监督下,此次有了效果。但戒烟的过程十分痛苦,二十九日日记:"自戒烟以来,心神彷徨,几若无主,遏欲之难,类如此矣!不挟破釜沉舟之势,讵有济哉!"④此次戒烟之后,曾国藩总算终生不复吸烟。《清稗类钞》有一则故事说,曾国藩官京师时,烟瘾很大,"水旱潮鼻"样样在行。什么是"水旱潮鼻"呢?"水"是水烟,"旱"是旱烟,"潮"是潮州烟,"鼻"是用鼻吸的鼻烟。后来与同乡好友李广文相约戒烟,曾氏成功了,李广文却戒而复吸,很是惭愧。"及文正办军务,屡招之不至,最后来谒,询之,李赧然曰:'自与公约,闻公绝之久矣,而某沉溺如故,所不忍见公者,以此耳'"⑤。这则故事写得颇有趣味。

---

① 《曾国藩全集·日记》(一),第 91 页。
② 《曾国藩全集·日记》(一),第 100 页。
③ 《曾国藩全集·日记》(一),第 121 页。
④ 《曾国藩全集·日记》(一),第 124 页。
⑤ 徐珂:《清稗类钞》第四册,中华书局 1986 年版,第 1532 页。

曾国藩原有早上睡懒觉的习惯。与理学同志交换日课之后，一时习惯难改，于是就免不了在日记中时常痛骂自己。如十月二十一日日记："晨醒，贪睡晏起，一无所为，可耻。"①十一月初八日又记："醒早，沾恋，明知大恶，而姑蹈之，平旦之气安在？真禽兽矣！要此日课册何用？无日课岂能堕坏更甚乎？尚腆颜与正人君子讲学，非掩著而何？"②可是五天之后，到了十三日："又晏起，真下流矣！"③在不断的自责之中，总还是起了作用。慢慢地曾国藩养成了早起的习惯。好在他日记中开头两个字总是"早起"或"晏起"两个字，我们可以检索，从道光二十三年（1843）下半年起，就很少出现"晏起"二字了。看来他的自讼的确起到了"迁善改过"的作用。曾国藩的早起习惯对他日后军中看操查哨帮助很大。《庸庵笔记》有一则记载：

> 傅相（李鸿章）入居幕中，文正（国藩）每日黎明必召幕僚会食，而江南北风气，与湖南不同，日食稍宴，傅相欲遂不往。一日，以头痛辞，顷之差弁络绎而来，顷之，巡捕又来，曰："必待幕僚到齐乃食。"傅相披衣踉跄而往。文正终食无言，食毕，舍箸正色谓傅相曰："少荃（李鸿章字少荃）！既入我幕，我有言相告，此处所尚，惟一诚字而已。"遂无他言而散。傅相为之悚然。④

这则笔记说湖南人有起早吃早饭的习惯，其实是不确的，而是曾国藩早年通过理学自律已养成早起习惯，毕竟"早起"是他修身日课中的一项。

三、自讼好名要誉之心

在理学家看来，好名要誉也是"人欲之私"，是见道不真的

---

① 《曾国藩全集·日记》（一），第 121 页。
② 《曾国藩全集·日记》（一），第 126 页。
③ 《曾国藩全集·日记》（一），第 128 页。
④ 薛福成：《李傅相入曾文正公幕府》，《庸庵笔记》卷一"史料"，清光绪二十三年遗经楼刻本。

表现。南宋理学有张栻说:"学莫先于义利之辨。而义也者,本心之所当为而不能自已,非有所为而为之也。一有所为而后为之,则皆人欲之私,而非天理之存矣。"①即是说按照仁义礼智去践履,是行心之所本然,不如此便心有不安,并非是为了要名要誉而勉强行之。为了外在的名誉而勉强自己去行义,是信道不笃的表现,这也属于"人欲之私";因为凡天理都是自然而然的,容不得矫揉造作。二程说过,"父子之爱本是公,才著些心做,便是私也"②。比如说孝敬父母,并非是个人之私,而是"公",是"天理"。如果为了要名要誉而不是发自内心地去行孝,把"孝"当成了手段,而不是目的,这种"孝"就成了"自我之私"。在名、实关系上,二程认为"有实则有名,名实一物也。若夫好名者,则徇名为虚矣。如'君子疾没世而名不称',谓无善可称耳,非徇名也"③。张载也说"有外之心,不足以合天心"④。在理学家看来,不能为外在的是非毁誉而动其心,反对徇名而不求其实。

行心之所安,不为外在是非毁誉所摇撼,理学家这一所谓"圣贤气象"成为曾国藩终生坚持自课的目标。道光二十二年(1842)十月初八日日记:

> 灯后,何子贞来,急欲谈诗,闻誉,心忡忡,几不能自持,何可鄙一至于是!此岂复得为载道之器乎?凡喜誉恶毁之心,即鄙夫患得患失之心心(原文衍一"心"字)也。于此关打不破,则一切学问才智,适足以欺世盗名为已矣。……与子贞久谈,躬不百一,而言之不怍,又议人短,顷刻之间,过恶丛生,皆自好誉之念发出。⑤

人如果喜誉恶毁,则容易放弃自己的操守,成为察言观色、讨好别人的乡愿。道光二十二年(1842)十月十七日日记:"而心一散漫,便有世俗周旋底意思,又有姑且随流底意思。总是

---

① 朱熹:《右文殿修撰张公神道碑》,《朱熹集》卷89,第4555页。
② 潘富恩导读,程颢、程颐著:《二程遗书》,第285页。
③ 潘富恩导读,程颢、程颐著:《二程遗书》,第175页。
④ 潘富恩导读,程颢、程颐著:《二程遗书》,第176页。
⑤ 《曾国藩全集·日记》(一),第115—116页。

立志不坚,不能斩断葛根,截然由义,故一引便放逸了。戒之!"①国藩反省自己之所以做不到"截然由义",仍是"都从毁誉心起。欲另换一个人,怕人说我假道学,此好名之根株也"②。道光二十三年(1843)正月十八日又记:"凡办公事,须视如己事。将来为国为民,亦宜处处视如一家一身之图,方能亲切。予今日愧无此见。致用费稍浮,又办事有要誉的意思。此两者,皆他日大病根,当时时猛省。"③视公事如己事,才能真正为公着想;办事求名要誉,不是发自内心,在他看来便是人欲之私。

曾国藩十分向往孟子的不为外物所动的大丈夫气象。他说:

> 思夫人皆为名所驱,为利所驱,而尤为势所驱。当孟子之时,苏秦、张仪、公孙衍辈,有排山倒海、飞沙走石之势,而孟子能不为所摇,真豪杰之士,足以振厉百世矣。④

他时时检点自己,自责有时还是不能打破名利一关。同治八年(1869),他赴直隶总督任并在北京参加朝贺,难免与京师权贵周旋一番。正月十三日他在日记中写道:

> 余生平于酬酢之际,好察人情之顺逆厚薄。京师势利之薮,处处皆有向背冷暖之分,余老矣,尚存于心而不能化,甚矣,余之鄙也!⑤

同治九年(1870)三月三十日又记:

> 日内因眼病日笃,老而无成,焦灼殊甚。究其所以郁郁不畅者,总由名心未死之故,当痛惩之,以养余年。⑥

---

① 《曾国藩全集·日记》(一),第119页。
② 《曾国藩全集·日记》(一),第134页。
③ 《曾国藩全集·日记》(一),第152页。
④ 《曾国藩全集·日记》(一),第386页。
⑤ 《曾国藩全集·日记》(三),第1601—1602页。
⑥ 《曾国藩全集·日记》(三),第1738页。

可见曾国藩一生都在试图挣脱名心束缚,以求达到自然舒畅的天理自由境界。

曾国藩通过日课以迁善改过,除以上提到之外,内容还有很多,如课惩忿、课勤惰、课奢俭、课公务及读书等等。限于篇幅,不再展开,仅以"勤"字为例。咸丰九年(1859)十二月,时曾国藩正在安徽与太平军激战,他仍抽时间给好友吴廷栋复信,交流日课心得。信中说:

> 阁下推广其义,引朱子所谓真正大英雄须从临深履薄做出,暨浩然之气,盖敛然于规矩准绳不敢走作之中,鄙人浅陋,何足语此。……弟近不课功效之多寡,但课每日之勤惰。来示企望鄙人于将来者,即以此语卜之。自揣此后更无可望,但当守一"勤"字,以终吾身而已。至于千羊之裘,非一腋可成;大厦之倾,非一木可支。今人心日非,吏治日坏,军兴十年,而内外臣工惕厉悔祸者,殆不多见,须有大力匡持,尚恐澜狂莫挽,况如弟之碌碌乎?①

这段话说,阁下用朱子的话来称赞我,我实在不敢当。我近来课程不课功效,只课自己是勤还是惰,现在国家的形势岌岌可危(太平军此时尚占上风),吏治人心又坏,看不到什么希望,尽管如此,成败与否不去管它,所能做到的只有勤于国事,死而后已。这仍是理学家通过自律尽责以内求心之所安,而且不计较外在的成败毁誉的人生态度。至于国藩之勤,实是常人难以想象。且不说他政务、军务之勤,单就并不高寿(六十二岁)的他留下了一千五百多万字的文字材料已足以令人叹为观止(据1995年岳麓书社出版的三十册本的《曾国藩全集》统计),当然也不排除部分奏稿由幕僚代写,即使将十二册奏稿五百五十万字全部排除,仍有近千万字之多,而且这些文字从时间上看,绝大部分是他在三十岁之后完成的。

行文至此,笔者不禁想起有一位朋友翻阅了曾国藩的日记和家书之后对我说:曾国藩写的东西并不深刻,都是些传统道

---

① 《复吴廷栋》,《曾国藩全集·书信》(二),第1179页。

德的老调重弹,人真正的本性是好财、好货、好色、好名、好安逸。并且还说,过曾国藩这种生活是神而不是人。朋友所说不能说没有他的道理。西方精神分析学家弗洛伊德(Sigmund Freud)认为一些动物性的本能才是人的本我状态。从科学的角度说,人首先具有动物性,并非生来就有理学家所说的仁义礼智先天之性。戴震曾向理学提出挑战说,"欲者,血气之自然"①;"血气心知,原于天地之化者也"②。他认为血气欲望是人本然的东西,仁义礼智只是调节人们欲望之争的手段,而非先天所固有。但这样一来,所谓仁义礼智就成了人的异己的存在,成为人不得不遵守的外在的强制性力量。唐鉴批评戴震:"然孟子有曰仁义礼智根于心,先生有意匿之乎?抑并此句而忘之乎?"③唐鉴认为,戴震在仁义礼智起源上的观点不合孟子之道,这个判断应是准确的。④ 理学家全部立论基础就是用推演天道的方法来论证仁义礼智是天理之总名,是人的固有之性,认识此性要用格物致知(程朱一派)或致良知(陆王一派)的方法。这种论证的方法是否具有科学性,另当别论,但是理学史上的实践告诉我们,这种哲学思维使理学信徒达成了这样一种效果:将繁苛的道德礼法这种相对人的动物性而言是异己的强制性力量,内化为人的主动欲求,使他们只有在各种道德规范之内才获心灵安适,溢出规范则会良心不安,甚至痛苦不堪。人如果没有主动欲求,而只是在强迫的异己力量下践履道德,

---

① 戴震著,何文光整理:《孟子字义疏证》卷上,中华书局1982年版。
② 戴震著,何文光整理:《孟子字义疏证》卷中。
③ 唐鉴:《清学案小识》卷十四。
④ 戴震说:"人之血气心知,原于天地之化者也。有血气,则所资以养其血气者,声、色、臭、味是也。有心知,则知有父子,有昆弟,有夫妇,而不止于一家之亲也。"戴震虽承认"心知"源于天,但这个"心知"是智慧之知、"思维"之知,是指人能够认知"仁义礼智"五伦之义。在他看来,人具有思维能力是天赋的,并非指仁义礼智就是人先天具有的。当然,戴震并非是纵欲论者,他认为人有欲望是自然的,但要以仁义礼智这个"必然"来调节才合乎自然,"否则若任其自然而流于失,转丧其自然而非自然也"。怎么调节欲望纷争呢? 就是以用心比心的方法,"以我之情絜人之情",以仁义礼智来规范个体的欲望。所以仁义礼智在戴震那里仍是后天之名,而非先天的存在。参阅《孟子字义疏证》卷上、卷中。

便会使身心处于分裂状态,而且这种实践也不易持久。这就是为什么普通人都懂得大道理,却不能实践之,而曾国藩却能在勤奋、律己等方面苛求自己以至于像神不像人的根本原因。因为长期的理学训练已使他不如此便觉得有悖"天理"、不得安宁,只有如此才能进入人生的安乐之境。

第二节　处事之要——正其义不谋其利,明其道不计其功

义利之辨是与天理人欲之辨相联系的道德范畴,朱熹继承了儒家义利思想并有所修正:一是作为政府官员,要实行奖励生产,薄赋轻徭以及增加财政收入等措施;二是作为个人修养来说,应该重义轻利,提高道德素质,二者不可混为一谈。① 本节从个人修养实践的角度,谈谈曾国藩的义利之辨。

有论者认为:(1)曾国藩并不廉洁,天京陷落后曾氏兄弟大肆劫掠财物即是例证。(2)曾国藩对清王朝谈不上忠诚。第二次鸦片战争中,曾国藩不顾咸丰帝的死活,拒不北援,即是不忠之表现。甚至有学者认为,曾国藩刊刻《船山遗书》是意在"攘胡",他最终使清廷的政柄转移到汉人手里,完成了洪秀全所没有完成的事业。天京攻陷之后,曾国藩之所以不能"乘胜扑清",是因为"势有相制者矣"。(3)曾国藩对天津教案的处理有卖国之嫌。② 如果以上观点成立的话,曾国藩就是一个彻头彻尾的投机军阀,而不是一个理学实践家。众所周知,晚清的理学家一般有三个特点:(1)为官比较清廉。(2)对朝廷忠诚。(3)严夷夏之辨,多成为顽固保守派或抗战派。本文认为,曾国藩立身行事,基本合乎上述三个特点。这是他的理学信仰决

---

① 参见张立文《朱熹评传》,第481页。
② 参见朱东安《曾国藩传》"拒不北援"、"攻陷天京"等章节,百花文艺出版社2001版;冯友兰《中国哲学史新编》(下册)"曾国藩与满汉斗争"一节等,人民出版社2001年版。

定的。

一、俭以养廉

以俭养德是理学人物的传统。比如朱熹及其门人,生活都比较俭素,平日是"脱粟饭",人多不能堪,而弟子"处之裕如也"①。据《宋史纪事本末》,"胡纮未达时,尝谒朱熹于建安。熹待学士惟脱粟饭,遇纮不能异也。纮不悦,语人曰:'此非人情,只鸡斗酒,山中未为乏也。'及为监察御史,乃锐然以击熹自任"。近代学者柳诒徵对此评论说:"要之,人师之多,人格之高,蔑有过于宋者也。"②曾国藩于道光年间在京师参加理学团体,他的理学师友大多在生活上比较刻苦。如倭仁在京师创办"吃糠会","以厉侈靡之俗,为朝野所推重"③。他后来成为同治皇帝的老师,官至极品,但其俭素很令人吃惊,"(倭仁)自奉俭素,冬一狐裘,已露革,其表则布也"④;"公(倭仁)佩带之物率铜质硝石,无贵重品,朝珠一串,价不过数千。冬夏均不更换袍,惟用蓝……一生寒素,至无余资乘轿。罗顺德尚书辄叹为操守第一"⑤。与倭氏相交三十年的曾国藩在给刘坤一的一封信中谈及倭仁:"倭相服官四十余年,不名一钱,讲学持躬,不愧第一流人。"⑥国藩另一个有"三十年金石之交"的理学好友吴廷栋,历官山东布政使,刑部、户部侍郎等职,"守朱子论是非不论利害之言","不妄受一钱一粟"⑦。虽然职务也不低,但吴廷栋为

---

① 参见侯外庐等编《宋明理学史》(上册),人民出版社1997年版,第381页。
② 参见柳诒徵《中国文化史》(下册),中国大百科全书出版社1988年版,第512页。
③ 徐珂:《八旗学派》,《清稗类钞》第八册,第3791页。
④ 费行简:《近代名人小传》,见沈云龙主编《近代中国史料丛刊》第八辑,第91页。
⑤ 方浚师:《倭文端公》,《蕉轩随录续录》,中华书局1995年版,第394页。
⑥ 《复刘坤一》,《曾国藩全集·书信》(十),第7475—7476页。
⑦ 李鸿章:《吴竹如先生年谱序》,见方宗诚《吴竹如先生年谱》。

官甚为清廉,退休之后,竟无钱举家南迁安徽故里,只好一个人先行南回。同治十年(1871),时任两江总督的曾国藩去拜访吴廷栋,"旋访竹如(吴廷栋)先生,见其所处湫隘,决难栖止,商为更居爽垲。竹翁平时于起居服食,奉养极俭,又不欲私毫借助亲友,以是请其移居者率固却之"①。曾国藩想为吴廷栋移居,而吴氏却婉言谢绝。又《清稗类抄》云:"(吴廷栋)扬历中外四十余年,清操绝俗,引疾后,归无一椽,日食不给,处之晏然。时曾文正国藩督两江,念吴贫,值中秋节,欲以三百金赠之,携以往,晤对良久,微询近状,吴答曰:'贫,吾素也,不可干人。'文正唯唯,终不敢出金而去。"②曾国藩想拿钱救济一下这位理学老友,最终也没有达成心愿。曾氏理学老师唐鉴"为外官二十年,萧然无资积以自存"③;"陋室危坐","布衣疏食,泊然怡然"④,一派道学气象。曾国藩是道咸时期的理学名臣,虽然未必像他的理学师友那样清廉,但不能轻率地说他是伪道学。

曾国藩于道光十八年(1838)参加殿试成为翰林院庶吉士,道光二十三年(1843)之后开始官运亨通,几乎年年升迁,五年内从七品一跃成为二品大员。道光二十九年(1849)升授礼部右侍郎,兼署兵部右侍郎,仅过了两年,又兼署刑部、吏部左侍郎,可谓是位高权重。按理说在"三年清知府,十万雪花银"的清代社会,他想套取钱财是很容易的,但十多年的京官生活,他可以说经济上并不宽裕,直到离开京师,仍有欠债。以至在家乡的兄弟疑心他藏有私财。他于道光二十九年(1849)写给诸位老弟的信中说:

> 予自三十岁以来,即以做官发财为可耻,以官(宦)囊积金遗子孙为可羞可恨,故私心立誓,总不以做官发财以遗后人。神明鉴临,予不食言……将来若作外官,禄入较丰,自誓除廉俸外,不取一钱。廉俸若

---

① 《致涂宗瀛》,《曾国藩全集·书信》(十),第7400页。
② 徐珂:《清稗类抄》(第七册),第3190页。
③ 《唐镜海先生七十生日同人寄怀诗序》,《曾国藩全集·诗文》,第182页。
④ 《唐确慎公墓志铭》,《曾国藩全集·诗文》,第316页。

> 日多，则周济亲戚族党者日广，断不畜积银钱为儿子衣食之需。盖儿子若贤，则不靠宦囊，亦能自觅衣饭；儿子若不肖，则多积一钱，渠将多造一孽，后来淫佚作恶，必且大玷家声。故立定此志，决不肯以做官发财，决不肯留银钱与后人。若禄入较丰，除堂上甘旨之外，尽以周济亲戚族党之穷者。此吾之素志也。……我仕宦十余年，现在京寓所有惟书籍、衣服二者。①

他的祖父、父亲是湘乡乡下的小地主，从曾国藩的家书看来，当时家境也不太宽裕。道光二十四年（1844），国藩从京师寄银一千两，家信中提出："以六百两为家中还债之用，以四百两为馈赠亲族之用。"因为其舅父、岳父、姊妹家中或陶穴而居，或不堪外债，或生活难以为继不能存活。他特意在信中向祖父解释道："孙所以汲汲于馈赠者，盖有二故。一则我家气运太盛，不可不格外小心，以为持盈保泰之道。旧债尽清，则好处太全，恐盈极生亏；留债不清，则好中不足，亦致乐之法也。"②看来此时六百两银仍不足以清偿家中旧债。咸丰二年（1852），曾国藩奉旨赴江西任乡试正考官，行至安徽，即接到母丧讣闻，于是匆匆回家奔丧。但是此时尚在北京的家眷南回，路费却成了问题。曾国藩不得不写信告诉在北京的儿子，要他开吊收取赙仪，不足部分，请朋友代为筹措。他在信中说：

> 现在京寓并无银钱，分毫无出，不得不开吊收赙仪，以作家眷回南之路费，开吊所得，大抵不过三百金。路费以人口太多之故，计须四五百金，其不足者，可求寄云年伯张罗。……此系无途费，不得已而为之，不可滥也；即不滥，我已愧恨极矣。③

多年之后，曾国藩回忆自己做京官十四年（1838—1852），"从未得人二百金之赠，余亦未尝以此数赠人"④。看来说的大

---

① 《曾国藩全集·家书》（一），第183页。
② 《曾国藩全集·家书》（一），第74页，第76页。
③ 《曾国藩全集·家书》（一），第231—232页。
④ 《曾国藩全集·家书》（一），第592页。

致是实情。

咸丰二年(1852),曾国藩在家乡居母丧期间奉命帮办团练,后来组建湘军,以"不要钱,不怕死"号召徒众,对自己的要求更加严格。咸丰七年(1857)国藩因父亲去世在家守制,体会到家庭经济上的压力。第二年他在给其兄弟的信中说:"余在外未付银至家,实因初出之时,默立此誓;又于发州县信中以'不要钱不怕死'六字自明。不欲自欺其志,而令老父在家受尽窘迫、百计经营,至今以为深痛。"①尽管如此说,曾国藩复出带军后,并没有改其常度。咸丰八年(1858)九月他给两位弟弟的信中说:

> 余去年在家,见家中日用甚繁。因忆先大夫往年支持之苦,自悔不明事理,深亏孝道。今先人弃养,余岂可遽改前辙?余昔官京师,每年寄银一百五十两至家,只有增年无减年,此后拟常循此例。明知家用浩繁,所短尚巨,求老弟格外节省。②

但是不久,其弟又向曾国藩索钱,曾国藩此次态度十分坚决,回信予以拒绝:"我在军中决不肯多寄银回家,改向来之样子。一则因父母在时我未多寄,二则因百姓穷困异常,我不忍独丰也。"③

但曾国藩能自律,却未必能约束他的兄弟们。他的三个弟弟曾国华、曾国荃、曾国葆先后从军,后来都成为湘军重要将领,他们却没有曾国藩的学养和廉介。曾国藩的小女儿曾纪芬回忆说:"九叔(曾国荃)每克一名城、奏一凯歌,每次都请假回家一次,颇以求田问舍自晦。"④从家书中我们可以看出,曾国藩以廉、俭教育兄弟可谓苦口婆心。咸丰十一年(1861),他给兄弟的信中说:

---

① 《曾国藩全集·家书》(一),第388页。
② 《曾国藩全集·家书》(一),第432页。
③ 《曾国藩全集·家书》(一),第439页。
④ 曾国藩等著,吴相湘主编:《湘乡曾氏文献》第10册,台湾学生书局1965年影印本,第6409页。

家事有弟照料，甚可放心，但恐黄金堂买田起屋，以重金之罪戾，则寸心大为不安，不特生前做人不安，即死后做鬼也是不安。特此预告贤弟，切莫玉成黄金堂买田起屋。弟若听我，我便感激尔；弟若不听我，我便恨尔。但令世界略得太平，大局略有挽回，我家断不怕没饭吃。若大局难挽，劫数难逃，则田产愈多指摘愈众，银钱愈多抢劫愈甚，亦何益之有哉？嗣后黄金堂如添置田产，余即以公牍捐于湘乡宾兴堂，望贤弟千万无陷我于恶。①

口气已是够严厉的了。尽管曾国藩家信时时以理学劝诫诸弟，但诸弟却没有那么高的境界。曾国荃在一封给其大哥曾国藩的信中说："此次又蒙以理学语相勖，弟又漫然应之，其实弟践履，专尚不理之理，不学之学，日日以闲耍快活为务。"②此信写于同治十年（1871），反映了曾国荃对其大哥理学教育不以为然的态度。同治三年（1864）曾国荃带领的湘军攻陷天京，大肆烧杀淫掠，时曾国藩正在安庆，派亲信幕僚赵烈文前往维护军纪，但到处碰壁，无人支持。据赵烈文写于同治三年（1864）六月十九日至二十三日的日记：

　　今日调大队往攻，尚未得捷。嘉字营武赞臣来候，言及城中事，搜曳妇女，哀嚎之声不忍闻。余因言善后事，武君颇倡为之。……下午，易有信至，言中丞（曾国藩）所委善后总办彭毓橘、陈湜、彭椿年、易良虎等皆不愿办此事，并诋之为不识时务，属邀黄少昆来主其事，余诺之。

　　余诸委员无大无小，争购贼物，各贮一箱，终日交相夸示，不为厌。惟见余至，则倾身障之……少顷，复缚伪王次兄福王洪仁达至，逆首之胞兄也，刑之如忠酋，亦闭口不一语。余见不可谏，遂退。

---

① 《曾国藩全集·家书》（一），第592页。
② 曾国荃：《致伯兄》，见《曾氏三代家书》，岳麓书社2002年版，第370页。

> 中丞（曾国藩）禁杀良民,掳掠妇女,煌煌告示,遍于城中,无如各统帅彭毓橘、易良虎、彭椿年、萧孚泗、张诗日等惟知掠夺,绝不奉行。不知何以对中丞？何以对皇上？何以对天地？何以对自己？①

天京大劫,使曾氏兄弟暴得恶名,但平心而论,曾国藩与其弟曾国荃还是要区别对待的,并没有确切的史料说明曾国藩从中夺取多少财物。尽管如此,正如朱东安在其《曾国藩传》中说:"即使是一尘不染,曾国藩身为湘军最高统帅。对天京浩劫也是难以推卸罪责的。"②

同治五年(1866),曾国藩在两江总督任上给其二弟曾国潢的信中说:"前致弟处千金,为数极少,自有两江总督以来,无待胞弟如此之薄者。然兹处乱世,钱愈多则患愈大,兄家与弟家总不宜多存现银。现钱每年足敷一年之用,便是天下之大富,人间之大福。家中要得兴旺,全靠出贤子弟。若子弟不贤不才,虽多积银积钱积谷积产积衣积书,总是枉然。"看来无论是理学语还是普通的道理,兄弟们总是难以听进。同治六年(1867)二月十三日,已进入暮年的曾国藩在给儿子曾纪泽的信中发牢骚说:

> 修理旧屋,何以花钱至七千串之多？即新造一屋,亦不应费钱许多。余生平以大官之家买田起屋为可愧之事,不料我家竟尔行之。澄叔诸事皆能体我之心,独用财太奢与我意大不相合。……我家欠澄叔一千余金,将来余必寄还,而目下实不能遽还。

看来国藩在湖南湘乡的家并非是兄弟共财,而是分家单过,而且他还欠了兄弟不少钱。他在此信中又嘱咐儿子:"将家中用度必不可少者逐条开出,计一岁田谷所入外,尚少若干,寄余营核定后以便按年付回……余将来不积银钱留与儿孙,惟书

---

① 参见赵烈文《能居静日记》,同治三年六月十九日至二十三日条下。《太平天国史料丛编简辑》第三册《能静居日记》(选录),中华书局1962年版,第372—376页。

② 朱东安:《曾国藩传》,百花文艺出版社2003年版,第230页。

籍尚思添买耳。"①他在二月初九日日记中不无忧愁地写道:

> 是日,接腊月二十五日家信,知修富厚堂屋宇用钱七千串之多,不知何以浩费如此,深为骇叹! 余生平以起屋买田为仕宦之恶习,誓不为之。不料奢靡若此,何颜见人! 平日所说之话全不践言,可羞孰甚! 屋既如此,以后诸事奢侈,不问可知。大官之家子弟,无不骄奢淫逸,忧灼曷已!②

关于曾国藩与其兄弟俭奢不同,国藩小女曾纪芬写过一篇文章《廉俭救国说》,其中回忆说:

> 先公在军时,先母居乡,手中竟无零钱可用,拮据情形,为他人所不谅,以为督抚大帅之家,不应窘乏若此,其时乡间有言修善堂杀一猪之油,止能供三日之食;黄金堂杀一鸡之油,亦须作三日之用。修善堂者,先叔澄侯公所居,因办理乡团公事客多,常饭数桌。黄金堂则先母所居之宅也。即此可知先母节俭之情形矣。③

"修善堂"是曾国藩二弟曾国潢的住宅,"黄金堂"则是国藩夫人和孩子的住处。两家的家境看来很是不同。据曾纪芬记述,乃父"所订章程,子女婚嫁,皆以二百金(银两)为限,衣止两箱,金器两件,一扁簪,一挖耳,一切皆在此二百金中"④。曾氏共有五个女儿,同治五年(1866),四女曾纪纯出嫁时,因居住在外,兄妹提出应与在老家出阁有所区别,建议多加奁资,可曾国藩坚持不依(时曾正在河南周口营中,指挥剿捻),特地写信给儿子:"四女喜事……凡衣服百物,只可照大女二女三女之例,不可再

---

① 《曾国藩全集·家书》(一),第1325页。
② 《曾国藩全集·日记》(三),第1349页。
③ 曾纪芬:《廉俭救国说》,见《崇德老人八十自订年谱》附录,聂氏家庭出版社,民国二十年铅排本。
④ 曾纪芬:《廉俭救国说》,见《崇德老人八十自订年谱》附录,聂氏家庭出版社,民国二十年铅排本。

加。"①欧阳夫人只得从命。曾国荃闻而惊异,查验奁箱,果真如此,"再三嗟叹,以为实难敷用,因更赠四百金",瞒着曾国藩自作主张略增其奁资。②

曾纪芬在其自订年谱中记下了同治三年(1864)她初入其父位于南京的两江总督衙门府时的一件趣事:

> 忆入金陵督署时,尚未终靖毅公(曾国藩的五弟曾国葆)丧,所着为蓝呢夹袄及长嫂贺夫人(国藩之子曾纪泽的亡妻,死于难产)所遗黄绸裤,缀青花边。文正见而斥以为侈,乃亟取三姊之绿裤易之。此裤亦贺夫人遗物,盖嫂以遗姑、姑又互相袭用也。文正婚嫁儿女,限二百金。乡间买物亦不易,即贺夫人遗物亦不足用也。忆仲姊出阁时,有金耳挖一枚,重七钱,直二十余缗,一旦为人所窃,欧阳太夫人(曾国藩之妻)忧惜之至数夕未眠,盖虑其至夫家无耀首之饰也。③

曾国藩对儿女尽管疼爱,但规矩很严。曾纪芬十七岁时,时天下已定,曾国藩在两江总督任上,亲自为女儿制定每天的"功课单":早饭后,做小菜、点心、酒酱之类,食事;巳午刻,纺花或绩麻,衣事;中饭后,做针黹刺绣之类,细工;酉刻,做男鞋、女鞋或缝衣,粗工。曾国藩还要亲自"验功":食事每日验一次,衣事三天验一次,细工则五日验一次,粗工每月验一次,每月须做成男鞋一双。他立下的规矩是:"吾家男子于看读写作四字缺一不可,妇女于衣食粗细四字缺一不可。"④

曾国藩自己的生活十分俭素。据一位接触过曾国藩的外国人说:"他身着最寒酸的衣服,绝不摆架子。"⑤国藩以廉俭自律律人对他的子女影响很大。其小女曾纪芬八十岁(1931)时

---

① 《曾国藩全集·家书》,第1284页。
② 曾纪芬:《崇德老人八十自订年谱》,同治五年条下。
③ 曾纪芬:《崇德老人八十自订年谱》,同治三年条下。
④ 曾纪芬:《崇德老人八十自订年谱》,同治七年条下。
⑤ 哈克:《太平军叛乱中的事件》(伦敦,1891),转引自(美)芮玛丽著,房德邻译:《同治中兴——中国保守主义的最后抵抗》,中国社会科学出版社2002年版,第94页。

作《廉俭救国说》,其中曰:"中国立国的精神,与民族的个性不一端,而其特点,实惟俭德。中国政教之根本在德礼,而德礼亦以俭为归。……盖嗜利而以富骄人,为人类同有之恶根性,世界祸乱,皆由于此。惟我国古圣贤深知其故,故其为政立教,推崇德义而贬抑富豪。"她认为世界兵连祸结,动荡不安,都是由于人们贪欲膨胀,从而引起扰攘争夺,因此她天真地号召妇女:"顾亭林曰:'国家兴亡,匹夫有责'。吾则曰:'匹妇尤有责焉。'屏斥华美之服饰用具,勤俭刻苦,以激厉男子,共造成良好之社会风习,培养国家之元气,保全世界之安宁,非吾女子之责乎?愿吾女同胞勿以其为老生常谈而忽视之也。"①

曾纪芬这段话固然反映了其父对她的影响,但也很能反映出程朱理学"存天理、灭人欲"之深意。廉俭的确是老生常谈,不只理学家才有此宗旨;但理学家的高明之处在于从天道的角度赋予这一道德以永恒的价值意义。明了此意,须经过格、致、诚、正等长期的修养工夫才能深信不疑。曾国藩深信,贪得无厌、骄奢淫逸是亡国败家之道,所谓"贪鄙无忌者败","妇女奢淫者败"是他常挂在嘴上的话。② 这些虽是些老生常谈,但他认为背后有天道的必然和历史与实践的规律。理学家强调格物致知,正是因为知之深才能信之笃,信之笃才能行之坚。他们所信所行,不过就是常见之理。但是常见的,往往也是难实行的,所谓高深的往往最简单,简单的往往也最高深,即是此理。

二、生死、成败、毁誉不足以撄其心

方宗诚《吴竹如先生年谱》记载了一条吴廷栋与曾国藩论理学的材料,该书道光二十五年(1845)条下云:

> 四月与曾公论省察之学。是年曾公为会试考官,四月出闱,谓先生(吴廷栋)曰:"罗椒生极推服苏庚唐,谓其日以自省者有四,曰不欺暗室,不侮鳏寡,喜

---

① 见曾纪芬《崇德老人八十自订年谱》附录"曾纪芬述、聂其杰录《廉俭救国说》"。
② 《曾国藩全集·日记》(三),第1497页。

怒不形,物我无间。"先生曰:"喜怒不形自是涵养既至之气象,若日用功夫以此四字为期,恐反夹杂私心作用。似不若易'不形'为'无私'二字,则检察较为有据。"①

这段材料说曾国藩向吴廷栋称道苏庚唐的四条修养原则。按照理学的说法,"不欺暗室"是"慎独"或"诚","不侮鳏寡"属于"义","物我无间"是"仁","喜怒不形"是圣人气象。吴廷栋认为"喜怒不形"是涵养既至的气象,不如改为"喜怒无私"较易着手。曾、吴二人的观点并不矛盾,在理学家看来,喜怒不形与喜怒无私是一体之两面,也就是说,圣人在有喜怒的同时又是无喜怒。所谓有喜怒,是指喜怒哀乐发而中节,中节的标准即是是否合于儒家的伦理纲常。所以理学家并不否定喜怒哀乐,朱子说:"那(哪)里有无怒底圣人!"②理学家喜怒哀乐一循"天理",也就是说以儒家伦理道德为标准,当喜则喜,当怒则怒,反对过与不及。循"天理"喜怒,也就是代"天"喜怒,有喜怒而不伤身;不循"天理"而喜怒,则是个人私欲,是情之乖戾。乖戾的喜怒则会伤生灭性。程颐说:"如舜之诛四凶,怒在四凶,舜何与焉?盖因是人有可怒之事而怒之,圣人之心本无怒也。譬如明镜,好物来时,便见是好,恶物来时,便见是恶,镜何尝有好恶也?"③其意是说,舜杀掉"四凶",是"四凶"有可怒之事,舜自己何尝有怒呢?理学家认为按照道德礼法喜怒无私时,便是没有一己之喜怒。在喜怒的同时,达到一种无喜怒的超越境界,在此心态下,理学家循"天理"而行(按照道德礼法),便不易为外在的名利所动,无畏无惧,甚至坦然面对成败、毁誉与生死。

"有喜怒而又超越喜怒"的圣人心态使曾国藩将个人之成败、毁誉、生死置之度外,这使他一喜一怒一悲一欢都以封建纲常的践履为准则。若违背这个准则,只去计较个人之得失荣辱,在国藩看来,都是属于应去的"人欲"。道咸之际,曾国藩认为吏治腐败、人才不振、正气不扬、国家危机,都是因为朝廷大

---

① 方宗诚:《吴竹如先生年谱》道光二十五年条下。
② 黎清德编:《朱子语类》卷三十。
③ 程颢、程颐撰,潘富恩导读:《二程遗书》,第261页。

吏明哲保身、图一己之私，而不是按照是非原则"当喜则喜，当怒则怒"，从而出现阿同随好、是非不辨、乡愿大行的不良社会风气。咸丰三年(1853)他在给朋友的信中说：

>国藩入世已深，厌阅一种宽厚论说，模棱气象，养成不白不黑、不痛不痒之世界，误人家国，已非一日。偶有所触，则轮囷肝胆，又与掀翻一番。①

又曰：

>二三十年以来，士大夫习于优容苟安，揄修袂而养姁步，昌为一种不黑不白、不痛不痒之风。见有慷慨感激以鸣不平者，则相与议其后，以为是不更事，轻浅而好自见。国藩昔厕六曹，目击此等风味，盖已痛恨次骨。②

他把批评的矛头还对准当朝大老："往在京师，如祁、杜、贾、翁诸老，鄙意均不以为然，恶其不白不黑，不痛不痒，假颠预为浑厚，冒乡愿为中庸，一遇真伪交争之际，辄先倡为游言，导为邪论，以阴排善类，而自居老成持平之列。"③在此政治风气下，其结果是："世教既衰，人人各呈其无等之欲，鱼肉屠民而刀匕之。"④曾国藩对国家内外危机痛心疾首：

>窃尝以为无兵不足深忧，无饷不足痛哭，独举目斯世，求一攘利不先，赴义恐后，忠愤耿耿者，不可亟得；或仅得之，而又屈居卑下，往往抑郁不伸，以挫以去以死，而贪饕退缩者，果骧首而上腾，而富贵，而名誉，而老健不死，此其可为浩叹者也。⑤

曾国藩认为造成这一局面的根本原因在于皇帝的好谀恶直、专制独裁。他发扬了理学家不顾个人生死、以天理牵制人君的传

---

① 《与刘蓉》，《曾国藩全集·书信》(一)，第292页。
② 《复龙启瑞》，《曾国藩全集·书信》(一)，第414页。
③ 《复郭嵩焘》，《曾国藩全集·书信》(二)，第1518页。
④ 《复欧阳兆熊》，《曾国藩全集·书信》(一)，第74页。
⑤ 《复彭申甫》，《曾国藩全集·书信》(一)，第105页。

统,将批评的矛头直接对准咸丰帝。咸丰元年(1851),太平天国运动已于上年爆发,面对内忧外患的局面,咸丰帝诏谕臣工上书陈言以献计献策。先是倭仁上《应诏陈言疏》,劝咸丰亲君子远小人。咸丰表面上对倭氏鼓励一番,据记载:"(倭仁)疏入,上称其辨君子、小人之分,言甚切直,谕嗣后大小臣工有所见闻,剀切直陈,宜以倭仁为法。"①但是实际情形是怎样呢?咸丰帝的《御笔褒答倭仁手诏》云:"夫言不逆耳不为谏,今倭仁之言,其庶几欤!然时异势殊,或有难于必行者。如彼引程颢所云,择天下贤俊,使得陪侍法从,名虽甚善,而实有难行。"②这段话其实是明褒暗贬,并且随后将倭仁远戍叶尔羌(今新疆莎车县)任帮办大臣,等于是对直言的一次打击。

但是理学家对个人之生死荣辱不动其心。南宋时朱熹给宋孝宗上《戊申封事》以批评皇帝,曾国藩曾引方苞的话评说:"虽明季杨(涟)、左(光斗)之忠直敢言,无以过之。"③因此,理学家认为"从道不从君"才是真正的忠君,至于个人之进退生死则不在考虑之列,为个人私心杂念而退缩才是"人欲"。倭仁的被远戍新疆并没有使曾国藩退缩保身,四月二十六日,他给咸丰帝上了一道措辞更为严厉的《敬呈圣德三端预防流弊疏》。此疏直接批评咸丰帝"徒饰纳谏之虚文","手诏以褒倭仁,未几而疏之万里之外;优旨以答苏廷魁,未几而斥为乱道之流"。疏中还批评皇帝专制独裁:

> 乃近来两次谕旨,皆曰黜陟大权,朕自主之……岂容臣下更参末议?而不知天视自我民视,天听自我民听,国家设立科道,正民视民听之所寄也。皇上偶举一人,军机大臣以为当,左右皆曰贤,未可也;臣等九卿以为当,诸大夫皆曰贤,未可也;必科道百僚以为当,然后为国人皆曰贤。黜陟者,天子一人持之;是非者,天子与普天下人共之。……必国人皆曰贤,乃合

---

① 《清史列传·倭仁》,周骏富辑《清代传记丛刊》本。
② 《大清文宗显皇帝实录》卷四,第16页,"大满洲帝国国务院"发行,1936年大日本东京大藏书出版株式会社承印。
③ 《鸣原堂论文》,《曾国藩全集·诗文》,第537页。

天下之明以为明矣。

曾国藩提醒咸丰帝,不用忠直之君子,则必取"诇媚软熟之人",而此类人物"料其断不敢出一言以逆耳而拂心",但是这些人"一旦有事,则满庭皆疲苶沓泄,相与袖手,一筹莫展而后已"。最后曾国藩正告咸丰帝:"昔禹戒舜曰:'无若丹朱傲'。周公戒成王曰:'无若殷王受之迷乱'。"①这等于是声色俱厉地教训皇帝了。

据说这道奏折送上之后,咸丰帝披览未毕,即勃然大怒,只是由于曾国藩的房师季芝昌等人为他苦苦求情,才免于获罪。而曾国藩早做好了遭遇不测的精神准备。他在家书中说:

> 现在人才不振,皆谨小而忽于大,人人皆习脂韦唯阿之风。欲以此稍挽风气,冀在廷皆趋于骨鲠,而遇事不敢退缩。……摺子初上之时,余意恐犯不测之威,业将得失祸福置之度外矣。②

朱熹曾经说过:"狂狷是个有骨肋底人,乡愿是个无骨肋底人,东倒西擂,东边去取奉人,西边去周全人,看人眉头眼尾,周遮掩蔽,惟恐伤触了人。"③在理学家看来,人之成为乡愿,是因为胸中存有个人的得失祸福之念,"人欲胜过天理",所以做不到"无欲则刚"。有意思的是,曾国藩上此疏不久,即收到家乡县学生员(俗称秀才)罗泽南的来信。罗是个坚定的理学信徒,此时与国藩尚未谋面。罗泽南给他这位在京做了大官的老乡写信说:"有所畏而不敢言者,人臣贪位之私心,不务其本而徒言其末者,后世苟且之学术。"④理学家认为以"天理"格君心是为政之本,罗泽南鼓励曾氏不计个人利害,勇于言事。曾国藩这位二品大员并没有怠慢这位乡下秀才。他回信道:"阁下一

---

① 以上引文均见《敬呈圣德三端预防流弊疏》,《曾国藩全集·奏稿》(一),第24—27页。
② 《曾国藩全集·家书》(一),第212页。
③ 黎清德编:《朱子语类》,卷六十一。
④ 郭嵩焘编:《罗忠节公年谱》,文宗初年条下。见罗泽南《罗忠节公遗集》,同治二年长沙刻本。

书,乃适于拙疏若合符节,万里神交,其真有不可解者耶?"①其实并非不可解,理学家都有一种为了"天理"而不怕死的精神。罗泽南后来成了曾国藩组建湘军的得力干将,这并不是偶然的,他们有共同的思想基础。

曾国藩在京师为官十余年,随着理学信仰的确立,他的思想境界发生了很大变化,由谋个人和家庭的发展转而超脱一己之得失荣辱,一心一意投入到"天理"的践履——维护纲常制度和清王朝的长治久安中去。他痛斥官场的腐败和乡愿作风,仗义执言,不愿阿同随好,连皇帝都敢于批评,对于权贵更是无所畏惧。据说曾国藩在京师为官时,"诸公贵人见之或引避,至不愿与同席"②。曾国藩于同治元年(1862)回忆自己早年京官生活时也说:"即为圣贤者,亦各有自立自强之道,故能独立不惧,确乎不拔。昔余往年在京,好与诸有大名大位者为仇,亦未始无挺然特立不畏强御之意。"③人之所以惧怕,或是因为贪生怕死,或是因为担心个人名利受损,在理学家看来,这都属于人欲未尽,没有尽复天理。与天理为一,则能独立不惧,超越利害生死。曾国藩的这种处事风格,显然与他力求克治个人名利的理学训练有关。

左宗棠与曾国藩论事多不相合,二人曾绝交有年。左氏时常骂国藩为"伪道学";他自视甚高,对曾氏颇不服气,二人一度形同"政敌"④。但左宗棠最终还是对曾国藩的人品极为推服。曾氏死后,左宗棠送的挽联是:"知人之明,谋国之忠,自愧不如元辅;同心若兰,攻错若石,相期无负平生。"⑤对曾国藩的道学气象,左氏最终也表示佩服。他评价说:

> 公(曾国藩)不变平生所守,用能集厥大勋;中兴事功,彪炳宇宙,天下之士皆能言之。推事功之所由

---

① 《复罗泽南》,《曾国藩全集·书信》(一),第79页。
② 黎庶昌:《曾太傅毅勇侯别传》,《拙尊园丛稿》,卷三"内编",清光绪二十一年金陵状元阁刻本。
③ 《曾国藩全集·家书》,第837页。
④ 萧一山:《曾国藩传》,海南出版社2001年版,第184页。
⑤ 转引自萧一山:《曾国藩传》,第26页。

成,必有立乎其先者,而后以志帅气,历艰危险阻之境而不渝。是故明夫生死之故者,祸福之说不足以动之,明夫祸福之理者,毁誉之见忘,吉凶荣辱举非所计,斯志台动气,为其事必有其功矣。"①

左宗棠还说曾国藩"克复金陵,大捷不喜,偶挫不忧"②。左氏认为,国藩事功得益于他不计生死祸福和吉凶荣辱从而能够勇猛精进的圣贤功夫。左氏评价殆非虚誉。

曾国藩四大弟子之一的吴汝纶说:"文正(曾国藩)公生平趣舍,一不以利钝顺逆撄心,其治军一不以胜负为忧喜。"③这便是曾国藩"喜怒不形"之涵养。咸丰十年(1860)十月,曾国藩被太平军围困祁门,情形十分危急,曾氏已写好遗书,帐悬佩剑,随时准备自杀。有一则材料说:"一时幕中僚佐,帐下健儿,咸惴惴不宁,而国藩不改常度,神色自若。会报至,大队敌军由某处来攻,将至此矣。众益惶骇万状,而顾视大帅,则神色仍自若,毫无惊戚之容。"一会儿接到谍报,原来是鲍超的部队前来救援,"众狂喜相庆,欢声若雷,而国藩无喜色,依然常度。超自率前驱数十骑来大营谒帅,众迓之于营门,国藩亦从容而出。超下马,将行礼,国藩遽趋前抱持之,曰:'不想仍能与老弟见面!'言已泪下,盖喜慰之极,不复能自持矣"④。

有人评论说,曾国藩是故作镇静,其实是内心恐惧至极⑤。还有人认为,这是"人情所不能已者,固仍有流露于不觉之时也"⑥。我的理解是,曾国藩之所以从容,是因为他早已将个人之生死置之度外;他之喜极而泣,是因为"物之当喜",鲍超的救

---

① 徐凌霄、徐一士:《凌霄一士随笔》,山西古籍出版社 1997 年版,第 1747 页。
② 徐凌霄、徐一士:《凌霄一士随笔》,山西古籍出版社 1997 年版,第 1748 页。
③ 徐凌霄、徐一士:《凌霄一士随笔》,山西古籍出版社 1997 年版,第 1751 页。
④ 徐凌霄、徐一士:《凌霄一士随笔》,山西古籍出版社 1997 年版,第 1753 页。
⑤ 参见朱东安:《曾国藩传》,第 162 页。
⑥ 徐凌霄、徐一士:《凌霄一士随笔》,第 1753 页。

援使周围同人免于死难,使战争形势出现转机,从公理来说自然是喜事。这便是前面我们提及的圣人"有喜怒而又无私心之喜怒"的道理。说曾国藩极为恐惧,未免太看轻了他。曾国藩曾有两次因战败投水自尽,这可不是做样子给人看的。咸丰四年(1854)四月初二日,曾国藩在靖港战败,投水自杀未遂。据当时目击者章寿麟回忆:

> 师败,公投水。先是,予(章寿麟)与今方伯陈公、廉访李公(元度)策公必死,因潜随公出,居公舟尾,而公不知。①

另一个当事人李元度的回忆更为生动:

> 文正愤极投水,将没顶矣,材官傔仆力挽,文正大骂,须髯奋张,众不敢违,将释手矣,价人(章寿麟)自后舱突出,力援以上。文正瞠视曰:"尔胡在此!"②

曾国藩不是成败利钝不动心吗?他为什么自杀呢?两个原因:一是担心战败被俘;二是死给那些丧师失地、只知逃跑保命的官员们看的,以自己的殉节使他们"恧焉而有以自励"③。这仍是将个人之生死得失置之度外的道学心态。

理学家生死、成败、毁誉不足以撄其心,这种境界是指个人之生死、祸福、毁誉不足以干扰其对封建伦理道德的践履,这不同于庄子所谓"齐生死、一得丧"、"呆若木鸡"的精神状态。不营营于个人之祸福得失,故能达到一种超越与自由境界;专一于道德实践,故又不免于悲欢喜忧。二程说:"圣人于忧劳中,其心则安静,安静中却是有至忧。"④曾国藩有几则联语,即是此意:"禽里还人,静由敬出;死中求活,淡极乐生。""天下无易境,

---

① 徐凌霄、徐一士:《凌霄一士随笔》,山西古籍出版社1997年版,第1744页。

② 徐凌霄、徐一士:《凌霄一士随笔》,山西古籍出版社1997年版,第1746页。

③ 徐凌霄、徐一士:《凌霄一士随笔》,山西古籍出版社1997年版,第1744页。

④ 程颢、程颐撰,潘富恩导读:《二程遗书》,第140页。

天下无难境;终身有乐处,终身有忧处。""养活一团春意思,撑起两根穷骨头。""战战兢兢,即生时不忘地狱;坦坦荡荡,虽逆境亦畅天怀。"①这种入世即是出世的道学心态,造就了曾国藩不计个人成败得失、勇猛精进、百折不回的精神气质。他的所谓"事功"得益于他的"圣学"功夫。

同治九年(1870),也就是曾国藩铲平太平天国革命六年之后,曾氏有一封给其弟子黎庶昌的信,其中说:

> 兵事之成否,亦皆时会之适然。即如鄙人及胡(林翼)、李(鸿章)、李(注:疑衍一"李"字)、左(宗棠)诸公后侥幸成功,实非初意所及料。当时东南靡烂,稍有誉望,艰巨即以及身,不能自已。……空山有宝,无心于宝者得之,求之愈切,偿之愈艰。②

这并非是曾国藩谦虚,他当初起兵镇压太平军,对于能否成功,自己是毫无信心和把握的。当初清政府已腐烂透顶,绿营兵勇于扰民,"怯于御贼",与敌交手一触即溃,太平天国革命很快便燎原大半个中国。此时的曾国藩简直看不到任何希望。他先是对皇帝表示失望:

> 自客春求言以来,在廷献纳,不下数百余章,其中岂乏嘉谟至计?或下所司核议,辄以"毋庸议"三字了之,或通谕直省,则奉行一文之后,已复高阁束置,若风马牛之不相与。……而书生之血诚,徒以供胥吏唾弃之具。每念及兹,可为愤懑!③

继而对各级腐败的官吏表示痛心。他向其座师吴文镕哭诉道:"今日天下之变,只为混淆是非,麻木不仁,遂使志士贤人抚膺短气,奸滑机巧逍遥自得,安得侍坐函丈,痛哭而一倾吐也!"④对于政府军绿营兵更是绝望之至,"虽以韩、岳复生,亦不能起

---

① 《曾国藩全集·诗文》,第112页。
② 《复黎庶昌》,《曾国藩全集·书信》(十),第7068页。
③ 《复胡大任》,《曾国藩全集·书信》(一),第76页。
④ 《与吴文镕》,《曾国藩全集·书信》(一),第225页。

今日已死之人心"①。"孔子复生,难遽变营伍之习气"②。不仅官兵一无可恃,而且人才也纷纷作鸠燕之逝:"方今世变孔棘,而宦场泄沓之风,曾无少为振作。有识者以是深惧,皆怀入山恐不深,入林恐不密之志。"③

在这种情况下,曾国藩只好另起炉灶,"博求吾乡血性男子有忠义而兼娴韬略者,与之俱出"④。依靠理学家罗泽南及其一帮不怕死、不要钱的弟子们组建湘军,意图力挽狂澜,强力补天。后来的事实证明,官军江南、江北大营被太平军歼灭之后,清廷最后也无兵可恃,将全部的希望不得不寄托在曾国藩及其湘军身上。扶持这样一个腐败的政权,绞杀农民的求生要求,以今人的观点看来,的确有其反动的一面。但对曾国藩来说,却是不得不然的事情,因为在理学全部的道德要素之中,毕竟忠君是第一位的。

以曾国藩自己的话来说,他以"精卫填海、杜鹃啼血"的精诚募饷招兵⑤,但在建成湘军后,出师之初并不顺利。军事上失利不说,官军对他的部队不仅不支持,还予以歧视羞辱。咸丰四年(1854)他在家信中说:

> 今年二月在省城河下,凡我所带之兵勇仆从人等,每次上城,必遭毒骂痛打,此四弟、季弟所亲见者。谤怨沸腾,万口嘲讥,此四弟、季弟所亲闻者。自四月以后两弟不在此,景况更有难堪者。吾惟忍辱包羞,屈心抑志,以求军事之万有一济。⑥

他不止一次地哀叹:

> 饷项已空,无从设法。艰难之状,不知所终! 人心之坏,又处处使人寒心。吾惟尽一分心作一分事,

---

① 《与朱燮》,《曾国藩全集·书信》(一),第 236 页。
② 《复江忠源》,《曾国藩全集·书信》(一),第 366 页。
③ 《与胡林翼》,《曾国藩全集·书信》(一),第 461 页。
④ 《与陈士杰》,《曾国藩全集·书信》(一),第 437 页。
⑤ 《与欧阳兆熊》,《曾国藩全集·书信》(一),第 231 页。
⑥ 《曾国藩全集·家书》(一),第 284 页。

至于成败,则不能复计较矣。①

咸丰六年(1856),曾国藩困守江西,此时太平军正是最鼎盛之时。王闿运曾有一段文字描写曾氏当年之窘状:"夜览涤公(曾国藩)奏,其在江西时实苦悲,令人泣下。……'闻春风之怒号,则寸心欲碎;见贼船之上驶,则绕屋彷徨'。《出师表》无此沉痛。"②曾国藩亦有文描写这段艰苦的战争岁月:

> 方其战争之际,炮震肉飞,血瀑石壁。士饥将困,窘若拘囚;群疑众侮,积泪涨江,以求夺此一关而不可得,何其苦也!……若夫喜戚一主于己,不迁于境,虽处富贵贫贱,死生成败而不少移易。非君子者,而能庶几乎?③

这的确是夫子自道。如果掺杂有个人生死得丧等私心杂念,如此危局是很难支撑下来的。太平天国被扑灭之后,曾国藩回忆自己书生从戎的经历时说:

> 国藩昔在湖南、江西,几于通国不能相容……然造端过大,本以不顾死生自命,宁当更问毁誉?以挫进而以巧退,以忠义劝人而以苟且自全,即魂魄犹有余羞。是以戊午复出,誓不反顾。④

二程认为,孟子所谓"浩然之气",是"集义所生","气皆主于义而无不在道"⑤;"养而不害,则塞乎天地;一为私心所蔽,则欲然馁矣"⑥。在理学家看来,一己之荣辱得失成败,皆属于私心私欲,是由气质之性决定的,只有以志率气,也就是以封建纲常理想统御自己的全部行为,才能去除杂念,形成直养无害的大丈夫气概。在理学家看来,具备这种境界,所谓"虽尧舜之事,亦

---

① 《曾国藩全集·家书》(一),第251页。
② 徐一士:《一士类稿》,古今出版社1994年版,第36页。
③ 《湖口县楚军水师昭忠神祠记》,《曾国藩全集·诗文》,第259-260页。
④ 《复郭嵩焘》,《曾国藩全集·书信》(七),第4888页。
⑤ 程颢、程颐撰,潘富恩导读:《二程遗书》,第62页。
⑥ 程颢、程颐撰,潘富恩导读:《二程遗书》,第70页。

只是如太虚中一点浮云过目"①。就是说,像尧舜那样建功立业自属圣贤应有之义。曾国藩那种屡挫屡奋、宗教徒般的偏执精神,与他"集义"有年的理学训练是分不开的。

三、公私、义利之辨

以往论者通过表面现象,对曾国藩是否忠于清廷存有疑问。如章太炎在《书曾刻船山遗书后》曾述及两种看法:一为"悔过说",认为"王而农(夫之)著书,一意以攘胡为本",曾国藩刻《船山遗书》即为悔过之意;二为"自道"说。认为曾氏攻下金陵,之所以不能"乘胜扑清",是因为湘军已有暮气,新崛起的左宗棠、李鸿章有制衡之势,"物有相制者矣"。然国藩实现了清廷政柄下移,使政权最终转移至汉人手里,因此说"秀全急于攘满洲者,国藩缓于攘满洲者"②。冯友兰提出不同看法,认为曾国藩接受了从张载到王夫之的气学,是因为,"只有气学可以与洪秀全的'上帝'划清界线"③。冯先生还认为,在对付太平天国问题上,"清廷的出发点是维护自己的统治,曾国藩的出发点是保卫传统文化。他和清廷是同床异梦,殊途同归"④。朱东安在其《曾国藩传》中认为,在第二次鸦片战争中,曾国藩拒不执行咸丰"勤王"之令,有保存自己实力的意图⑤;天京攻陷之后,曾氏不能取代清廷,"不一定是曾国藩忠君思想甚重、从无这类想法,而主要是由于在客观上存在着对他不利的诸多因素,即使有自为之心,也不得不望而却步"⑥。

笔者认为,曾国藩所有政治军事活动都是围绕维护清廷的统治而展开的。这并非是为他的忠君辩护,而是因为这是曾国藩的思想所决定的,毕竟在封建道德的诸要素中,忠君爱国始

---

① 程颢、程颐撰,潘富恩导读:《二程遗书》,第113页。
② 参见冯友兰《中国哲学史新编》(下册),第436—437页。
③ 参见冯友兰《中国哲学史新编》(下册),第423页。
④ 参见冯友兰《中国哲学史新编》(下册),第438页。
⑤ 参见朱东安《曾国藩传》,第157页。
⑥ 参见朱东安《曾国藩传》,第238页。

终是第一位的。合于这个目标即为"公"、为"义",与此目标相背离,即为"私"、为"利"。同治二年(1863),曾国藩给其儿子的信说:"三纲之道,君为臣纲,父为子纲,夫为妻纲,是地维所赖以立,天柱所赖以尊。君虽不仁,臣不可以不忠;父虽不慈,子不可以不孝;夫虽不贤,妻不可以不顺。"①我们在前文已谈到,曾国藩认为三纲五常来源于太极或理,又认为"理本一源,若乃其分,则纷然而殊矣"。从分殊的角度来说,"亲有杀,贤有等,或相倍蓰,或相什百,或相千万,如此其不齐也"。曾国藩认为所谓格物之事即是"剖判其不齐之分焉尔"②。从格物的角度来说,正如二程所说"父子之爱本是公"③,即是说父慈子孝,兄悌弟恭,朋友有信皆是天理,是公。但是这些原则一旦和忠君发生矛盾时,即所谓忠孝不能两全时,则"忠"字成了天理,其余由本来之"公"变成个人之私,格物的结果是个人之私情和利益无条件地让位忠于君国之大局。在儒家看来,忠于君主与忠于国家是一回事。

考曾国藩一生之行事,他其实是始终服务于维护清廷这个大局的,并为此不惜牺牲个人之私情及家人之利益。曾国藩不仅是冷面的铁血政治人物,他还是一个出色的文学家,一个性情中人。从他的家书中我们可以感受到他对父母兄弟的一往情深。且看他为官京师时作的《早起忆九弟》诗:

> 别汝经三月,音书何太难!
> 夜长魂梦苦,人少屋庐寒。
> 骨肉成漂泊,云霄悔羽翰。
> 朝朝乌鹊噪,物性因欺谩。④

又有《寄弟三首》,其一曰:

> 去年长已矣,来日尚云赊。
> 身弱各相祝,家贫倘有涯。

---

① 《曾国藩全集·家书》,第936页。
② 《答刘蓉》,《曾国藩全集·书信》(一),第21页。
③ 程颢、程颐著,潘富恩导读:《二程遗书》,第285页。
④ 《曾国藩全集·诗文》,第69页。

乡音无住著,望眼久欲花。

寥落音书阔,多疑驿使差。①

真可谓缠绵悱恻,款款情深。对于后辈子女,他呵护有加,是一个慈爱的长辈。他在戎马倥偬之中给儿子写信:"《礼》云:'道而不径,舟而不游。'古之言孝者,专以保身为重。乡间路窄桥孤,嗣后吾家子侄凡遇过桥,无论轿马,均须下而步行。吾本意欲尔来营见面,因远道风波之险,不复望尔前来。"②把家人的健康时时牵挂在心上。这些私情本是儒家崇尚的美德,理学家也视之为天理。但遇到国难、君难时,理学格物的结果,便是将忠于国家、君主放在第一位,个人之私情便相对不重要了。曾国藩起兵之初,在许多地方官吏纷纷作燕鸠之逝时,国藩兄弟五人除留曾国潢在家照料家务外,其余三位老弟先后从军,给了他很大支持和帮助。打这种看不到希望的仗,曾国藩也不是不知道诸弟从军会有生命危险。后来曾国华战死,曾国葆感染瘟疫死于军中。这对曾国藩来说,感情上受到了很大打激,但相对于君臣大义来说,个人私情仍是次要的。咸丰九年(1859),曾国华在安徽三河镇战死,曾国藩在家信中说:"予于十一日具摺奏温弟(曾国华)殉节事,盖至是更无生还之望矣。恸哉!自古皆有死,死节尤为忠义之门,奕世有光,本无所憾。"③同治元年(1862),曾国藩再丧季弟曾国葆,他劝慰四弟曾国荃说:"弟以季弟之没于金陵为悔为憾,则不可也。袁简斋诗云:'男儿欲报君恩重,死到沙场是善终'。"④话虽如此,他仍是悲伤难以自抑,有哭季弟几则联语,其一曰:"大地干戈十二年,举室效愚忠,自称家国报恩子;诸兄离散三千里,音书寄涕泪,同哭天涯急难人。"⑤写得可谓沉痛之至,既表达了痛失手足骨肉之悲情,也表达了最高大义之所在——牺牲个我、勇赴国难(即君难)的封建士大夫节操。

---

① 《曾国藩全集·诗文》,第70页。
② 《曾国藩全集·家书》(二),第944页。
③ 《曾国藩全集·家书》(一),第452页。
④ 《曾国藩全集·家书》(二),第907页。
⑤ 《曾国藩全集·家书》(二),第915页。

曾国藩是个重感情的人,他不仅重亲情,而且把师生情、友情也看得很重。在京师为宦时,好友刘传莹在家乡去世,曾国藩闻讯"为位哭于舍旁道院",并为之做碑铭,"伐石于都下,寓舟浮江",派人送达刘氏家乡湖北汉阳。① 可谓感人之至。他本是个性情中人,但为了清廷大局利益,他不得不牺牲个人私情,这对于他十分痛苦但又不得不然,因为长期的理学教育使他做不到因私废公。理学家认为,孤立看来,师友之情是公,不是私,刻薄寡恩才是人欲之私;但是当师友之情与国家利益冲突时,照顾个人感情而不顾大局,这同样是人欲之私。此即所谓"理一分殊"、"剖判万物得其当"的格物理论。曾国藩为清廷大局,拒不发兵及时救援他的老师吴文镕及其挚友江忠源,致使他们战败自杀,即反映了这种理学心态。咸丰三年(1853),曾国藩在衡州编练湘军,并设立船厂,日夜赶制战船。时鄂、皖军情告急,是年十一月,咸丰帝一再严令曾国藩赴援鄂、皖。而曾国藩认为,与有千舟万舸的太平军争雄必须有一支强大的水师才能济事,在船炮不足、仓促成行的情况下,万一失败,清廷将"更无继此而办水师者",后果将不堪设想。他打定主意,绝不仓促出征。他在奏折中陈述抗命的理由时说:

> 臣自维才智浅薄,惟有愚诚不敢避死而已,至于成败利钝,一无可恃。皇上若遽责臣以成效,则臣惶悚无地,与其将来毫无功绩,受大言欺君之罪,不如此时据实陈明,受畏葸不前之罪。②

从私情来说,驻守湖北的是曾国藩会试时的房师吴文镕,吴氏时任湖广总督,吴、曾师徒二人私谊交情极为深厚。吴氏接连发信向曾氏告急求援,曾国藩皆复信说明不能草草轻发的道理,并要求老师坚持到第二年正月底,湘军水师才能出行。吴氏最终被说动,虽自料必死,仍令曾军万勿草草而出。在安徽前线的江忠源、李鸿章、陈岱云都是曾国藩的弟子或挚友。国藩在致同僚友朋的信中说:(江、李、陈)"数君与侍(曾国藩)

---

① 《曾国藩全集·诗文》,第 210 页。
② 《曾国藩全集·奏稿》(一),第 89 页。

亲友至好,昨奉带勇赴皖之命,本思星驰往援,惟念侍去之后,水师何人承办?何人督带?"①又说:"且即使成军以出,亦当于黄州、巴河、九江等处先谋收复,又不能遽赴岷老(江忠源)之急。大局所在,只论地形之要害,不得顾友朋之私谊,即君父谕旨所指示,亦有时而不敢尽泥也。"②

按说曾国藩上有皇帝的谕旨严令,下有师友之告急,无论公谊私情,他都应立即救援,但他为大局计,终置私情甚至谕旨于不顾。要说他不着急不动心也并非实情。他在给朋友的信中说:

> 甄师(吴文镕)自到鄂垣,即住城楼,洎今已逾三月。闻夜皆和衣假寐,并未解带,焦灼之情,见诸书函者,如闻太息之声。岷樵(江忠源)自入皖境,已成糜烂,护身无数百之卒,环围有盈万之贼。弟北望君门,东望师友,恨不插翅奋飞,一赴水火之援。③

曾国藩在船厂日夜督造船械,直到咸丰四年(1854)正月底才按计划总算完工。等到他誓师东征时,江忠源、吴文镕已于不久前先后战败投水自杀了。

在曾国藩看来,私情归私情,公义归公义,不能不讲私情,但更不能因私情以妨公义,二者不能混为一谈。如李元度,他是曾国藩早期幕僚之一,跟随曾氏出生入死有年,而且还在战争中救过曾国藩的命。曾国藩对他也心存感激,咸丰八年(1858),曾氏给其弟的信中说:"其(李元度)在兄处,尤为肝胆照人,始终可感。……又与次青(李元度)约为婚姻,以申永好。"④即是说想与李元度结为儿女亲家。但是咸丰十年(1860),李元度违背节度,轻率出战,致使徽州失守。李氏逃走后,不即返回大营,徘徊经月返营后,不主动请罪,却擅自向粮台索还欠饷,径回老家湖南去了。这让曾国藩甚为震怒,决定

---

① 《复骆秉章》,《曾国藩全集·书信》(一),第379页。
② 《复夏廷樾》,《曾国藩全集·书信》(一),第411页。
③ 《复仓景愉》,《曾国藩全集·书信》(一),第402页。
④ 《曾国藩全集·家书》(一),第374页。

将其参劾革职。但这样一来,文武同僚群起反对,无不抱怨曾国藩忘恩负义。据说李鸿章率一幕人往争,且说:"果必奏劾,门生不敢拟稿。"国藩曰:"我自属稿。"鸿章说:"若此,则门生亦将告辞,不能留待矣。"国藩说:"听君之便。"于是李鸿章离开曾氏幕府,闲居一年。① 曾国藩此后反复向朋友们解释说,"次青(李元度)此役,大失民心,吾负私情而伸公义"②;"仆固寡恩,渠亦违义"③。终不肯因私情而宽容李元度。据曾国藩咸丰十年(1860)九月十二日日记曰:"深恶次青,而又见同人多不明大义,不达事理,抑郁不平,遂不能作一事。"④ 国藩这种不因私废公的境界,的确不为每每喜欢从个人恩怨得失的角度来处理问题的人所能理解。又如章寿麟,前已提及,是他在靖港之战中将跳水自杀的曾国藩从水中救了上来,对曾氏也有救命之恩。据李元度追忆,曾国藩的父亲曾写信给国藩说:"章某国士,宜善视之。"曾国藩也表示:"此吾患难友,岂忘之哉!"⑤幕僚中因曾国藩推荐而官位腾达者的确不在少数,但这位救命恩人章寿麟却并没有得到曾国藩多少提携,终身"浮沉牧令间二十余年"⑥。有人为章氏鸣不平,认为曾国藩刻薄寡恩。章寿麟的族弟章士钊却有不同看法:

  其后师出克捷,文正以一身系天下安危,人以此多君(注:指章寿麟)功,君绝无自伐意,文正亦以弟蓄君,意气逾笃,名位则别为一事,终文正之世,君浮沉牧令而已。可见老辈相与之际,别有真处,非世俗耰锄间报施之道所得妄度,两贤相忘无形,其神交尤不可及云云。⑦

  其意是说曾、章私交、感情的确不错,但名位则是另一回

---

① 薛福成:《李傅相入曾文正公幕府》,《庸庵笔记》卷一。
② 《复李瀚章》,《曾国藩全集·书信》(三),第1702页。
③ 《复彭申甫》,《曾国藩全集·书信》(四),第2658页。
④ 《曾国藩全集·日记》(一),第536页。
⑤ 徐凌霄、徐一士:《凌霄一士随笔》(五),第1746页。
⑥ 徐凌霄、徐一士:《凌霄一士随笔》(五),第1749页。
⑦ 徐凌霄、徐一士:《凌霄一士随笔》(五),第1754页。

事。也就是说,官位是公器,因才而授,并非因为我们私交好,我就提拔你。不提拔也不妨碍我们的感情。章士钊说得很准确,曾国藩是不会拿国家之名器来市个人之私恩的。不从"公义"而从一己之恩怨出发,毕竟在国藩看来是有悖天理之私欲。

  论者以为曾国藩在第二次鸦片战争中拒不"勤王",是保存实力的异志之举。在我看来,曾国藩仍是从清廷大局出发,而不是争个人之利益。咸丰十年(1860),英法联军入侵北京,咸丰帝逃往热河。八月二十六日曾国藩接到皇帝要他派兵"勤王"的谕令。时曾国藩正被太平军包围,困守在皖南祁门,自身处境也十分危险。幕僚李鸿章认为,此时洋人已逼近京师,"入卫实属空言,三国连衡,不过子女玉帛,断无他变",但"楚军关系天下安危,举措得失,切宜慎重"①。应该说,曾、李对形势的判断是很准的,他们已认识到洋人以商战为主,未必意在城池土地;而此时正处于烈火烹油、如日中天之势的太平军才是清王朝的心腹大患。湘军虽处劣势,但却是抗衡太平军、苦撑危局的中坚力量。如果抽兵北援,整个大局将糜烂不堪设想。最后曾氏采取幕僚用"拖延之法"的建议,上奏清廷,请求皇帝从曾国藩、胡林翼二人中指派一人统兵北上。按说在此危机情况下,根本无须再行请旨,但据曾氏估计,往返奏报,最迟也要一个月的时间,此时或许朝廷已与英法订立城下之盟。后来果如所料,一个月后,即十月四日这天接到廷寄,和约已成,谕令毋庸北援,这让曾国藩一颗悬着的心终于放了下来。但是在等待谕旨的一个月时间内,曾国藩也并不抱侥幸心理,在兵力和饷银上仍做了准备,万一和议不成,则立即发兵北援。②九月初七日他给其弟曾国荃、曾国葆写信说:

  不知皇上果派国藩北上,抑系派润帅(胡林翼)北上?如系派我北上,沅弟愿同去否?为平世之官,则兄弟同省必须回避;为勤王之兵,则兄弟同行愈觉体面。望沅弟即日定计,复书告我。③

---

① 徐宗亮:《归庐谈往录》卷一,光绪十二年刊本。
② 参见朱东安:《曾国藩传》,第158—160页。
③ 《曾国藩全集·家书》(一),第580页。

没想到曾国荃却心怀异志,曾国藩于初十日以前所未有的语气回信痛斥:

> 初九夜所接弟信,满纸骄矜之气,且多悖谬之语。天下之事变多矣,义理亦深矣……而吾弟为此一手遮天之辞、狂妄无稽之语,不知果何所本?……分兵北援以应诏,此乃臣子必尽之分……令銮舆播迁,而臣子付之不问,可谓忠乎?……纵使百无一成,而死后不自悔于九泉,不诒讥于后世。弟谓切不可听书生议论,兄所见即书生迂腐之见也。①

十四日又写家信决然说道:

> 若钦派余去,则十月奉旨,十一月底即当起行。明知此事无益于北,有损于南,而余忝窃高位,又窃虚名,若不赴君父之难,则既诒后日之悔,复惧没世之讥,成败利钝,不敢计也。②

可见,曾国藩尽管为大局计有时连皇帝的命令也不肯听从,但他始终是把大清的利益放在首位的,这是他的思想决定的。

曾国藩不顾一己之生死毁誉,视清廷利益为最高大义所在,这种精神最为突出的表现,莫过于他对天津教案的处理了。同治九年(1870),天津街巷谣传洋人天主教堂用药迷拐幼孩,挖眼剖心,用来制作药引子。于是群众与教堂发生争执、冲突,打死外国外传教士及其他人员二十名,焚毁教堂数处。这即是震惊中外的"天津教案"。时曾国藩正在直隶总督任上,奉命处理这一棘手的问题。此时法、英、俄等七国一面联合提出抗议,一面向天津海面集结海军,进行战争威胁。面对这种局势,朝野有"论理者"与"论势者"两派意见:

> 论理者以为当趁此驱逐彼教,大张挞伐,以雪先皇之耻而作义民之气。论势者以为兵端一开,不特法国构难,各国皆约从同仇。能御之一口,不能御之于

---

① 《曾国藩全集·家书》(一),第561页。
② 《曾国藩全集·家书》(一),第583页。

七省各海口；能持之于一二年，不能持之于数十百年。……庚午（按：应作"庚申"）避狄之役，岂可再见？①

众所周知，晚清的理学家多是盲目排外的顽固派，他们大多纸上谈兵，动辄言战，战则辄败，迂腐无用，除了那点"临难一死报君恩"的精神外，再没有多少实际本事，这是他们"计是非不计利害"的风格决定的。曾国藩的理学老友倭仁即是当时的主战派。按说，曾国藩也应该是"论理者"，但身为封疆大吏的他很清楚清廷的家底，最终倾向于"论势者"。他说："吾辈身在局中，岂真愿酷虐吾民以快敌人之欲？徒以边衅一开，则兵连祸结，累岁穷年而未有已。"②他认为国家刚刚经历过洪、扬及捻军之乱，千疮百孔，百废待兴，无论是从兵力和财政上看，一时都不足以与列强抗衡。更为重要的是，他认为天津教案，完全可以和平解决；因此而开战端，他的所谓"中兴"梦想将会成为泡影，这实在有些不值。他事先即知，主持议和，有可能被舆论骂为卖国，甚至会身败名裂，但他终于为了心中的"大义"，再一次置个人生死毁誉于不顾。赴天津前，他担心会遭遇不测，给家人写好遗书，并给其子曾纪泽去信说："余右目已盲，左目日蒙。……天津事尚无关绪，余所办皆力求全和局者，必见讥于清议。但使果能遏兵，即招谤亦听之耳。"③他还向朝廷及友人表示："国藩平日办事拙滞，举措失宜，实所不免。至如专挟私见，顾惜一己之毁誉，不问大局之成败，则素所不为。"④"但令大局不致从此决裂，即为厚幸；一身之丛毁实由智浅不能两全，亦遂不复置辨"⑤。

果然，曾国藩不顾亲友及幕僚的顾虑和反对，一意孤行，与各国签订了和议。和议结果一出，在鸦片战争之后普遍排外、仇视洋人的社会环境下，朝野舆论为之大哗，"诟詈之声大作，

---

① 《复刘蓉》，《曾国藩全集·书信》（九），第7577页。
② 《复廖寿丰廖寿恒》，《曾国藩全集·书信》（十），第7274页。
③ 《曾国藩全集·家书》（二），第1374页。
④ 《复奕訢》，《曾国藩全集·书信》（十），第7260页。
⑤ 《复周寿昌》，《曾国藩全集·书信》（十），第7263页。

卖国贼之徽号竟加于国藩"①。甚至有人当面骂曾国藩是秦桧。此次事件对曾国藩精神上的伤害是他一生之中最大的。尽管他的初衷是为了朝廷、国家之大局，而且事先就拿定主意，将个人之生死毁誉置之度外；但这毕竟关系到民族的尊严，卖国贼的骂名足以让人不寒而栗。尤其是天津知府张光藻、知县刘杰都是很有民望的清官，迫于洋人的压力，曾国藩将他们参奏革职，问罪充军，这让曾氏尤为负疚良深。虽然他有极深的修养工夫，但此时再也无法做到不动心了。他痛苦地向友人诉说："物论沸腾，至使人不忍闻。"②不止一次地向朋友和家人哀叹"内疚神明，外负清议"③。他不得不用看书来抑制自己的痛苦，在给儿子的信中说："全不看书则寸心负疚，每日仍看《通鉴》一卷有余。……名已裂矣，亦不复深问耳。"④天津教案彻底摧垮了曾国藩的精神和健康，他自悔"萃九州之铁，不能铸此一错"，在不断的内疚和自责之中，两年后他便郁郁去世了。

事后看来，曾国藩对天津教案的处理不无举措失宜之处。当时法国已正对普鲁士宣战，根本无暇顾及东方问题。而此时曾国藩昧于外事，在洋人的联合讹诈下，过于迁就让步，这是事实。但是曾国藩在生死毁誉、公私义利面前，置个人之清名、毁誉于不顾，再一次以理学家的意志经受住了一次严峻的考验，这仍然是"计是非不计（个人）利害"道学风范。就此来说，他与倭仁在和战问题上虽有分歧，精神实质却是殊途同归。

---

① 徐凌霄、徐一士《曾胡谈荟》，《国闻周报》，第六卷，第38期。
② 《复李榕》，《曾国藩全集·书信》（十），第7317页。
③ 参见《曾国藩全集·书信》（十），第7313页《复王溥》、第7310页《复石芸斋》、第7301页《致许庚申》等。
④ 《曾国藩全集·家书》（二），第1382页。

第五章

曾国藩以理学为核心的学术观

对于清中叶以来的汉宋之争,曾国藩主张调和汉宋,反对门户之见,这已为论者所知悉。钱穆先生认为:"大体论之,涤生论学态度,以当时汉宋畛域言,毋宁谓较近于汉学。"①也有论者认为,曾国藩之所以调和汉宋,主要因为他是从政治家的角度意图平息统治阶级内部的学术纷争。还有一种观点认为,国藩学术是对儒学内部各门各派兼收并蓄的通儒之学,是杂家,已不囿于理学一派。如著名清史专家萧一山认为,视曾氏为理学家,乃"浅之乎视国藩矣!"②余英时认为曾国藩道光二十六年(1846)以后,学术观点发生了变化,"变化最大的是在考据之学方面"③。余先生认为,1846年之前,曾氏受唐鉴的影响以宋学为旨归而鄙视考据之学;1846年之后受刘传莹的影响,转而重视汉学。上述观点各有所见。我的看法是,曾国藩从道光二十一年(1841)与唐鉴交往之后,其学术观点已经确定,其后虽有所调整变化,但大体不变,概括来说即是"以理学为核心、以汉学为补充,以辞章为手段,以经世为旨归"。或者用曾国藩的话来说,即是融"义理、考据、辞章、经济"为一体的内圣外王之学。这几个方面的内容,并非杂而无要,不分主次,而是理学才是其中的核心和主脑。曾氏学术固然不同于传统意义上的理学,但

---

① 钱穆:《中国近三百年学术史》,第652页。
② 萧一山:《曾国藩传》,第78页。
③ 余英时:《曾国藩与"士大夫之学"》,见《士与中国文化》,上海人民出版社2003年版,第590页。

说他是对传统理学的开新与发展也自无不可。曾国藩三十岁之后的学术大体仍在理学的樊篱之内。他重视考据、辞章、和经济,不过是为乾嘉以来已成颓势的理学振衰救弊以图再次复兴的手段。

第一节 曾国藩学术观的成因

道光二十一年(1841),曾国藩向唐鉴问学,唐鉴指点他为学要以程朱为宗,同时说学问之道有三:义理、考核、文章。唐鉴虽然认为考核之学"多求粗而遗精",但也没有否定其长。唐鉴的这些话,的确对于曾国藩的学术生命有再造之功。他终其一生的学术宗旨不外乎此框架。他此后的学术进程,先是从理学入手,以宋五子为宗旨,穷极性道之蕴。道光二十六年(1846)之后,又尽窥清初以来的考据学著作,并试图以考据为手段,作典雅之文章,以发挥理学之义理。对于经济(经世济民)之学,曾国藩会通典章经史、旁采杂学,留心现实,讲求致用。他的考据、辞章与经济之学,都是围绕"义理之学"(理学)进行展开和延伸的。

为更好地理解曾国藩学术,这里先简要介绍一下唐鉴的学术。前已提及,唐鉴是道光年间不顾众人讥笑坚定地提倡程朱理学的人物。论者多认为唐鉴是个拘守门户之见的腐儒,对他的《清学案小识》历来评价不高。实际上,唐鉴虽奉程朱派为正宗,但也不废其他学派之长,思想有一定的开放性和包容性。我们在前面已谈到,清初以来,理学不断遭到学者的批评,原因是多方面的,但最主要的还是理学被认为空疏而不能经世致用。唐鉴当然很清楚这一点,所以格外强调礼乐兵农、政事文章、法制度数都是儒者分内之事,并把这些内容归属到朱熹的思想体系中去。他说:"朱子曰:'盈天地间千条万绪,是多少人事! 圣人大成之地,千节万目是多少功夫!'惟当开拓心胸,大作基址,须万理明澈于胸中,此心与天地一体,然后可与语孔孟之乐,须明古法度,通于当今,而无不宜,然后为全儒,而可以语治平事业。"①唐鉴认为博物格致是程朱理学的应有之义,穷究万理是"万物皆备于我"的尽性践行之事,所以"朱子之博盖博于内而不博于外也"②,其意是说,圣贤博物是尽其天赋之性,使自己的天赋潜能发挥至极致,并非是为了外在的名利目的。

在这种思想的指导下,唐氏十分重视经世之学的考究。钱穆先生曾指出:"善化贺长龄与唐氏(鉴)相友善,倡为经世致用。邵阳魏默深(源)受知于安化陶澍,为贺长龄编辑《经世文编》。湘阴左宗棠亦客陶氏,相与缔姻;而胡林翼则陶氏之子婿也。善化又有孙鼎臣芝房,亦治经世学,为《刍论》,至以洪、杨之乱,归罪于乾、嘉之汉学。湖、湘之间讲学者一时风气如此,此又一派也。"③钱先生指出了唐鉴与嘉道之际经世学派的关系,为理解唐氏学术提供了一个很好的视角。众所周知,陶澍、贺长龄、魏源、包世臣等人是嘉道之际经世学派的代表人物,他们关心时事,对当时热点问题如盐政、漕运、治河、吏治、夷务等问题都提出不少改革方案。魏源等人编定的《皇朝经世文编》更是产生了较大的影响。考唐鉴的生平活动,他与陶澍、贺长龄等人关系密切,同属于理学经世派。早在嘉庆十四年(1809),唐氏中进士后,与陶澍同官翰林院、国史馆,二人关系甚密。陶氏官两江总督时,时唐鉴为江宁布政史;陶澍因病不能视事,唐氏曾一度"代使行院事"④。二人无论是为学、为政,观点都比较接近。陶澍与贺长龄的关系更为密切。道光五年至六年(1825～1826),二人同官江苏,时陶为江苏巡抚,贺为布政使,贺氏委托魏源编纂《皇朝经世文编》,陶氏予以大力支持。陶澍与贺长龄的弟弟贺熙龄还结为儿女亲家,而贺长龄与曾国藩又是儿女亲家(贺长龄的女儿嫁于曾国藩的长子曾纪泽),左宗棠与陶澍是儿女亲家,而胡林翼又是陶澍的女婿。这些人物共同的特点即是宗尚理学,并重视考究盐政、漕运、吏治、军事等经世学术。所以说唐鉴不仅是个理学家,而且也是与嘉道经

---

① 唐鉴:《清学案小识·叙》,第3页。
② 唐鉴:《清学案小识·叙》,第3页。
③ 钱穆:《中国近三百年学术史》,第636页。
④ 《唐确慎公墓志铭》,《曾国藩全集·诗文》,第317页。

世学派关系很大的一个人物。唐鉴有《朱子著作考异》、《省身日课》、《畿辅水利》、《读礼小记》、《学案小识》等著作。曾国藩即称颂其师"廿年深究齐民术,一卷新呈水利书"①。他对唐鉴留心经世、并在仕宦之余著有关于水利的著作表示钦佩。道光年间,曾国藩有诗《题唐镜海先生二图》,其中《十月戎行图》曰:

> 生世不能学夔皋,裁量帝载归甄陶。
> 犹当下同郭与李,手提两京还天子。
> 三年海国困长鲸,百万民膏馁封豕。
> 诸公密勿既不臧,吾徒迂疏尤可耻。
> 岱宗夫子唐太常,今日儒林有正轨。
> 宗传久已追濂伊,余事犹堪作滕起。②

其意是说,即使做不到像夔、皋那样的三代人物,也要学复兴唐室的郭子仪与李光弼,我们宗理学的人如果被人视为迂疏是最可耻的事;唐先生宗主濂(溪)、伊(洛),按照理学的说法,成就像孙膑、吴起那样的功业,不过只是圣贤之余事而已。二程曾说,成就功业对于圣贤来说"只是如太虚中一点浮云过目"。所谓道德囿于功名,则道德不宏;功名出于道德,而功名乃大,是理学家深信不疑的话。可见在唐鉴看来,理学并不等于空疏,应该有体有用,方是实学。国藩此诗颂扬其师唐鉴,不免虚誉;但颇能看出唐鉴理学经世之为学大旨,也反映了唐氏对曾国藩的影响。

《清学案小识》在体例编排上颇能反映唐鉴为学宗旨。此书分为"传道学案"、"翼道学案"、"守道学案"、"经学学案"和"心宗学案"。唐氏推清代程朱理学派如陆陇其、张履祥、陆世仪、张伯行为"传道学案"。除以传道、守道学案为正宗外,也不废其他学派之长。他把顾炎武、张尔岐、王夫之归为翼道学案,并且认为"翼道"也很重要。他说:"传道者少,未尝不为道忧,翼道者众,又未尝不为道喜。非翼道之重于传道也,翼之则道

---

① 《送唐镜海先生九首》,《曾国藩全集·诗文》,第94页。
② 《十月戎行图》,《曾国藩全集·诗文》,第45—46页。

不孤矣。道不孤,则乱道者不能夺其传矣。"①他对亭林、船山评价极高。赞颂顾炎武"明体达用,经世济人"②;评价王夫之"理究天人,事通今古,探道德性命之源,明得丧兴亡之故,流连颠沛而不违其仁,险阻艰难而不失其正。穷居四十余年,身足以砺金石,著书三百余卷,言足以名山川。遁迹自甘,立心恒苦,寄怀弥远,见性愈真,奸邪莫之能撄,渠逆莫之能慑,崎岖莫之能踬,空乏莫之能穷。先生之道,可以奋乎百世矣"③。评价非常之高。至于清代的考据学家,唐鉴亦认为他们大多于经学有功,有助圣道,其《清学案小识》惟"经学卷内斥西河不录,于恕谷、东原、绵庄诸子黜其妄作,而不没其所长"④。为什么不录毛西河(奇龄)呢?毛氏著《四书改错》,专门攻驳朱子,是许多汉学家推崇的人物,唐氏认为其无可取,故予摒弃不录。对颜李学派,唐鉴称赞他们"励实行,济实用,终身刻苦介然自成一家",认为他们"目击明季诸儒心学纵恣之失,故力矫其弊",但矫枉过正,对理学性命之说一并否定,唐氏认为未免有流弊。⑤对于戴震的哲学,唐鉴持否定态度,只肯定他的训诂考证。由是可知,唐鉴的学术思想是以程朱理学为核心,是以通经、修德和致用为半径,广泛吸取众家之长,向外扩展并收拢的一个学术体系,这对曾国藩三十岁以后治学方向和学术思想的形成产生了极大影响。曾氏十分推崇唐鉴的学术观,他在《书学案小识后》中说:"唐先生于是辑为此编,大率居敬而不偏于静,格物而不病于琐,力行而不迫于隘。三者交修,采择名言,略以此例。……若有嗜于此而取途焉,则且多其识,去其矜,无以闻道自标,无以方隅自囿。不惟口耳之求,而求自得焉,是则君子而已。"⑥这既是对唐氏学术思想的评价,也表明曾国藩学术致思和努力方向。相对而言,曾国藩在学术上比唐鉴更为开放。唐

---

① 唐鉴:《清学案小识·提要》,第1—2页。
② 唐鉴:《清学案小识》,第47页。
③ 唐鉴:《清学案小识》,第61页。
④ 沈维鐈:《清学案小识·序》,见唐鉴《清学案小识》,第3页。
⑤ 唐鉴:《清学案小识》,第452页。
⑥ 《书学案小识后》,《曾国藩全集·诗文》,第166页。

鉴攻击陆王心学不遗余力,曾国藩虽然也是以宋五子思想为核心和正宗,不赞成阳明心学,但他也肯定心学派的事功,较少持门户之见。关于这一点,我们将在后面论述。

唐鉴学术其实是桐城派的家法。唐氏提出以程朱理学统摄"义理、考核、辞章",此即姚鼐为学大旨。唐氏对待汉学的态度也颇与姚鼐相近。姚鼐并不否定考据的长处,但反对汉学家攻击程朱。姚鼐说,程朱解经"言或有失,吾岂必曲从之哉?程朱亦岂不欲后人为论而正之哉?正之可也,正之而诋毁之、讪笑之,是诋讪父师也"①。曾国藩既受唐鉴影响,也受启发于桐城派。他自言:"国藩之粗解文章,由姚先生启之也。"②其实不仅是写文章,而且在对汉宋学的态度上,曾氏与姚鼐也颇为接近。同治十年(1871),也就是在曾氏去世的前一年,国藩对友人吴敏树讥评姚鼐还颇不服气,写信给吴氏说:"(姚氏)《庄子章义序》、《礼笺序》、《复张君书》、《复庄松如书》(按:应为蒋松如)、《与孔㧑约论禘祭书》、《赠㧑约假归序》、《赠钱献之序》、《朱竹君传》、《仪郑堂记》、《南园诗存序》、《绵庄文集序》等篇,皆义精而词俊,夐绝尘表。"③曾国藩所欣赏的姚鼐这些文章,多是为批评汉学家而作的,如《复蒋松如书》、《赠钱献之序》等。姚鼐与曾国藩论汉宋学术的宗旨颇为接近,只不过曾氏态度更为平和一些。曾国藩是在桐城派"义理、考据、辞章"的基础上,又旗帜鲜明地提出经济之学,强调经世致用。这既是对乾嘉以来桐城宋学派的超越,也是理学受到长期围剿之后,进行自我调适以试图重新焕发生机的一种尝试。

第二节　汉宋之争中曾国藩的学术取向

曾国藩三十岁之前从事的是八股试贴、经史诗赋与文章之

---

① 姚鼐:《再复袁简斋书》,《惜抱轩诗文集》,清嘉庆十二年刻本。
② 《圣哲画像记》,《曾国藩全集·诗文》,第250页。
③ 《复吴敏树》,《曾国藩全集·书信》(十),第7495—7496页。

学;三十岁之后宗尚宋学,同时不废考据,广泛吸收百家杂学,并以经世致用为旨归,此其学术大要。在汉宋之争中,曾国藩持宋学立场,但并不否认汉学的长处,这个观念自从他师从唐鉴之后,终其一生并未改变。

前已提及,道光年间曾国藩等三数人跟随唐鉴学习理学时,当时汉学仍处于强势,治理学者辄被人笑讥唾辱。曾国藩《朱慎甫遗书序》云:

> 嘉道之际,学者承乾隆季年之流风,袭为一种破碎之学。辨物析名,梳文栉字,刺经典一二字,解说或至数千万言。繁称杂引,游衍而不得所归。张己伐物,专抵古人之隙。或取孔孟书中心性仁义之文,一切变更故训,而别创一义。群流和附,坚不可易。有宋诸儒周、程、张、朱之书,为世大诟。间有涉于其说者,则相与笑讥唾辱;以为彼博闻之不能,亦逃之性理空虚之域,以自盖其鄙陋不肖者而已矣。①

道光二十五年(1845),曾国藩作《乙巳正月二日作》,诗曰:

> 蹉跎三十五,闻道其既晚。
> 去日良已富,来程亮复远。
> 自从伊闽亡,大道闭玄楗。
> 有瞽不识珠,卖珠事骄蹇。
> 微数陈豆笾,小知辨蜓蝘。
> 迂腐讥渊骞,空疏讪商偃。
> 前者激波澜,后者恣斗狠。
> 大江日滔滔,众人死婉娩。
> 谁能抱孤芳,寂寥守旧畹?
> 通经不达时,失身下猪圈。
> ……
> 非仁不敢祖,非义岂当本!
> 所学诚流俗,攀跻但分刌。

---

① 《朱慎甫遗书序》,《曾国藩全集·诗文》,第222页。

>　　不挂高明眼,讥评肯少损!①

　　以上所引两段材料,既可以看出理学家处境之窘状,也可以看出曾国藩对理学批评者的对立和抵触情绪。他讽刺汉学家繁称杂引是呈"小知",是脱离实践的学问;只有宗尚洛闽之学,以义理淑身心,才能通经达时。值得注意的是,曾国藩也提到汉学家讥刺宋学"逃之性理空虚之域",不免空疏、迂腐。他虽然并不服气,但也不能不重视这些批评。

　　曾国藩认为学问之道,应有益于身心性命、拯世救时,故此他尤为推重义理之学。道光二十三年(1843),他在给诸弟的信中说:"读经以研寻义理为本,考据名物为末。……盖自西汉以至于今,识字之儒约有三途:曰义理之学,曰考据之学,曰词章之学。各执一途,互相诋毁。兄之私意,以为义理之学最大。义理明则躬行有要而经济有本。词章之学,亦所以发挥义理者也。考据之学,吾无取焉。此三途者,皆从事经史,各有门径。吾以为欲读经史,但当研究义理,则心一而不纷。……此皆守约之道,确乎不可易者也。"②从经史中获取义理,提升德性,指导躬行是最终目的。曾国藩认为那些考据家和文章家却是指筌为鱼,目蹄为兔,将考据、词章当成了最终目的。他说:

>　　今之君子之为学者,吾惑焉,耳无真受,众耳之所倾亦倾之;目无真悦,众目之所注亦注之。……为考据之说者曰:"古之人,古之人,如此则几,彼则否。"为词章之说者曰:"古之人,古之人,如此则几,彼则否。"起一强有力者之手口,群数十百人蚁而附之。朝记而暮诵,课迹而责音,竭己之耳目心思,以承奉人之意气。曾不数纪,风会一变,荡然澌灭。又将有他说者出,为群意气之所会,则又焦神悴力而趋之。钧是五官百骸也,不践圣人之形,而逐众人之好,疲一世以奔命于庸夫之毁誉,竟死而不悔,可谓大愚不灵者也。③

---

① 《乙巳正月二日作》,《曾国藩全集·诗文》,第17页。
② 《曾国藩全集·家书》(一),第55页。
③ 《送刘君椒云南归序》,《曾国藩全集·诗文》,第194—195页。

理学是学圣人的学问,尤其重视儒家道德的实践性。曾国藩反对耳无真受、目无真悦,追逐流俗为众人之虚誉而竞奔的学风。他写诗讽刺那些疲神于文章之学的友朋辈:

> 男儿读书良不恶,乃用文章自束缚。
> 何(子贞)吴(南屏)朱(伯韩)邵(惠西)不知羞,排日肝肾困锤凿。
> 河西别驾酸到骨,昨者立谈三距跃。
> 老汤(海秋)语言更支离,万兀千摇仍述作。
> 丈夫求志动渭莘,虫鱼篆刻安足尘?
> 贾马杜韩无一用,岂况吾辈轻薄人!①

他甚至认为:"文章事微薄,在物未为珍。秋毫较得失,老死相断断。从今溯根本,破砚吾欲焚。"②"文章不是救时物,扬雄司马乌足骄!男儿万事须尝胆,讵肯侥幸呼卢枭!"③

上述这些偏激的话,并不表明曾国藩彻底否定了考据和文章之学,他只不过反对把考据和作文本身当成终极目的,从而忽视义理之学及其实践。这与程朱精神相通。朱子《近思录》云:"明道先生以记诵博识为玩物丧志。"④程颐说:"不求诸己而求诸外,以博闻强记、巧文丽辞为工,荣华其言,鲜有至于道者。"⑤又说:"古之学者为己,欲得之于己也;今之学者为人,欲见知于人也。……经所以载道也,诵其言辞,解其训诂,而不及道,乃无用之糟粕耳。"⑥二程甚至认为作文害道,是"玩物丧志"⑦。二程这些观点曾招致后人不少批评。其实程朱意在纠汉唐章句儒的流弊,是对通经、修德、致用分裂的批评,并不是否定博览通识与作文。因为说了上述的话后,二程又说:"常爱杜元凯语:'若江海之浸,膏泽之润,涣然冰释,怡然理顺,然后

---

① 《感春六首》,《曾国藩全集·诗文》,第47页。
② 《送黎樾乔侍御南归六首》,《曾国藩全集·诗文》,第27页。
③ 《酬李生三首》,《曾国藩全集·诗文》,第61页。
④ 朱熹、吕祖谦编,严佐之导读:《朱子近思录》,第41页。
⑤ 朱熹、吕祖谦编,严佐之导读:《朱子近思录》,第37页。
⑥ 朱熹、吕祖谦编,严佐之导读:《朱子近思录》,第40页。
⑦ 朱熹、吕祖谦编,严佐之导读:《朱子近思录》,第44页。

为得也。'"①"如读《论语》,旧时未读是这个人,及读了后来,又只是这个人,便是不曾读也"②。读经之后,如同变了一个人,这才是正确的治学方法。至于作文害道,则是因为"不专意则不工,若专意,则志局于此。……吕与叔有诗云:学如元凯方成癖,文似相如始类俳。……既务悦人,非俳优而何?……人见《六经》,便以谓圣人亦作文,不知圣人亦摅发胸中所蕴,自成文耳。所谓有德者必有言也"③。总之,程朱推理之学与道德实践为第一义;训诂、文章并非不重要,毕竟属于第二义。可见,曾国藩反对乾嘉以来的学风,倡导义理之学与经世致用,这与程朱的精神气质是一致的。

余英时认为,道光二十六年(1846)以前,曾国藩受唐鉴的影响鄙视汉学;之后又受到刘传莹的影响改变了"考据之学,吾无取焉"的态度。事实上,唐鉴并没有轻视汉学,只要看他的《清学案小识》中的《经学学案》,便知他对汉学家的治学路数有相当的了解。他只不过把考据视为第二义,而且反对汉学家攻击宋儒。唐氏这个观点至少在道光二十一年(1841)已影响了曾国藩。曾氏反对记诵博识,是激于当时通经、修德、致用相脱离的学风而言。道光二十三年(1843),国藩致信其三弟曾国华说:"来信又驳我前书,谓必须博雅有才,而后可明理有用。所见极是。兄前书之意,盖以躬行为重……以为博雅不足贵,惟明理者乃为有用,特其立论过激耳。"④国藩受唐鉴的影响,认为钩研训诂、实事求是乃程朱理学的应有之义。他在道光二十五年(1845)所作的《书学案小识后》中说:

> 近世乾嘉之间,诸儒务为浩博。惠定宇、戴东原之流钩研诂训,本河间献王实事求是之旨,薄宋贤为空疏。夫所谓事者,非物乎?是者,非理乎?实事求是,非即朱子所称即物穷理乎?名目即高,诋毁日月,亦变而生蔽者也。别有颜习斋、李恕谷氏之学,忍嗜

---

① 朱熹、吕祖谦编,严佐之导读:《朱子近思录》,第43页。
② 朱熹、吕祖谦编,严佐之导读:《朱子近思录》,第55页。
③ 朱熹、吕祖谦编,严佐之导读:《朱子近思录》,第44页。
④ 《曾国藩全集·家书》(一),第56页。

欲,苦筋骨,力勤于见迹,等于许行之并耕,病宋贤为无用。又一蔽也。……由后之二蔽,矫王氏而过于正,是因噎废食之类矣。①

曾国藩认为惠栋、戴震钩研故训即是朱子的"即物穷理"应有之义,这与章学诚将阎若璩等汉学家视为朱子第五代传人的看法颇为近似。值得注意的是,曾国藩将惠、戴、颜、李学术视为矫王学之蔽,也就是说空疏与脱离实践是王学的流弊,因此而一并否定程朱,则是变而生弊,因噎废食。曾国藩对学术流变有每变一弊必生一弊的看法,但来自理学对立面的批评的确让他保持着对理学家学问空疏与脱离实践等弊病的警惕。

黎庶昌《曾文正公年谱》记载:"道光二十六年丙午(1846),公三十六岁。……夏秋之交,公病肺热,僦居城南报国寺,闭目静坐,携金坛段氏所注《说文解字》一书,以供披览。汉阳刘公传莹,精考据之学,好为深沉之思,与公尤莫逆,每从于寺舍,兀坐相对竟日。刘公谓近代儒者崇尚考据,敝精神费日力而无当于身心,恒以详说反约之旨交相勖勉。"②论者每每根据这段材料认为曾国藩此后受刘传莹的影响改变了对汉学的看法。其实曾国藩对汉学的看法并没有变,他仍是把汉学视为第二义,考据只不过是辅助义理的必备手段。《年谱》又说:"公(曾国藩)尝谓近世为学者不以身心切近为务,恒视一切风尚以为程而趋之,不数年风尚稍变,又弃其所业以趋于新。如汉学、宋学、词章、经济以及一技一艺之流,皆各有门户,更迭为盛衰,其原皆圣道所存,苟一念希天下之誉、校没世之名,则适以自丧其守,为害于世。公与刘公传莹讨论务本之学而规切友朋,劝诫后进,一以此意为兢兢焉。"③由这段材料可知,曾国藩学术气象较为博大,视汉学、宋学、词章、经济及一切杂学都为圣道所存,但最为根本的仍是身心性命之学。与其说刘传莹改变了曾国藩,不如说曾氏改变了刘传莹。国藩这年作诗赠刘传莹说:

---

① 《书学案小识后》,《曾国藩全集·诗文》,第166页。
② 黎庶昌:《曾文正公年谱》,第24页。
③ 黎庶昌:《曾文正公年谱》,第25页。

> 去年肺热苦呻吟,今年耳聋百不闻。
> 吾生卅六未全老,蒲柳已与西风邻。
> 念我识字殊珍少,浅思讵足燔精神!
> ……
> 段生晚出吾最许,势与二徐争嶙岣。
> 惜哉数子琢肝肾,凿破醇古趋嚚嚚。
> 书史不是养生物,雕镌例少牢强身。
> 我今日饮婆娑尚不乐,嗟尔皓首鱼虫人。①

对那些一味雕肝琢肾、疲精废力、皓首考据的人物,曾国藩简直是抱着怜悯的态度了。

曾国藩后来为刘传莹作的墓志铭,颇能透露出国藩改变刘氏治学方向的消息。其文曰:

> 君之为学,其初熟于德清胡渭、太原阎若璩二家之书,笃嗜若渴,治之三反。既与当世多闻长者游,益尽窥国朝六七巨儒之绪。所谓方舆、六书、九数之学,及古号能文诗者之法,皆已窥得要领。采名人之长义与己所考证,杂载于书册之眉,旁求秘本钩校,朱墨并下,达旦不休。久之,稍损心气。又再丧妇,遂疾作,不良食饮。君自伤年少羸弱,又所业繁杂,无当于身心,发愤叹曰:"凡吾所谓学者,何为也哉? 舍孝弟取与之不讲,而旁骛琐琐,不以慎乎?"于是痛革故常,取濂、洛以下切己之说,以意时其离合而反复之。先是君官国子监学正,薄有禄入,而妇翁邓氏资之数千金,岁益饶给。至是尽反金邓氏,而移疾罢官,将家居食力以为养。盖浩然自得以归……尝语国藩:"没世之名不足较,君子之学,务本焉而已。吾与子敝精于雠校,费日力于文辞,以中材而谋兼人之业,徼幸于身后不知谁何者之誉。自今以往,可一切罢弃,各敦内行。没齿无闻,而誓不复悔。"国藩敬诺。其后君归,果黾

---

① 《丙午初冬寓居报国寺赋诗五首》,《曾国藩全集·诗文》,第 60 页。

勉孝恭,族党大悦。①

曾国藩虽没有标榜自己改变了刘氏的学术路向,但刘传莹受他的影响是很明显的。

曾国藩认为读经的目的是让人尊德性、促躬行,而不少汉学家却本末倒置,将学问本身当成了目的。他们钩研训诂,苦作不息,穷年殚日,悴力敝身,多是为了争名好胜,不是自我受用的为己之学。道光三十年(1850)他在给友人的信中说:

> 盖君子之学道,尤病于近名。人禀气于天地,受形于父母,苟官骸得职,作事有伦,虽一字不识,阒寂无闻,于我无损也。虽著述万卷,誉满天下,于我无加也……德性未尊,则问学适以助长;德性既尊,然后吾之知识少焉不足耻,多焉而不足矜。周公之材艺,孔子之多能,吾不如彼,非吾疚也;若践形尽性,彼之所禀,吾亦禀焉。一息尚存,不敢不勉。是以迩日业术虽无寸进,而心志大定,寤寐安恬。②

这是曾国藩以理学定心志的夫子自道。有了这种心志大定的心态,即使如汉学家的博识考据,也值得一做,因为这亦是格物致知、践形尽性之所需,只不过不把此类学问看得多么了不起罢了。因此,曾国藩自己对考据学也下了一番工夫,同时,对那些心平气和、不攻击宋儒的汉学家颇为欣赏。他为汉学家张皋闻的文集作过一篇序,其中说:

> 自考据家之道既昌,说经者专宗汉儒,厌薄宋世义理、心性等语,甚者诋毁洛闽,披索疵瑕。枝之蒐而忘其本,流之逐而遗其源。临文则繁称博引,考一字,辨一物,累数千万言不能休,名曰汉学。前者自矜创获,后者附合偏诐而不知返,君子病之。先生(张皋闻)求阴阳消息于《易》虞氏,求前圣制作于《礼》郑氏,辨《说文》之谐声,剖晰毫芒,固亦循汉学之轨辙。而

---

① 《国子监学正汉阳刘君墓志铭》,《曾国藩全集·诗文》,第210页。
② 《答冯卓怀》,《曾国藩全集·书信》(一),第66—67页。

> 虚衷情研究,绝无陵驾先贤之意萌于至隐;文辞温润,亦无考证辨驳之风。尽取古人之长,而退然若无一长可恃。①

由是可知,曾国藩并非是排斥考据,而是反对为考据而考据,更反对辩驳攻难、陵驾宋儒的风气。这与唐鉴、姚鼐的观点是一致的。

尽管曾国藩声称"于汉宋二家构讼之端,皆不能左袒"②,对当时的理学人物也时有微词,而且自称"不以闻道自标",也就是说不以理学家自居;但总起来看他持宋学立场并没有改变。同治元年(1862),他与人论学时说"国藩一宗宋儒,不废汉学"③。时年他五十一岁,首次这么明确地揭橥其为学大旨。晚年他在直隶总督任上作《劝学篇示直隶士子》,认为"义理之学"即"今世目为宋学者也","苟通义理之学,而经济该乎其中矣"。此文还说程朱诸子并没有"舍末而言本、遗新民而专事明德",并认为"择其切于吾身心不可造次离者,则莫急于义理之学"④。由是可知宋学在他心目中的分量。

第三节 曾国藩对理学的反思

乾嘉以来,理学受到学者的大肆抨击,并逐渐被汉学所取代,有其内在的理路和历史的合理性。清初以来,不少学者鉴于明亡的教训,纷纷批评理学的空疏无用,主张以汉唐的经学取代宋学;同时理学严苛的理欲之辨,也因其不近人情导致如戴震等学者的反感,其后汉学家无不讥讽理学。概括起来,汉学家认为理学之弊有三:一是理学杂糅释老,造成或不近人情,或遁入玄虚不能致用;二是理学家解经多臆断,学问空疏,背离

---

① 《重刻茗柯文编序》,《曾国藩全集·诗文》,第 323 页。
② 《致刘蓉》,《曾国藩全集·书信》(一),第 8 页。
③ 《复夏教授》,《曾国藩全集·书信》(五),第 3467 页。
④ 参见《劝学篇示直隶士子》,《曾国藩全集·诗文》,第 442 页。

了经学的原意;三是理学家内部相互争吵,或是朱非陆,或是陆非朱,莫衷一是。汉学家阮元说:"两汉经学所以当尊行者,为其去圣贤最近,而二氏之说尚未起也。"①他认为两汉经学不杂释老,最合圣人的原意。汉学家江藩认为:

> 汉兴,儒生捃摭群籍于火烬之余,传遗经于既绝之后,厥功伟哉!东京高密郑君集其大成,肄故训,究礼乐。以故训通圣人之言,而正心诚意之学自明矣;以礼乐为教化之本,而修齐治平之道自成矣。……然而为宋学者,不第攻汉儒而已也,抑且同室操戈矣。为朱子之学者攻陆子,为陆子之学者攻朱子。至明姚江之学兴,尊陆卑朱,天下士翕然从风。……陆子一传为慈湖杨氏,其言颇杂禅理,于是学者乘隙攻之,遂集矢于象山。讵知朱子之言又何尝不近于禅耶?盖析理至微,其言必至涉于虚而无涯涘。……有明儒生,龂龂辩论朱、陆、王三家异同,甚无谓也。②

在这里,江藩表彰了汉学,认为只有汉学才是真正的修齐治平之学,而理学家学问空疏,迂腐无用,不仅攻击汉儒,而且同室操戈,程朱陆王各派相互吵架,甚是可笑。

曾国藩并不同意汉学家的意见,认为宋学才得孔孟之真传。他说:

> 仲尼既没,徒人分布四方,转相流衍。吾家宗圣公传之子思、孟子,号为正宗。其他或离道而专趋于艺,商瞿授《易》于馯臂子弓,五传而为汉之田何。子夏之《诗》,五传而至孙卿,其后为鲁申培。左氏受《春秋》,八传而至张苍。是以两汉经生,各有渊源。源远流歧,所得渐纤,道亦少裂焉。有宋程子、朱子出,绍孔氏之绝学,门徒之繁拟于邹鲁。反之躬行实践,以

---

① 阮元:《国朝汉学师承记序》,见钱仲书主编、朱维铮导读《汉学师承记》(外二种),第3页。

② 江藩:《国朝宋学渊源记》卷上,见钱仲书主编、朱维铮导读《汉学师承记》(外二种),第186—187页。

> 究群经要旨,博求万物之理,以尊闻而行知,数千百
> 人,粲乎彬彬。故言艺则汉师为勤,言道则宋师为大,
> 其说允已。①

即是说,汉学为艺,各有门户,所得只是孔子的枝叶,惟宋学得孔道之大。他认为程朱之道即是孔孟之道,反对汉学家排击程朱。他又说:"窃尝究观夫圣人之道,如此其大也。而历世令辟与知言之君子,必奉程朱氏为归。岂私好相承以然哉?彼其躬行良不可及,而其释经之书,合于天下之公,而近于仲尼之本旨者,亦且独多。诚不能违人心之同然,遽易一说以排之也。"②他奉程朱为孔门正宗是十分明确的。

但是,渴望经世致用的曾国藩毕竟不是拘守门户之见的腐儒。他学识渊博,对学术史的流变也十分熟悉。他有奇偶互用、对立统一的辩证思想,认为学术史的发展也是"变一说则生一蔽"③,对各家各派的利弊可以说了然于心。尽管他推尊宋学,但来自对立面汉学家对理学的批评却不能不引起他的重视,并注意从反面吸取教训,吸收各家各派之长,以期给陷入僵化、陈腐的理学振衰起弊,试图重新焕发其生机和活力。具体做法:一是将汉学家实事求是的治学方法纳入朱子的思想体系,吸取汉学家训诂之长,以补理学空疏之病;二是重视史学、旁采百家,强化理学的经世功能,以救理学家迂腐无用之弊;三是会通理、礼,为汉学家的"礼学"寻找宋学根据;四是以濂、洛、关、闽所谓宋五子书为宗尚,同时不废陆、王等其他各派之长,消融理学家内部的门户之争。上述几点,是曾国藩鉴于清初以来理学不断遭受批评并被学界主流所唾弃而作出深刻反思的结果。他试图重新整合思想资源,恢复并张大理学所固有的通经、修德和致用功能。前几个方面我们将其放在后面论述,这里只讨论曾国藩对理学门户之见的反思。

曾国藩在《汉阳刘君家传》中说:"自乾隆中叶以来,世有所谓汉学云者,起自一二博闻之士,稽核名物,颇拾先贤之遗而补

---

① 《送唐先生南归序》,《曾国藩全集·诗文》,第 167 页。
② 《汉阳刘君家传》,《曾国藩全集·诗文》,第 212 页。
③ 《书学案小识后》,《曾国藩全集·诗文》,第 165 页。

其阙。久之风气日敝，学者渐以非毁宋儒为能，至取孔孟书中心性仁义之字，一切变更旧训，以与朱子相攻难。附合者既不一察，而矫之者恶其恣睢，因并蔑其稽核之长，而授人以诟病之柄。"①这段话说明什么问题呢？一是说明曾国藩是站在宋学立场上的，反对汉学家非毁宋儒；二是说明曾国藩对汉宋之争中宋学一派因厌恶汉学一并否定其考据之长的做法也表示不满，因为这样做徒授人以柄，被人讥笑为空疏不实。正确的做法是吸收对立面的长处，让人无话可说。汉学家讥笑理学家内部有门户分歧，整天吵得不可开交，这也引起了曾国藩的注意，他是怎样处理这个问题的呢？

在理学内部程朱派与陆王派的门户分歧中，曾国藩是程朱派的信徒，他并不赞成陆王心学。他在《书学案小识后》中说：

> 天生斯民，予以健顺五常之性，岂以自淑而已，将使育民淑世而弥缝天地之缺憾。其于天下之物，无所不当究。二仪之奠，日月星辰之纪，氓庶之生成，鬼神之情状，草木鸟兽之咸若，洒扫应对进退之琐，皆吾性分之所有事。……盖欲完吾性分之一源，则当明凡物万殊之等；欲悉万殊之等，则莫若即物穷理。……自陆象山氏以本心为训，而明之余姚王氏乃颇遥承其绪。其说主于良知，谓吾心自有天，则不当支离而求诸事物。夫天则诚是也。目巧所至，不继之以规矩准绳，遂可据乎？且以舜、周公、孔子、颜、孟之知如彼，而犹好问好察，夜以继日，好古敏求，博文而集义之勤如此，况以中人之质，而重物欲之累，而谓念念不过乎则，其能无少诬耶？自是以后，沿其流者百辈。间有豪杰之士思有以救其偏，变一说则生一蔽。②

曾国藩认为程朱派的即物穷理是孔孟之正轨，而陆、王信任本心和良知的修行方式，则容易使后学荡闲防检，最后逸出礼法规矩。这种看法其实是明末以来程朱派理学家之通识，并

---

① 《汉阳刘君家传》，《曾国藩全集·诗文》，第212页。
② 《书学案小识后》，《曾国藩全集·诗文》，第165—166。

无新鲜之处。由此观念出发,曾国藩推尊清代程朱派或接近程朱派的学者为学术正统。他认为:"平湖陆子(陇其),桐乡张子(履祥),辟詖辞而反经,确乎其不可拔。陆桴亭(世仪)、顾亭林(炎武)之徒,博大精微,体用兼该。其他巨公硕学,项领相望,二百年来,大小醇疵,区以别矣。"① 陆陇其、张履祥是坚定的程朱派理学家,陆世仪与顾炎武学术不以方隅自囿,但比较倾向于程朱。所以曾国藩对这些人物十分肯定。总起来说他以程朱为学术正宗的理念直到其晚年并未改变。例如,同治三年(1864)十月廿九日曾国藩日记云:"夜阅罗罗山《人极衍义》、《姚江学辨》等书,服其见理甚真,所志甚大,信为吾乡豪杰之士。"② 罗泽南是个执著的程朱信徒,排击王学甚力,曾氏对其学说十分钦佩,说明他也并不欣赏王学。同治十年(1871)五月十七日,曾氏阅读孙奇逢《理学宗传》,认为其"偏于陆王之途,去洛闽甚远也"③。总之,自从曾国藩师从唐鉴后,他对于程朱的信仰并没有改变过。

然而为什么曾国藩又说"程朱指示之语,或失则隘";"惟周子之《通书》,张子之《正蒙》,醇厚正大,邈焉寡俦"呢?④ 这句话引起后世学者对曾氏思想理解上的歧义。如冯友兰先生认为,曾国藩的思想有两个发展阶段,由信奉程朱的理学最后发展到信奉张载、王夫之的气学。在我看来,从哲学思想上看,曾国藩对宋五子之学并没有厚此抑彼的意思,他重视张载和王夫之,主要是取其礼学及其经世思想,这一点我们将在后面论述。如前所述,终曾国藩一生,他并没有改变对程朱的信仰,那么这个"失"与"隘"表现在哪些地方呢?检索《曾国藩全集》,曾氏不满程朱的地方,除了不完全同意程朱对文、道关系的看法外,⑤再一个就是认为程朱门户太严,对儒门人物持论过苛。二程讥苏

---

① 《书学案小识后》,《曾国藩全集·诗文》,第 166 页。
② 《曾国藩全集·日记》(二),第 1072 页。
③ 《曾国藩全集·日记》(三),第 1861 页。
④ 《致刘蓉》,《曾国藩全集·书信》,第 6 页。
⑤ 在文道关系的处理上,程朱提倡以文载道,而曾国藩除了认可这个说法外,同时还认为道与文有时"竟不能不离而为二"。参见《致刘蓉》,《曾国藩全集·书信》(一),第 612 页。

轼、王安石等人,朱熹讥韩愈、欧阳修、苏轼、王安石、陆象山、永嘉学派诸人,这在曾国藩看来,似乎缺乏一种包容与涵浑的气量。如他在给刘蓉的信中说:

> 国藩窃维(谓)道与文之轻重,纷纷无有定说久矣。朱子《读唐志》谓欧阳公但知政事与礼乐不可不合而为一,而不知道德与文章尤不可分而为二,其讥韩、欧裂道与文以为两物,措辞甚峻。而欧阳公《送徐无党序》亦以修之于身、施之于事、见之于言分为三途:其云修之于身者,即孙叔豹所谓"立德"也;施之事、见之言者,即豹之所谓"立功"、"立言"也。欧公之意盖深慕立德之徒,而鄙功与言为不足贵,且谓勤一世以尽心于文字者皆为可悲,与朱子讥韩公先文后道,讥永嘉之学偏重事功,盖未尝不先后相符。朱子作《唐志》时岂忘欧公《送徐无党》之说? 奚病之若是哉?①

这段话的意思其实是不满朱子讥评古文家。曾国藩对唐宋古文八大家甚是推崇,认为他们并非是如朱子所讥见道浅的人。曾氏平定太平天国后,有人将他与黄庭坚相比,他回信作答说:

> 承惠书以鄙人与涪翁相提并论,此何敢当? 宋代文人如欧、苏、曾、黄诸公,皆以大儒之学术,兼名世之襟度,岂区区所能攀跻? 若谓下走遭逢际会,得与平寇之役,则彼数君子者特未遇其时,得一藉手耳。假令秉斧钺之任,成李、郭之勋,在数君子视之,固当如蚊虻鹳雀之过乎前,曾不置有无于胸中。弟无数君子之学识,而颇愿师其襟怀。②

这恐怕不仅仅是谦虚,类似的言论还有许多。曾氏的确认为欧、苏、曾、黄诸人道德蕴蓄甚深,是知大本大原有识见的人

---

① 《致刘蓉》,《曾国藩全集·书信》(十),第 7035 页。
② 《加冯志沂片》,《曾国藩全集·书信》(七),第 4616 页。

物,只不过未遇其时,仅以文名传耳。因此我认为曾国藩评价说"程朱指示之语,或失则隘"并非是指其哲学思想体系,而是指程朱论学过于严苛,致使后学拘守者容易四处招怨,动成龃龉,不利于求同存异和团结儒门大多数。因为这对于经世来说毕竟是不利的。

曾国藩通过对理学的反思,对理学内部势同水火的门户纷争提出了批评。最突出的表现是作于同治元年(1862)的《复夏教授》一文中。此文颇长,为更好地说明问题,我们不妨抄录如下:

> 孔孟之学,至宋大明。然诸儒互有异同,不能屏绝门户之见。朱子五十九岁与陆子论无极不和,遂成冰炭,诋陆子为顿悟,陆子亦诋朱子为支离。其实无极矛盾,在字句毫厘之间,可以勿辨。两先生全书具在,朱子主道问学,何尝不洞达本原?陆子主尊德性,何尝不实征践履?姚江宗陆,当湖(陆陇其)宗朱。而当湖排击姚江,不遗余力,凡泾阳(顾宪成)、景逸(高攀龙)、黎洲(黄宗羲)、苏门(孙奇逢)诸先生近姚江者,皆遍撼其疵痏无完肤,独心折于汤雎州(斌)。雎州尝称姚江致良知,犹孟子道性善,苦心牖世,正学始明。特其门徒龙溪(王畿)狂谈,艮斋(王艮)邪说,洸洋放肆,殃及师门,而罗近溪(汝芳)、周海门踵之。……姚江门人,勋业如徐文贞、李襄敏、魏庄靖、郭青螺诸公,风节如陈明水、舒文节、刘晴川、赵忠毅、周恭节、邹忠介诸公,清修如邓文洁、张阳和、杨复所、邓潜谷、万思默诸公,皆由"致良知"三字成德发名者。雎州(汤斌)致书稼书,亦微规攻击姚江之过,而于上孙微君钟元先生书及墓志铭,则中心悦服于姚江者至矣。盖苏门学姚江,雎州又学苏门者也。当湖学派极正,而象山、姚江亦江河不废之流,苏门则慎独为功,雎州接其传,二曲则反身为学,雩鄠存其录皆在合于尼山赞易损益之指。明儒之不善学姚江而祸人者,莫如"以惩忿窒欲为下乘,以迁善改过为妄萌"二语,人

之放心,岂有底止乎?①

这段话乍看起来与江藩讽刺理学家相互争吵极为相似,但其实本质是不同的。这段话有几层意思:一是推尊当湖学派"极正","当湖"是指陆陇其,他是清初极端固守程朱门户的理学家,推尊陆陇其就等于推尊程朱;二是认为王学不免有流弊,因此其门徒"洸洋放肆,殃及师门"也是有原因的;三是说陆王也是孔门大儒,不应对其否定,其后学也有或建功立业、或忠节清修之人;四是批评朱、陆互诋,认为朱、陆关于"无极"看法的分歧,可以存异,无须争执不休。陆陇其不遗余力地抨击王学并且抨击顾宪成、高攀龙、黄宗羲、孙奇逢等接近王学的学者,对这种偏激的卫道做法,曾国藩也并不以为然。综上述四点,便知曾国藩的意见是,学者尽管可以坚守自己崇尚的程朱理学,但不一定要去指责别人,只要对方还在孔门之内,就要从大处着眼,看人家的长处,反对门户争执和对立。这仍是他以程朱理学为核心不废其他派别之长的一贯思想。

曾国藩在对待王学的态度上表现了与其师唐鉴的较大差异。唐氏批评姚江不遗余力,认为王学比汉学的危害性更大。他在《学案小识》中的《叙》及《提要》中花了较大的篇幅抨击王学,并将"心宗学案"列至全书的最后。曾国藩显然很清楚理学内部的纷争是招致汉学家批评的一个重要原因,尽管他也并不同意王学的说法,但他认为可以存异勿论,无须强辨。对于阳明的事功他是持充分肯定态度的。他说:

> 大率明代论学,每尚空谈,惟阳明能发为事功,乃为后儒掊击,不遗余力。阳明与朱子指趣本异,乃取朱子语之相近者,攀附以为与己同符,指为晚年定论。整庵(罗钦顺)、高林杨园(张履祥)、白田(王懋竑)诸公尽发其覆,诚亦不无可议,乃并其功业而亦议之,且谓明季流寇祸始于王学之淫波,岂其然哉!彼一是非,此一是非,天下之无定论久矣。②

---

① 《复夏教授》,《曾国藩全集·书信》(五),第3466—3477页。
② 《复朱兰》,《曾国藩全集·书信》(八),第5875—5876页。

曾国藩认为，论者把明朝的覆亡归罪于王学，这有些言过其实。这个见解不仅不同于清代一般程朱派的说法，而且与清初诸大儒的说法也不尽相同。这个观点是否持平，姑且不论，但至少说明曾国藩的学术气量的确颇为宏阔。虽然他是一个宗程朱的人，但他认为无论心学也好，汉学也罢，只要功、德、言与圣门无碍，皆可以一致而百虑，殊途而同归。

在这种思想的指导下，曾国藩知人论世，往往能跨越学派门户，综合名实，将对人的评价与其学术主张区别开来。道光二十三年(1843)二月初四日，唐鉴告诉曾国藩："国朝大儒，惟张扬园(履祥)、陆稼书(陇其)两先生最为正大笃实，虽汤文正(斌)犹或少逊，李厚庵(光地)、方望溪(苞)文章究优于德行。"① 看来曾氏是认可这个说法的。咸丰十一年(1861)，曾国荃致信其兄，欲将李光地、方苞"奏请从祀"文庙，曾国藩表示不同意，回信说，"从祀"应先从顾亭林、王怀祖(念孙)、陈文恭(宏谋)三先生始，"李厚庵与方望溪，不得不置之后图"②。顾炎武气节学问为清代学人普遍推重；王念孙虽治训诂考据，但他刚方立朝，"首劾大学士和珅"③，风节极峻；陈宏谋是"以诚一不欺为主，不尚空谈、不取辨论"的理学实践家。④ 而李厚庵与方望溪虽然是程朱门户中人，但光地为人，历来多被人非议，而望溪也是"文章优于德行"，不免有可议之处。所以曾国藩欲将他们置之后图。但是这并不表明曾氏不认可李光地与方苞学术。曾国藩晚年依然评价方苞"不愧为一代大儒，虽乾嘉以来汉学家百方攻击，曾无损于毫末"⑤。这说明一个问题，曾国藩在学术的纷争中，尽管他自己也有门户，以濂、洛、关、闽宋五子之学为宗，但他不以门户自囿，反对理学内部相互争吵，论人以通经、修德、致用为标准，对心学与汉学的长处一并肯定之。这种认识是他为了增强理学的免疫力和生命力而对理学门户纷争作出

---

① 《曾国藩全集·日记》(一)，第156页。
② 《曾国藩全集·家书》(一)，第749页。
③ 《清史稿·列传·儒林二》，第13211页。
④ 唐鉴：《清学案小识》卷五，第140页。
⑤ 《曾国藩全集·诗文》，第560页。

深刻反思并进行自我学术调适的结果。

第四节　曾国藩对汉学的认识

前文已提及,曾国藩把考据学视为第二义,他认为义理之学(宋学)才是根本。在他看来,德性既尊、洞达天人、知大本大源后,虽著述万卷于我无加焉,虽一卷不著于我无损焉。因为读经、做学问的目的最终在于明明德、亲民和止于至善,是道德实践的学问。但是他并不因此而否定汉学的长处。他认为汉学的实事求是乃即朱子所谓格物致知,所谓一物不知,即是吾性之未尽,道问学乃程朱应有之义。故此他又十分重视考据学,用功甚勤。翻检《曾国藩日记》我们可知他对清初以来汉学家的著作可谓是书无所不窥。咸丰九年(1859),他指导儿子曾纪泽读书时说:

> 学问之途,自汉至唐,风气略同;自宋至明,风气略同;国朝又自成一种风气,此尤著者,不过顾(亭林)、阎(百诗)、戴(东原)、江(慎修)、钱(辛楣)、秦(味经)、段(懋堂)、王(怀祖)数人,而风会所扇,群彦云兴。尔有志读书,不必别标汉学之名目,而不可不一窥数君子之门径。①

此即是说要熟悉汉学家治学之门径,而不必别标汉学名目,陷入门户之争中去。他对考据学中的一些公案也颇为熟悉,认为这是考据学的常识,不可不知。他告诉纪泽:

> 我朝儒者,如阎百诗、姚姬传诸公皆辨别古文《尚书》之伪。孔安国之传,亦伪作也……至东晋梅赜始献古文《尚书》并孔安国传,自六朝唐宋以来承之,即今通行之本也。自吴才老及朱子、梅鼎祚、归震川,皆疑其为伪。至阎百诗遂专著一书以痛辨之,名曰《疏

---

① 《曾国藩全集·家书》(一),第477页。

证》。自是辨之者数十家,人人皆称伪古文、伪孔氏也。《日知录》中略有其原委。王西庄、孙渊如、江艮庭三家皆详言之(《皇清经解》中皆有江书,不足观)。此《六经》中一大案,不可不知也。①

其中特别提到朱子、姚鼐也辨古文《尚书》之伪,也就是说,无论汉学、宋学,考据、训诂、辨伪的功夫都是不可少的。

曾国藩重视汉学,除了从哲学的观点认为道问学乃儒者应有之义外,还基于如下考虑:

其一、明小学是读周汉古书的津梁。曾国藩说:"欲读周汉古书,非明于小学无可问津。"②基于这种认识,他充分肯定清代汉学家的稽核之长:"惟校雠之学,我朝独为卓绝。乾嘉间巨儒辈出,讲求音声故训校勘,疑误冰解的破,度越前世矣。"③清代小学家的著作汗牛充栋,曾国藩举其要者认为:

> 小学凡三大宗。言字形者,以《说文》为宗。古书惟大小徐二本,至本朝而段氏特开生面,而钱坫、王筠、桂馥之作亦可参观。言训诂者,以《尔雅》为宗。古书惟郭注邢疏,至本朝而邵二云之《尔雅正义》、王怀祖之《广雅疏证》、郝兰皋之《尔雅义疏》,皆称不朽之作。言音韵者,以《唐韵》为宗,古书惟《广韵》、《集韵》,至本朝而顾氏《音学五书》乃为不刊之典,而江(慎修)、戴(东原)、段(茂堂)、王(怀祖)、孔(巽轩)、江(晋三)诸作,亦可参观。④

他把自己的这个读书经验告知儿子纪泽:"尔欲于小学钻研古义,则三宗如顾、江、段、邵、郝、王六家之书,均不可不涉猎而探讨之。"⑤

汉学家治经如吴派惠栋认为凡汉皆好,力辟宋人注疏。曾

---

① 《曾国藩全集·家书》(一),第489页。
② 《曾国藩全集·家书》(二),第808页。
③ 《经史百家简编序》,《曾国藩全集·诗文》,第265页。
④ 《曾国藩全集·家书》(二),第889页。
⑤ 《曾国藩全集·家书》(二),第889页。

国藩显然不同意这个看法。他写信给儿子说:

> 尔信内言《诗经》注疏之法,比之前一信已有长进。凡汉人传注,唐人之疏,其恶处在确守故训,失之穿凿;其好处在确守故训,不参私见。释谓为勤,尚不数见,释言为我,处处皆然,盖亦十口相传之诂,而不复顾文义之不安……朱子《集传》,一扫旧障,专在涵泳神味,虚而与之委蛇,然如《郑风》诸什注(按:衍一'注'字)注疏以为皆刺忽者固非,朱子以为皆淫奔者,亦未必是。尔治经之时,无论看注疏,看宋传,总宜虚心求之。①

即是说专守汉唐注疏,好处在于确守故训,不参私见;坏处也在于确守故训,易失之穿凿和扞格不通。而宋人解经,好处是发挥义理,使人涵泳体味,得其神髓,但也可能失去原意。曾国藩主张读经以通义理为主,他倾向于宋学,但也知道宋儒说经之弊。故他于清代汉学家中比较倾向于皖派既不拘守汉注而又实事求是的治学风格,对王念孙、王引之父子的经学更是推崇备至。

其二,明训诂考据是作好古文的前提。曾国藩在家书中说:

> 余观汉人词章,未有不精于小学训诂者,如相如、子云、孟坚于小学皆专著一书,《文选》于此三人之文著录最多。余于古文,志在效法此三人,并司马迁、韩愈五家。以此五家之文,精于小学训诂,不妄下一字也。……自宋以后能文章者不通小学,国朝诸儒通小学者又不能文章。②

其后又说:

> 余尝怪国朝大儒如戴东原、钱辛楣、段懋堂、王怀祖诸老,其小学训诂实能超越近古,直逼汉唐,而文章

---

① 《曾国藩全集·家书》(一),第436页。
② 《曾国藩全集·家书》(二),第831—832页。

不能追寻古人深处,达于本而阁于末,知其一而昧其二,颇所不解。私窃有志,欲以戴、钱、段、王之训诂,发为班、张、左、郭之文章(晋人左思、郭璞小学最深,文章亦直逼两汉,潘、陆不及也。)……由班、张、左、郭上而扬、马而《庄》《骚》而《六经》,靡不息息相通,下而潘、陆而任、沈而江、鲍、徐、庚,则词愈杂,气愈薄,而训诂之道衰矣。至韩昌黎出,乃由班、张、扬、马而上跻《六经》,其训诂亦甚精当。尔试观《南海神庙碑》《送郑尚书序》诸篇,则知韩文实与汉赋相近。又观《祭张署文》、《平淮西碑》诸篇,则知韩文实与《诗经》相近。近世学韩文者,皆不知其与扬、马、班、张一鼻孔出气。①

其实汉学诸儒通小学训诂的目的是为了通经,并不一定意在作文章。但是曾国藩却试图利用他们的长处,以汉学家的训诂本事为基本功,去做有先秦汉魏文字风格的文章。做文章的目的是什么呢?"词章之学,亦所以发挥义理者也"②。也就是说,以汉学家的小学训诂功夫,去作发挥理学义理的文章,这最终又回到理学上来。曾国藩此种见识渊源于桐城派。桐城鼻祖方苞作文讲求义法,他主张语言雅洁,反对在文章中出现小说语、语录语、俳语、隽语,讲究语言的雅饬,姚鼐也很重视文字的考据功夫。桐城派的共同特点是以唐宋八大家文作为文章的语言典范。桐城诸人试图以八大家的语言风格来表达理学的义理,以纠正理学家语录体的鄙陋不文之病。曾国藩在方、姚的基础上又向前推进一步,他认为学八大家的语言风格,也不免冗长疲苶,稍显气弱,他试图学习先秦、两汉散文以及辞赋的语言风格,使文章骈散结合,语言苍雅整饬,以增进文章的雄直之气。一个学汉魏、一个学唐宋,这便是曾国藩的湘乡派与桐城派的区别。但是尽管他们文字风格不同,但有一点是一致的,目的都是为了用古文表达理学的伦常义理。所以说,曾国

---

① 《曾国藩全集·家书》(二),第947-948页。
② 《曾国藩全集·家书》(一),第55页。

藩文章风格的形成,实与他重视学习汉学家的训诂考据分不开。相对于德性来说,文章是第二义,并不重要;但是立功、立德、立言是圣贤的应有之义。曾国藩并不像一般的理学家那样瞧不起文学,他学习训诂考据,意在做一手好文章,通过文章表达理学的道德伦常观念,最终目的仍是服务于理学。

其三,重视汉学家言是经世所必须。曾国藩认为,汉学是鉴于王学之弊而兴起的学术思潮,汉学的宗旨同样也是标榜通经致用,曾国藩显然很清楚这一点。汉学家除了治经之外,还将其科学求是的研究法扩大到对方舆、历史、典章制度、百家诸子、自然科学等多领域的研究。清儒对天文历算探研极深,初衷当然不是为了科学发明,而是在解经过程中遇到此类问题,然后穷研不已,遂使此学度越前古,蔚为大观。这些学问从经世的角度来说,显然对于增长人的才干是必需的,也足以纠理学家空疏不能致用之病。基于这种认识,曾国藩对于汉学中知识类的内容也相当重视。他自称:"余生平有三耻:学问各途,皆略涉其涯涘,独天文算学,毫无所知,虽恒星五纬亦不识认,一耻也。"①他将不懂天文算学视为一耻。不过他大概也不是完全不懂,他的日记中曾多次记载夜间登楼教人观星的事。②他在家书中指导儿子学习天文:

> 尔看天文,认得恒星数十座,甚慰甚慰。前信言《五礼通考》中观象授时二十卷内恒星图最为明晰,曾翻阅否?国朝大儒于天文历算之学,讲求精熟,度越前古。自梅定九、王寅旭以至江、戴诸老,皆称绝学,然不讲占验,但讲推步。占验者,观星象云气以卜吉凶,《史记·天官书》《汉书·天文志》是也。推步者,测七政行度,以定授时,《史记·律书》《汉书·律历志》是也。秦味经先生之观象授时,简而得要。

---

① 《曾国藩全集·家书》(一),第 418 页。
② 同治四年四月初四日:"二儿及一甥、两媚观星,至后园登楼教之。"四月初五日又记:"二更后又至楼上教儿子、甥、婿辈认星。"参见《曾国藩全集·日记》(二),第 1128—1129 页。

他还要求其子去读秦蕙田《五礼通考》和《皇清经解》中的有关天文学的知识。① 清儒解经将天文历算从占验迷信中解放出来,还其科学的面目,标志着近代社会已开始向科学时代转型。曾国藩从汉学家那里接受了重视实证和科学求是的思维方法,无疑对他后来很快接受西技、手创洋务运动产生了积极的影响。不仅如此,汉学家实事求是的思维方法还影响了曾国藩对人对事的态度。他说:"晚近讲理学者,论人则苛责君子,包庇小人;论事则私造典故,臆断是非。"之所以如此,是因为"不讲考据之过"②。这就和戴震批评理学"以臆见为理"的观点接近了。

曾国藩虽然认为汉学家的学问于圣门有功,但是他反对汉学家的哲学,尤其反对汉学家攻击程朱。他说:

> 乾嘉间,经学昌炽,千载一时。阮仪征、王高邮、钱嘉定、朱大兴诸公倡于上,戴东原、程瑶田、段玉裁、焦理堂十余公和于下,群贤辐辏,经明行修。……天下相尚以伪久矣。陈建之《学蔀通辨》,阿私执政;张烈之《王学质疑》,附和大儒,反不如东原、玉裁辈卓然自立,不失为儒林传中人物。惟东原《孟子字义疏证》一书排斥先贤,独伸己说,诚不可以不辨。姚惜抱尝论毛大可、李刚主、戴东原、程绵庄率皆诋毁程、朱身灭嗣绝,持论似又太过。无程、朱之文章道德,腾其口舌欲与争名,诚学者大病。若博核考辨,大儒或不暇及,苟有纠正,足以羽翼传注,当亦程、朱所心许。若西河驳斥谩骂,则真说经中之洪水猛兽矣。国藩一宗宋儒,不废汉学。③

这段话说,陈建、张烈诸人抨击王学,推尊程朱,并非出于真心,而是为了巴结执政、附和大儒,有要名要誉的私心在内。这些人物还不如东原、玉裁有功圣门,起码戴、段的考据训诂之

---

① 《曾国藩全集·家书》(一),第441页。
② 《复郭嵩焘》,《曾国藩全集·书信》(九),第6298页。
③ 《复夏教授》,《曾国藩全集·书信》(五),第3467页。

学足以羽翼传注,能给大儒拾遗补缺,即使是程朱复起,也为他们心许。姚鼐不看其长,对他们肆口大骂,持论未免失之太过。在这里,曾国藩肯定了汉学家的小学,却否定了他们的哲学,对戴震的《孟子字义疏证》予以彻底否定。他认为汉学家并无程朱的道德文章,却想和程朱争名立异,实是学者之病。至于毛奇龄对朱子驳斥谩骂,曾氏认为简直是洪水猛兽了。总之,曾国藩对汉学虽然有所肯定,但前提是与理学的核心观念不能有冲突,在关键的地方,曾国藩还是站稳了理学立场。

第五节　曾国藩以理学为核心,以汉学为补充,以辞章为手段,以经世为旨归的学术观

　　曾国藩一生酷嗜读书,无论是在紧张的战斗之中,还是在旅途的轿中、船上,他几乎都是手不释卷,一日不读书便觉愧疚不安。对中国传统学术以及清初以来的学术著作,他几乎是书无所不窥,检索其日记中读过的书目足以让人为之目眩。但是曾国藩学术却能由博返约,并非往而不知返,而是杂而有要,纲举目张。清代学者陈澧曾论学问博约之关系,他认为,四部学问浩博,可约之以《孝经》、《论语》,再约之又约,则是《论语》的"学而"一篇而矣。① 曾国藩尽管十分博学,但是也十分强调守约。他说:"吾辈治心治身,理亦不可太多,知亦不可不(太)杂,切身日日用得着的不过一两句,所谓守约也。"② 曾国藩学术的"约"便是理学,他认为治理学是成就德性和做事业的基础,以此作为核心向外扩展,广泛吸收百家杂学,追求的是经世致用、内圣外王的最高人生境界。

　　《劝学篇示直隶士子》一文集中体现了曾国藩以理学为核心、以汉学为补充、以辞章为手段、以经世为旨归的学术观。其文曰:

---

① 参见钱穆《中国近三百年学术史》,第687页。
② 《复李榕》,《曾国藩全集·书信》(二),第1109页。

> 为学之术有四：曰义理，曰考据，曰辞章，曰经济。义理者，在孔门为德行之科，今世目为宋学者也。考据者，在孔门为文学之科，今世目为汉学者也。辞章者，在孔门为言语之科，从古艺文及今世制义诗赋皆是也。经济者，在孔门为政事之科，前代典礼、政书，及当世掌故皆是也……君子贵慎其所择，而先其所急。择其切于吾身心不可造次离者，则莫急于义理之学。凡人身所自具者，有耳、目、口、体、心思；日接于吾前者，有父子、兄弟、夫妇；稍远者，有君臣、有朋友。为义理之学者，盖将使耳、目、口、体、心思，各敬其职，而五伦各尽其分，又将推以及物，使凡民皆有以善其身，而无憾于伦纪。夫使举世皆无憾于伦纪，虽唐虞之盛有不能逮，苟通义理之学，而经济该乎其中矣。程朱诸子遗书具在，曷尝舍末而言本、遗新民而专事明德？观其雅言，推阐反复而不厌者，大抵不外立志以植基，居敬以养德，穷理以致知，克己以力行，成物以致用。义理与经济初无两术之可分，特其施功之序，详于体而略于用耳。

又曰：

> 以义理之学为先，以立志为本。……志既定矣，然后取程朱所谓居敬穷理、力行成物云者，精研而实体之。然后求先儒所谓考据者，使吾之所见，证诸古制而不谬；然后求所谓辞章者，使吾之所获，达诸笔札而不不差……其文经史百家，其业学问思辨，其事始于修身，终于济世，百川异派，何必同哉？同达于海而已矣。①

曾国藩将义理、考据、辞章、经济四种学术全归于孔门，四种学术该内圣外王全体大用。表面看来似乎学分四途，无所偏倚，其实是有侧重的。曾氏将义理之学（宋学）置于首要和最核心的位置，因为在他看来，程朱得孔孟之道之大者，通宋学即可以

---

① 《劝学篇示直隶士子》，《曾国藩全集·诗文》，第422页。

该领其他学术。考据是程朱所说的即物穷理之事,辞章是表达义理、宣传义理的载体,经济是使义理落实到实处。曾氏认为程朱理学原本提倡本末兼举、功夫与本体并重,既讲明德又重新民。不过他也认识到理学详于体而略于用,用我们今天的话来说,就是哲学总是有务虚的特点,与技术层面的操作是两回事。所以曾国藩又特别强调典礼、政书与当世掌故等技术层面的经济之学。四种学问集于一身,方可修齐治平、内圣外王。

确立这种学术观念,曾国藩认为也就等于在浩如烟海的传统学术面前找到治学的津梁,既可以从约到博,向外扩展;也可以从博返约,乃至约之又约,最后只剩下不过几本书。

曾国藩早年在京师任职文渊阁直阁校理时,每年二月,他侍从道光帝入阁观《四库全书》,面对数十万卷的藏书,曾国藩感叹道:"呜呼!何其多也!虽有生知之资,累世不能竟其业,况其下焉者乎!"于是产生"慎择"的想法。[①] 后来随着读书渐多,知识日富,他逐渐从博中发现其约,杂中发现其要,对中国学术的脉络和精髓有了大致的了解。他对友人说:

> 鄙人尝以谓四部之书,浩如渊海,而其中自为之书,有原之水,不过数十部耳。"经"则《十三经》是已。"史"则《二十四史》暨《通鉴》是已。"子"则《五子》暨管晏、韩非、淮南、吕览等十余种是已。集则《汉魏六朝百三家》之外,唐宋以来二十余家而已。此外入子、集部之书。皆赝作也,皆剿袭也;入经部、史部之书,皆类书也。[②]

这段话大致是说,四部之书虽然浩如烟海,但真正属于原创性的内容并不太多,多数图书内容和意思雷同,是对前人思想的层层抄袭或发挥。去除抄袭的类书和思想上的雷同之作,可读之书也就并不多了。不过,如果上述提到的数十种书对一般人来说仍显太多的话,约之又约,曾国藩认为,只要读六本书就可以了。他在给其兄弟的家信中说:

---

① 《圣哲画像记》,《曾国藩全集·诗文》,第 248 页。
② 《加何栻片》,《曾国藩全集·书信》(二),第 1355 页。

> 学问之道，能读经史者为根柢，如两《通》（杜氏《通典》、马氏《文通》）、两《衍义》及本朝两《通》（徐乾学《读礼通考》、秦惠田《五礼通考》）皆萃《六经》诸史之精，该内圣外王之要，若能熟此六书，或熟其一、二，即为有本有末之学。①

两《衍义》是指《大学衍义》和《衍义补》。《大学衍义》的作者是南宋朱熹的再传弟子真德秀，此书是发挥朱熹思想的理学著作。《大学衍义补》的作者是明代学者邱浚，此书也是宣传道学思想的。曾国藩将两《衍义》视之为内圣之学，是做学问之体。读杜佑、马端临、徐乾学、秦惠田的著作则能明古今制度之沿革及其利弊所在，曾氏将其视之为属于外王的经世之书。二者结合便是"内圣外王之学"。

当然只读六种书显然失之太约，若稍取博览，再向外扩展，曾国藩按照义理、考据、辞章、经济的分类从中国学术史又选取了三十二人，作文《圣哲画像记》，并为之画像立赞。这三十二人分别是：周文王、周公、孔子、孟子、左丘明、庄子、班固、司马迁、诸葛亮、陆贽、范仲淹、司马光、周敦颐、二程、朱熹、张载、韩愈、柳宗元、欧阳修、曾巩、李白、杜甫、苏轼、黄庭坚、许慎、郑玄、杜佑、马端临、顾炎武、秦惠田、姚鼐、王念孙。曾国藩将这三十二人从学术上大致分类，并说：

> 文、周、孔、孟之圣，左、庄、马、班之才，诚不可以一方论矣。至若葛、陆、范、马，在圣门则以德行而兼政事也。周、程、张、朱，在圣门则德行之科也，皆义理也。韩、柳、欧、曾、李、杜、苏、黄，在圣门则言语之科也，所谓词章者也。许、郑、杜、马、顾、秦、姚、王，在圣门则文学之科也。顾、秦于杜、马为近，姚、王于许、郑为近，皆考据也。

曾氏认为这三十二人都有圣贤气象：

> 古之君子，盖无日不忧，无日不乐。道之不明，已

---

① 《曾国藩全集·家书》（一），第393页。

之不免为乡人，一息之或懈，忧也；居易以俟命，下学而上达，仰不愧而俯不怍，乐也。自文王、周、孔三圣人以下，至于王氏，莫不忧以终身，乐以终身，无所于祈，何所为报？己则自晦，何有于名？惟庄周、司马迁、柳宗元三人者，伤悼不遇，怨悱形于简册，其于圣贤自得之乐，稍违异矣。然彼自惜不世之才，非夫无实而汲汲时名者比也。苟汲汲于名，则去三十二子也远矣。①

这三十二人是否就完全代表了中国传统学术的精髓？这个问题当然是仁者见仁、智者见智的事，选家的思想信仰和学术理念不同，所选对象可能就差别很大，故学术选本往往是学术批评的一个重要形式，通过选本往往能发现选家的学术思想。曾国藩所选三十二人即是意图取众家之长，将义理、考据、词章、经济统一成一个有机的整体，构建他"内圣外王"的学术谱系。传统上理学家对庄周、司马迁、柳宗元颇为讥贬，曾氏也承认他们稍异于"圣贤自得之乐"，但是曾国藩肯定他们的不世之才。他认为庄周说近荒唐，但是"庄子《外篇》多后人伪托，《内篇》文字，看似放荡无拘检，细察内行，岌岌若天地不可瞬息。钱玶石给谏曰：'尧、舜、巢、许皆治乱之圣人，有尧、舜而后能养天下之欲，有巢、许而后能息天下之求。'诚至论也"②。也就是说，庄子的学说能息天下之欲，与圣人养天下之欲正好可以相辅相成。从经世的角度肯定庄学的价值，曾氏的确比那些排二氏如仇雠的学人在学术气量上更为宏阔。至于所选的八个文学家，理学家不免对其中有些人多所讥贬，如程朱对苏轼的蜀学就很排斥，但曾国藩肯定其文学才能。杜、马、顾、秦虽然同属考据，但他们的学术领域开阔，而且意在经世，与单纯的文字训诂家不同，可以补许、郑之偏；将他们同归考据，对于汉学来说可谓别具只眼，意味深长。为什么将姚鼐归于考据呢？在曾国藩看来，考据是一种科学求是的研究法，不囿于经学一

---

① 《圣哲画像记》，《曾国藩全集·诗文》，第247—252页。
② 《复夏教授》，《曾国藩全集·书信》（五），第3466页。

途,凡可经世的学问皆可考而求之。至于濂洛关闽所谓宋五子之学,曾氏认为"上接孔孟之传",其重要性自然不在话下。

总之,曾国藩的学术观本质在于通经致用、内圣外王。他说:"读书在通经术、谙世务。经术通,则义理入而内心有主,世务谙,则闻见博而应事不穷。胡安定在湖学,分经义治事二斋,当时取为大学之法。"①他推崇北宋理学家胡瑗之学,欣赏其治经与治事并重的学风。又说:"夫所谓见道多寡之分数何也?曰:深也,博也。昔者,孔子赞《易》以明天道,作《春秋》以衷人事之至当,可谓深矣。孔子之门有四科,子路知兵,冉求富国,问礼于柱史,论乐于鲁伶,九流之说,皆悉其源,可谓博矣。深则能研万事微芒之几,博则能究万事之情状而不穷于用。"②在曾国藩看来,以理学之深,辅之以百家之博,便能既可成圣,亦可外王。用句通俗的话来说即是德才兼备,有德无才,终于无用。晚明理学家"平时袖手谈心性,临难一死报君王",即是无才的表现;有才无德,终是粗才,甚至还会因个人私心把其才用到蠹国害民上。所以曾国藩从中国学术史选取三十二人,广采众长,自有其深刻的含义在。他自称"于汉宋间折中一是,以江海量翕受群言"③。实质上正如钱穆先生所言:"能兼采当时汉学家、古文家长处,以补理学枯槁狭隘之病。"④

曾国藩以理学为核心,以致用为旨归,吸纳众流、不废众家之长,显示了颇为博大雄浑的学术气象。钱穆对此评价极高。他说:"涤生之所成就,不仅戡平大难,足以震烁一时,即论学之平正通达,宽阔博实,有清二百余年,固亦少见其匹矣。"⑤曾国藩站在前人的肩上,洞察学术流变的利弊,使儒家内部分裂的学术最终统一在理学的周围。他的学术并非杂而无要,而是以理学为核心,以汉学为补充,以辞章为手段,以经世为旨归,其中的轻重主次是显然的。曾氏学术固然不可拿传统意义上的

---

① 《复郭阶》,《曾国藩全集·书信》(八),第 5910 页。
② 《致刘蓉》,《曾国藩全集·书信》(一),第 6 页。
③ 《赠袁漱六太史》,《曾国藩全集·诗文》,第 109 页。
④ 钱穆:《中国近百年学术史》,第 655 页。
⑤ 钱穆:《中国近百年学术史》,第 655 页。

理学衡量之,但说他是对传统理学的发展与开新也自无不可。曾氏理学固然使传统理学重新焕发了生机和活力,但也为最终埋葬和解构理学播下了种子。这是思想自身包含否定性因素的辩证法则。曾氏理学不仅吸收理学之外的儒门各派学术,他出于经世的目的,还广泛援引百家杂学,并尤为重视从史学中获取政治智慧。各种学说只要于大局有利,便可拿来实践。这在一定程度上也是"引盗入室",因为某些学说在本质上与理学是根本对立的。历史上的理学家尽管援引佛老,但又无不公开抨击二氏。曾国藩出于经世的意图,除肯定老庄外,对佛教并不歧视,他说佛教的"轮回因果之说","可以驱民于醇朴而稍遏其无等之欲","警世之功与吾儒略同,亦未可厚贬而概以不然屏之者也"①。他甚至对天主教的看法也比较宏通:"天主教本系劝人为善……即仁慈堂之设,其初意亦与育婴堂、养济院略同,专以收恤穷民为主。"②熟悉历史掌故的他当然清楚,"当康熙全盛之时,而天主教已盛行中国,自京师至外省名城,几于无处无天主堂"③。所以他在处理对外关系上主张不要过于纠缠传教一事,而应"全力以争执大事"④。由是可知,他对付太平天国,打出反天主教的旗号,与其说是为保儒教而战,不如说是以此为策略动员儒家知识分子保大清更为合适。历史上的理学家动称三代,主张行一不义,杀一不辜,取天下不为,而曾国藩治乱世采取重典,治政、治军颇用申韩之术。曾氏在军中时,曾经以"老、庄、淮南、管、商、申、韩"为题测试幕僚⑤,看来他是将其作为有效的治术对待的。他甚至公然主张"以王者之心,行伯(霸)者之政"⑥。咸丰八年(1858)曾国藩再度出山治军之后,处世风格大为变化,一改理学家"论是非不论利害"、动辄与权贵为仇的习气,因为这样做,掣肘太多,根本不能成事。他在官

---

① 《纪氏嘉言序》,《曾国藩全集·诗文》,第 171 页。
② 《曾国藩全集·奏稿》(十二),第 6980 页。
③ 《曾国藩全集·书信》(九),第 6031 页。
④ 《曾国藩全集·书信》(九),第 6031 页。
⑤ 《曾国藩全集·日记》(二),第 753 页。
⑥ 《复胡林翼》,《曾国藩全集·书信》(二),第 1516 页。

场上更多地采取黄老之术,知其雄,守其雌,一以柔道行之,变得日趋柔滑圆通。晚年甚至还指点友人说:"世途险巇,宦海风波,诚非意计所能逆料,其中悉有命焉主之。惟阁下天真烂漫,一切居官处事,往往径行直遂,未能化去圭角,以是颇多龃龉。如能和光同尘,处事缜密,出言必谨,则获上信友,必当重履亨衢。尊意以为然否?"①颇有黄老之术的味道,与其早年高蹈卓立、疾恶如仇的风格大相径庭。曾国藩的朋友欧阳兆熊曾经认为,曾氏一生为学有三变:在京官时,以程朱为依归;至出而办理团练军务,又变为申韩;后来又变为黄老,一以柔道行之。②其实在我看来,曾国藩的学术并没有变,无论黄老也罢,申韩也好,都不过是治术,是权宜之计,而且这样做也不是为了谋取身家之私利,仍是为三纲五常这个大目而服务的。他的理学核心思想并没有改变;他一生的立身大节,依然合乎理学家的基本原则,也没有改变。

曾国藩再造理学对晚清社会产生了深远的影响。他的努力一方面使理学在咸同时期得以复兴,同时也为后来理学的终结播下了种子。他以理学号召士人,以权变经营军务,最终成功地镇压了太平军和捻军起义,挽大清朝廷于危倾。他的政治遗产为其传人李鸿章、袁世凯所继承,但李、袁只继承了曾学中经世和权变的一面,而其核心思想——理学却传承乏人了。钱穆先生指出:"若舍经术而专言经世,其弊有不可言者。涤生之殁,知经世者尚有人,知经者则渺矣。此实同治中兴不可久恃一大原因也。"③更为重要的是,曾氏为保大清,出于经世的需要,积极引进西学、西技,为彻底终结理学的核心价值观念埋下了伏笔。因为随着西学的大举涌入,先是学西人之长技,接着学西方的社会制度,于是理学在短暂复兴之后,又悄然落幕,最终退出了中国学术的舞台,走向了曾国藩愿望的反面。晚清理学家夏震武批评曾国藩说:"湘乡(指曾国藩)训诂、经济、词章皆可不朽,独于理学则徒以其名而附之,非真有唐镜海、倭艮

---

① 《复李士棻》,《曾国藩全集·书信》(十),第 7436 页。
② 欧阳兆熊、金安清:《水窗春呓》,中华书局 1984 年版,第 17 页。
③ 钱穆:《中国近三百年学术史》,第 653 页。

峰、吴竹如、罗罗山之所讲论者,其终身所得者,以老庄为体,禹墨为用耳。"又说:"儒者学孔孟程朱之道,当独守孔孟程朱,不必混合儒墨,并包容为大也。""湘乡讥程朱为隘,吾正病其未脱乡愿之见耳。"他还讽刺曾国藩说:"以杂为博,以约为陋,以正为党,博学多能,自命通人,足以致高位、取大名于时而已,不当施之于讲学。"①夏震武没有认识到曾氏学术的核心仍是理学,他说曾国藩不配称理学家,这种理解未免肤浅。但是夏氏认为曾国藩广引百家杂学,无疑将最终危及理学,这的确有其敏感和深刻的一面。夏氏又说:"合肥(李鸿章)、南皮(张之洞)一生所为,其规模皆不出湘乡,世徒咎合肥、南皮之误国,而不知合肥之政术、南皮之学术始终以湘乡为宗,数十年来朝野上下所施行,无一非湘乡之政术、学术也。"②至于曾国藩本人或许如梁启超所说:"彼惟以天性之极纯厚也,故虽行破坏可也;惟以修行之极谨严也,故虽用权变可也。"③因为理学毕竟是其学术的核心,他有充分的智慧能摆正义理之学与经世杂学的关系。但是对于曾氏后学来说,情况就不同了,他们或学其理学式的忠贞,或学其术家式的权变,或学其接收"异端"的开明宏通,于是后世中国,保皇有之,变法有之,革命有之,篡朝当皇帝的逆臣有之,军阀混战有之,道术再次为天下裂,而中国学术又一次进入一个分裂、碰撞和重新整合的新时代。这一切现象的出现,都可以说或近或远、或隐或显地和曾氏学术、政术扯上关系。曾国藩振衰救弊,为乾嘉以来僵死的理学注入了一些活力,使理学在咸同时期再次出现了复兴局面;但同时他体系的博杂最终又突破了理学的樊篱。他一手重振理学的同时,另一手也开启了逐渐埋葬理学的大门。

---

① 夏震武:《灵峰先生集》卷四,1916年浙江印刷公司印行,第13页。
② 夏震武:《灵峰先生集》卷四,1916年浙江印刷公司印行,第56—57页。
③ 梁启超:《新民说》,《饮冰室合集》专集之四,中华书局1996年版,第134页。

第六章

曾国藩会通汉宋的礼学经世思想

关于曾国藩的政治、经济、军事、洋务思想,前人和时贤研究颇多。但既往的研究往往将其分成孤立的几片,一般较少和他的哲学思想和学术观念联系起来。冯友兰先生已注意到这个问题。他说:"专就经世之术说,曾国藩之学实可称为'礼学'。……从天地万物以至一家一户的柴米油盐,都是他的礼学对象。"①冯先生之说颇为的当,因为曾国藩说过:"盖古之学者,无所谓经世之术也,学礼焉而已。"②曾国藩的友朋辈也作同样的观点。如李鸿章作的《曾文正公神道碑》说:"(曾氏)学问宗旨,以礼为归。"③郭嵩焘《曾文正公墓志铭》:"(曾氏)以为圣人经世宰物,纲维万世,无他,礼而已矣。"④《清史稿》亦作类似的评价:"(曾国藩)论学兼综汉、宋,以谓先王治世之道,经纬万端,一贯之以礼。惜秦蕙田《五礼通考》阙食货,乃辑补盐课、海运、钱法、河堤为六卷;又慨古礼残阙无军礼,军礼要自有专篇,如戚敬元所纪者。论者谓国藩所订营制、营规,其与军礼庶几近之。"⑤这就是说曾国藩把当世的盐、漕、钱、河等六大政以及军制皆归之为礼学。但问题是,曾国藩为什么将经世方略归之为礼学?曾氏礼学与理学的关系是什么?曾氏礼学与清初以

---

① 冯友兰:《中国哲学史新编》(下册),第 422 页。
② 《孙芝房侍讲刍论序》,《曾国藩全集·诗文》,第 256 页。
③ 李鸿章:《曾文正公神道碑》,见王定安《求阙斋弟子记》卷三十一,清光绪二年北京龙文斋刊本。
④ 郭嵩焘:《曾文正公墓志铭》,见王定安《求阙斋弟子记》卷三十一。
⑤ 《清史稿·列传一百九十二》,第 11917 页。

来的礼学思想有哪些传承和突破？曾氏礼学思想与其政治、军事、外交实践的内在联系是什么？这些问题学界尚认识不足，有进一步探讨之必要。

第一节　清初以来的礼学经世意识与"以礼代理"思潮的兴起

　　研究曾国藩礼学观念的形成，需要回溯从清初至清中叶礼学研究的历史。"清初三礼学的兴起，就学术思潮而言，乃导源于清初知识界为挽救晚明以来的传统学术所遭遇的困境。而传统学术的困境，实肇端于王阳明的心学"①。王阳明心学信任良知，认为良知自然知是知非，主张"学贵得之于心，求之于心而非也，虽其言之出于孔子，不敢以为是也"②。在晚明王学风靡天下的时代，出现了轻视读书、游谈无根的流弊，发展到极端，对传统礼教也造成了冲击。作为空谈的对立面，早在晚明时，学术界便已萌动"通经学古"的思潮，此风由嘉靖、隆庆间学者归有光开端，焦竑、陈第等人继之，至崇祯间钱谦益、张溥、张采大张其说，清初学人接其绪，复兴古学遂成风气。顾炎武以扶持礼教为己任，自称"年过五十，乃知'不学礼无以立'之旨"③，他揭橥"经学即理学"之义，重视对于礼学的研究。黄宗羲认为"儒者之学，经天纬地"④，提倡切于民生日用的兵农礼乐等实学研究。王夫之远绍横渠，阐扬张载的礼学思想，以求所谓育物之仁、经邦之礼。清初理学家如孙奇逢、陆世仪等人反思王学流弊，提出礼理并重，反对舍礼而空言理。如孙奇逢说：

---

① 参见林存阳：《清初三礼学》，社会科学文献出版社 2002 年版，第 21 页。
② 王阳明：《传习录》卷中，江苏古籍出版社 2001 年版。
③ 顾炎武：《答汪文耆书》，《亭林文集》卷三。
④ 黄宗羲：《赠编修弁玉吴君墓志铭》，《黄宗羲全集》第十册，第 433 页。

"说礼不说理者,用功必有下落,离却显然条理,说什么不睹不闻,天下归仁者。乾坤浑是一个礼,盖舍了天下,即无处寄我之仁。"①又说:"世之治也无他,食以礼而已矣,色以礼而已矣。而礼之重于天下也,此何待言也。世之乱也,亦无他,食不以礼而已矣,色不以礼而矣。"②孙、陆二人重视礼治,但也不废言理。如孙奇逢说:"礼者,天理之节文,所以美教化而定民志,故三王不异礼而治。"③陆世仪说:"礼者,理也。礼本乎理,理为体,礼为用。故礼虽未有,可以义起。"④即是说理学家的"天理"是儒家礼治思想的形上依据。总体来说,清初学人为纠王学之弊,纷纷重视和强调礼教,但他们是在理学基础上从事于礼教建设,此时理、礼还没有判然分途,仍有内在的沟通和联系。

在清初学人主张通经学古、重视礼治的风气下,对于三《礼》学的研究,再次受到学者的重视。所谓三《礼》即指《周礼》、《仪礼》和《礼记》。元、明两朝重视《四书》,对三《礼》的研究比较疏略。特别是《仪礼》一经,因多涉先秦时期名物度数,文古义奥,素苦难读。虽有郑注贾疏,但郑注古质,贾说蔓衍,后人仍难遽解。北宋王安石《三经新义》,崇《周礼》黜《仪礼》,遂使《仪礼》传习乏人。朱熹承亡继绝,对《仪礼》发凡起例,务畅其旨。但因赍志而殁,加之割裂旧文,取舍未精,不勉遭后世訾议。有明一代,礼学不振,研《仪礼》数不几人。入清之后,"以经学济理学之穷"的风尚渐起,学者对《仪礼》始加注目。张尔岐《仪礼郑注句读》先声于北,姚际恒《仪礼通论》突起于南,揭开清代《仪礼》学复兴之序幕。⑤ 张尔岐学宗程朱,他之所以治《仪礼》,是因为该书是三代时"圣君贤相士君子之所遵行"的

---

① 孙奇逢:《颜渊问仁章》,《四书近指》卷八,道光二十五年大梁书院重刊本。

② 孙奇逢:《日谱录存》,顺治十三年丙申十月初七日条下,光绪十一年刊本。

③ 孙奇逢:《日谱录存》,顺治十八年辛丑正月二十九条下。

④ 陆世仪:《治平类》,《思辨录辑要》卷二十一,丛书集成初编本,中华书局1985年版。

⑤ 参见林存阳《清初三礼学》192页;陈祖武《清儒学术拾零》,中国社会科学出版社1992年版,第110页。

礼法制度。他自称：

> 方愚之初读之(指仪礼)也，遥望光气，以为非周孔莫能为已耳，莫测其所言者何学也。及其矻矻读之，而后其俯仰揖逊之容，如可睹也，忠厚恻恻之情，如将遇也。……虽不可施之行事，时一神往焉，仿佛戴弁垂绅，从事乎其间，忘其身之乔野鄙塞，无所肖似也。①

可见他治《仪礼》自有其以礼经世之意图在内。张尔岐的工作，得到顾炎武的高度评价："如稷若(尔岐)者，其不为后世太平之先倡乎？"②四库馆臣的评价是："盖《仪礼》一经，自韩愈已苦难读，故习者愈少，传刻之讹愈甚。尔岐兹编，于学者可谓有功矣。"③自张尔岐等人开其端绪，清代学人纷纷致力于三礼学的研究，其初衷和目的是为了复兴礼教，以纠晚明虚诞蹈空之病，自有其深刻的用世意图和经世目的。

康熙元年(1662)，理学家熊赐履倡为礼治之说："礼者，圣王所以节性防淫，而维系人心者也。臣观今日风俗，奢侈凌越，不可殚述，一裘而废中人之产，一宴而靡终岁之需，舆隶披贵介之衣，倡优拟命妇之饰，此饥之本，寒之源，而盗贼狱讼所由起也。"④李光地等人也重视三礼，倡导礼治。在朝野复兴礼教的共同呼声下，清初开三礼馆，纂修《三礼义疏》。三礼馆由朝廷重臣鄂尔泰、张廷玉任总裁，惠士奇、杭士骏等名儒任纂修。清廷又于乾隆二十一年(1756)六月修毕《大清通礼》五十卷。高宗在纂修礼书谕旨中说："朕闻三代圣王，缘人情而制礼，依人性而作仪，所以总一海内，整齐万民，而防其淫侈，救其凋敝也。"因此，乾隆帝提出"萃集历代礼书，并本朝《会典》，将冠婚

---

① 张尔岐：《仪礼郑注句读序》，《蒿庵集》卷二，齐鲁书社1991年版。
② 顾炎武：《仪礼郑注名读序》，《亭林文集》卷二。
③ 《四库全书总目·经部·礼类二》卷二十，《仪礼郑注句读》条下，第255页。
④ 《清圣祖实录》卷二十二，康熙元年六月甲戌条下，中华书局1986年影印本。

丧祭,一切仪制,斟酌损益,汇成一书"①。《大清通礼》一秉高宗"法古准今"之意,依吉、嘉、军、宾、凶之次,进行排纂,并于每篇之首,以数言括其大旨。于"五礼之序,悉准《周官》,而体例则依仿《仪礼》"②。

从学术史的角度来说,清代学人掀起三礼热,其意是在纠明学之弊,他们企图通过研究三礼,重扶业已凌颓的礼教,以期回到三代之治,这自有其经世的目的在内。而清帝因势利导,以"经世"为名将儒生的热情诱引到对三礼学以及其他经书的训诂考据上来,并让他们感觉到他们的工作关系到以礼经世,关系到国计民生。其实皇帝心里很清楚,这些儒生去埋头考"礼",总是比言"理"而妄谈国政要好对付得多。这也许就是清帝阳尊理学,阴扶汉学的根本原因。经过皇帝和学人双向推动,清代的三礼学研究蔚为大观。钱基博先生有一段话,道及清代三礼研究的方方面面:

> 有考订字句,正其讹脱者;有辨章注疏,校其音读者;有离经辨志,明其章句者;有发凡起例,观其会通者;有删正旧注,订其阙失者;有驳纠前人,庶乎不刊者;有明发经疑,以俟论定者;有偶疏小笺,自抒所见者;有折中至当,重造新疏者;有依物取类,绘为礼图者;有疏证名物,究明古制者;有心知其意,创通大义者;有网罗众说,博采前贤者;有旁采古《记》,而补《礼经》之阙佚者;有囊括大典,而考礼制之沿革者;有兼综《三礼》,而明礼学之源委者。③

举礼学研究的名家名著,或著通例(如江永《仪礼释例》、凌廷堪《礼经释例》之类),或著专例(如任大椿《弁服释例》),或为总图(如张惠言《礼仪图》之类),或为专图(如戴震《考工记图》、

---

① 《大清高宗纯皇帝实录》卷二十一,第16页,"大满洲帝国国务院"发行,1936年大日本东京大藏书出版株式会社承印。

② 《四库全书总目·史部·政书类二》卷八十二,《大清通礼》条下,第1094页。

③ 钱基博:《经学通志·三礼志第五》,台湾中华书局1978年版,第156页。

阮元的《车制图考》),或专释一事(如沈彤《周官禄田考》、王鸣盛《周礼军赋说》、胡匡衷《仪礼释宫》之类),或博考诸制(如金鹗《求古录礼说》、程瑶田《通艺录》之类)等等。应该说这些汉学家研礼的背后都有经世意图,其目的是为了致用。汉学的兴起,其实质仍是儒学通经、修德、致用精神在清代的继续和展开,但最终的结果又是通经、修德与致用的分离,这成为学术发展的"二律背反"。汉学家并无今人"研究与致用应断开"的现代学术理念,但他们的研究结果恰恰符合现代学术观念,而结果却又与他们的初衷相背离。他们以为他们辛苦一生的研究能致用,但研究出来的东西恰恰又如方东树所讥讽的,是一些久远年代的"尘饭木胾",想致用又终归无用。以我们今人的眼光来看,汉学家研究三礼,其真正的贡献不在经学,而在史学,他们通过研礼,不过考明了三代时的一些典章制度的历史真相,于经义倒是无多大发明。在儒家经义的发明与创新上,宋儒的贡献应是更大一些。

清初学者主张通经学古,重视研究礼学,是出于对王学的反拨,他们对程朱一般都比较尊重。而且清初学者认为,经学可以补理学之穷,此时汉宋学术尚未彻底分途。至乾嘉时期,汉宋渐成对立,汉学家别标"礼"字,以抨击宋儒言"理"。钱穆先生说:

> 夫而后东原之深斥宋儒以言礼者,次仲(凌廷堪)乃易之以言礼。同时学者里堂(焦循)、芸台(阮元)以下,皆承其说,一若以理、礼之别,为汉宋之鸿沟焉。夫徽歙之学,原于江(永)氏,胎息本在器数、名物、律历、步算,以之治礼而独精。然江氏之治礼,特以补紫阳之未备。一传为东原,乃大詈朱子,而目其师为婺源之老儒焉。再传为次仲,则分树理、礼,为汉、宋之门户焉。①

钱先生以"以理、礼之别,为汉宋之鸿沟",非常有见地。戴震以训诂解"理"为"条理",借此颠覆宋儒的本体之理,首倡以

---

① 钱穆:《中国近三百年学术史》,第547页。

礼学代替理学之旨,至凌廷堪则大畅其意,公开提出"以礼代理"的主张。凌氏认为:"《易》、《诗》、《春秋》、《仪礼》、《周礼》、《论语》皆孔门遗训,其中无一'理'字。唯《诗》有'我疆我理';《易大传》有'理得'及'穷理'、'顺理'等语;然古人皆作条理解。至'天理人欲'四字,始见《乐记》,亦汉儒采诸《文子》,去圣人则已远矣。"①又说:"圣人之道,至平且易也。《论语》记孔子之言备矣,但恒言礼,未尝一言及理也……彼释氏者流,言心言性,极于幽深微眇,适成其为贤知之过。圣人之道不如是也。其所以节心者,礼焉尔,不远寻夫天地之先也;其所以节性者,亦礼焉尔,不侈谈夫理气之辨也。"②

凌廷堪从经学考据的角度否定宋儒言"理"的圣门合法性,抨击宋明儒援引释氏,甚至斥宋明儒"郢书燕说","认贼作子"③,主张全面否定宋明理学。在此种思想的指导下,凌氏著《礼经释例》,认为学者应以"礼"而不是玄虚无定的"理"为道德践履的准则。他对《礼经》的看法是:"学者舍是奚以为节性修身之本哉!"④又说:"夫舍礼而言道,则空无所附;舍礼而复性,则茫无所从。盖礼者,身心之矩规,即性道之所寄焉矣。"⑤钱大昕对凌氏《礼经释例》评价颇高,而且也颇了解凌氏研礼之苦心:"《礼经》十七篇,以朴学人不能读,故郑君之学独尊。然自敖继公以来,异说渐滋。尊制一出,学者得指南车矣。"⑥江藩批评宋儒"至于濂洛关闽之学,不究礼乐之源,独标性命之旨"⑦,阮元说:"以非礼折之,则人不能争;以非理折之,则不能无争矣。故'理'必附于礼以行,空言'理',则可彼可此之邪说起矣。

---

① 张其锦:《凌次仲先生年谱》,嘉庆十二年条下,道光六年刻本。
② 凌廷堪著王文锦点校:《复礼下》,《校礼堂文集》卷四,中华书局2006年版,第31页。
③ 凌廷堪:《慎独格物说》,《校礼堂文集》卷十六,第144页。
④ 凌廷堪:《礼经释例序》,《校礼堂文集》卷二十六,第242页。
⑤ 凌廷堪:《荀卿颂》,《校礼堂文集》卷十,第76页。
⑥ 《钱辛楣先生书》,见《校礼堂文集》卷首,第4页。
⑦ 江藩:《汉学师承记》卷一,见钱钟书主编《汉学师承记》(外二种),第6页。

然则,三《礼》注疏,学者何可不读?"①可见,主张礼学,反对理学,乃汉学家之通识。台湾学者张寿安女士通过对凌廷堪"以礼代理"说的研究,较为深刻地指出:"以五伦关系维系社会秩序是儒者的共同理念,汉宋无异。廷堪之有别于理学者,在理学以内圣为外王之基础,视个人内在心性修养体悟天理最为切要。而廷堪则立足在社会效应层面,集中考虑如何把五伦关系在实事上践履出来。换言之,廷堪关心的不是个人内心的道德状态或道德境界,而是道德规范和道德实践之方式,并坚持实践才是道德之完成,故可称之为重课责(accountability)的道德观。至于未经践履仅内存于心之德性,只可视为道德状态(moral status),无可验证。"②在我们看来,宋儒重视体认天理,目的是强调道德自觉,其实最终仍是为了践履"礼",这比较接近于孟子一派;汉学家重视礼仪、法制规范,不甚关心道德之心灵状态;其强调课责与践履结果,似乎更接近于荀学。所以凌廷堪专门写过一篇《荀卿颂》就不是偶然的了。③

由是可知,汉学家那些连篇累牍、让人头晕目眩的礼学考据著作,其实都有其深刻的经世目的在内,至于他们是否达到了"以礼经世"之目的,则成了另外一回事。总之,从清初的"以经学补理学之穷"到乾嘉时期的"以礼代理",是儒家学术在"通经、修德、致用"精神的指导下,对既往学术纠偏纠弊的又一次逻辑展开和延伸。但是每纠一弊,另有一弊生焉,汉学家治学以经世的意图始,最后又以新形式的空疏和无用终。我们在第二章中已经谈到,嘉、道以往,随着政治格局和人心风俗的变化,汉学脱离现实的弊病愈来愈显,宋学势力重新抬头,所打旗号仍是"通经、修德与致用",中国学术再次出现一个正、反、合的发展过程。当然宋学的回归不可能是回至原点,而是通过扬弃对立面的利弊以进行重新整合与自我调适。曾国藩在前人学术的基础上最终找到了会通汉宋的关节所在——"礼",他仍

---

① 钱钟书主编:《汉学师承记》(外二种),第293页。
② 张寿安:《以理代礼——凌廷堪与清中叶儒学思想之转变》,河北教育出版社2001年版,第62页。
③ 见凌廷堪《荀卿颂》,《校礼堂文集》卷十,第76—77页。

然认为理是礼之体,礼是理之用。这似乎又回到了清初,但是又有不同,曾氏礼学思想格局分外宏阔,已不仅仅局限于三礼学,大凡政治、经济、军事、社会生活等等,无不在其礼学的视野之内,这与先秦时期礼的内涵更为接近了。所以说,自顾炎武提出"经学即理学"的宗旨后,中经"以礼代理"的演变,到了曾国藩又会通前人,变成了"理学即礼学"。他的礼学即是曾氏特色的理学。曾国藩的礼学当然不是横空出世,而是清代礼学史的一个重要环节,是中国学术发展内在逻辑的继续展开和延伸。只有明了清初以来的礼学发展的脉络,才能更深刻地理解曾国藩礼学(理学),也才能理解他礼学思想的特色和对前人的超越之处。

第二节 曾国藩会通汉宋的礼学思想

"礼"在先秦时期是社会规范与道德规范的通称,其内涵十分丰富,几乎包罗万象,凡政治、经济、思想、社会生活等无不在其视野之内,通过《周礼》、《仪礼》和《礼记》可知这个特点。对于"礼"的经世之意,曾国藩自然十分清楚。他说:

> 盖古之学者,无所谓经世之术也,学礼焉而已。《周礼》一经,自体国经野,以至酒浆廛市,巫卜缮槁,夭鸟蛊虫,各有专官,察及纤悉。吾读杜元凯《春秋释例》,叹邱明之发凡,仲尼之权衡万变,大率秉周之旧典。故曰:"周礼尽在鲁矣!"自司马氏作史,猥以《礼书》与《封禅》《平淮》并列。班、范而下,相沿不察。唐杜佑纂《通典》,言礼者居其泰半,始得先王经世之遗意。有宋张子、朱子,益崇阐之。圣清膺命,巨儒辈出,顾亭林氏著书,以扶持礼教为己任。江慎修氏纂《礼书纲目》,洪纤毕举。而秦树澧氏遂修《五礼通考》,自天文、地理、军政、官制,都萃其中。旁综九流,细破无内。国藩私独宗之,惜其食货稍缺,尝欲集盐

漕、赋税国用之经,别为一编,傅于秦书之次,非徒广己于不可畔岸之域。先王制礼之体之无所不赅,固如是也。①

曾国藩认为,礼本是体国经野之学,察及人间及自然万象,而司马迁的《史记》将礼的内涵缩小为礼仪,以与乐、律、历、天官、封禅、河渠、平淮等这些本属于礼的内容并列,这已失去先秦之礼意。自班固、范晔以下的史家,都是沿袭司马迁的做法。至唐代杜佑《通典》,记典章制度,明乎因革损益,始得先王以礼经世遗意。宋代张载、朱熹都崇阐三代礼意。这是为什么呢?曾氏曰:"字体故训者,汉儒之小学也;曲礼少仪者,宋儒之小学也。二者皆扶持基本,而宋重明伦,于道为尊。"②曾氏认为,"班固《艺文志》所载小学类,皆训诂文字之书。后代史氏,率仍其义。幼仪之繁,阙焉不讲。三代以下,舍占毕之外,乃别无所谓学,则训诂文字要矣"③。而朱子的《小学》,不讲训诂,而讲曲礼少仪,"凡夫洒扫、应对、饮食、衣服,无不示以仪则。因其本而利道,节其性而不使纵,规矩方圆之至也"④。张载重视礼治,更是人所皆知,自不待言。所以说,宋儒并非讲理不讲礼,他们的礼学观念在曾国藩看来更得三代之遗意。顾亭林、江永、秦蕙田将经世的学问统归之"礼",曾氏认为这更是原始礼学精神的复归。曾国藩对于礼学的认识,钱穆先生对此作出很高的评价:"其论亭林学术,推本扶植礼教之意,较之四库馆臣论调,超越甚远。以杜(佑)、马(端临)补许(慎)、郑(玄)之偏,以礼教为之纲领,绾经世、考据、义理于一纽,犹为体大精思,足为学者开一瑰境。其据秦蕙田《五礼通考》定礼之轮廓,较之颜、李惟以六艺言古礼者,亦遥为恢宏。"⑤总之,凡可经世的学问,皆可以礼统之,不仅仅局限于繁文仪节,此种礼学观念较之一般汉学家犹为阔大,也颇符合先秦礼学精神。

① 《孙芝房侍讲刍论序》,《曾国藩全集·诗文》,第 256 页。
② 《海宁州训导钱君墓表》,《曾国藩全集·诗文》,第 343 页。
③ 《钞朱子小学书后》,《曾国藩全集·诗文》,第 148 页。
④ 《钞朱子小学书后》,《曾国藩全集·诗文》,第 148 页。
⑤ 钱穆:《中国近三百年学术史》,第 651 页。

在对礼的本质及其经世特点有深刻的洞察之后,曾国藩显然很清楚汉学家研究三礼的经世意图,他将研究三礼的专家与考究历代典章制度、留心当世的学者共同纳之于礼学一途,对他们的学术贡献一并表彰。他说:

> 《仪礼》一经,前明以来,几成绝学。我朝巨儒辈出,精诣鸿编,迭相映蔚,而徽州一郡尤盛。自婺源江氏永崛起为礼经大师,而同邑汪氏绂、休宁戴氏震,亦称博洽,为世所宗。其后歙县金氏榜、凌氏廷堪,并有撰述,无惭前修。①

又曰:

> 所谓修己治人,经纬万汇者,何归乎?亦曰礼而矣。秦灭书籍,汉代诸儒之所掇拾,郑康成之所以卓绝,皆以礼也。杜君卿《通典》,言礼者十居其六,其识已跨越八代矣!有宋张子、朱子之所讨论,马贵与、王伯厚之所纂辑,莫不以礼为兢兢。我朝学者,以顾亭林为宗。《国史传》窦然冠首。吾读其书,言及礼俗教化,则毅然有守先待后,舍我其谁之志,何其壮也!厥后张崇庵作《中庸论》,及江慎修、戴东原辈,尤以礼为先务。而秦尚书蕙田,遂纂《五礼通考》,举天下古今幽明万事,而一经之以礼,可谓体大而思精矣。吾图国朝先正遗像,首顾先生,次秦文恭公,亦岂无微旨哉!②

理学家孙鼎臣,讲求理学经世,作《刍论》,议论时政,内容涉及盐、漕、币、兵、赋等大政。孙氏抨击汉学,认为汉学之说是导致"粤贼之乱"的原因。曾国藩不同意这个观点。他说:

> 咸丰八年九月,善化孙芝房侍讲鼎臣,以书抵余建昌军中,寄所为《刍论》,属为裁定。凡二十五篇,曰论治者六,论盐者三,论漕者三,论币者二,论兵者三,

---

① 《书仪礼释官后》,《曾国藩全集·诗文》,第302页。
② 《圣哲画像记》,《曾国藩全集·诗文》,第248页。

> 通论唐以来大政者七，论明赋饷者一。其首章追溯今日之乱源，深咎近世汉学家言，用私意分别门户，其语绝痛……曩者良知之说，诚非无蔽；必谓其酿晚明之祸，则少过矣。近世汉学之说，诚非无蔽，必谓其致粤贼之乱，则少过矣。《刍论》所考诸大政，盖与顾氏、江氏、秦氏之指为近。彼数君子者，固汉学家所奉以为指归者也。而芝房首篇，讥之已甚，其果有剖及毫厘千里者耶？抑将愤夫一二巨人长德，曲学阿世，激极而一鸣耶？①

曾国藩显然很清楚汉学家治经考礼的目的是在经世。他指出孙鼎臣考诸大政，这种关心时事、经世致用的精神与顾炎武、江永、秦蕙田的为学宗旨是一致的；而顾、江、秦恰恰是汉学家奉为指归的。在以经世为鹄这一点上，孙氏的做法与汉学家一致。孙氏讥讽汉学，显然是没有看到汉学家的经世的意图，不免失之于隘。不过在这段话里，曾国藩也批评汉学家中有"曲学阿世"的"巨人长德"，这显然是指与宋儒为敌的戴震诸人。曾国藩反对戴震的哲学，而且认为："江、戴并称，江则为己，戴则不免人之见者存。……学者用力，固宜于幽独中先将为己为人之界分别明白，然后审端致功。种桃得桃，种杏得杏，未有根本不正而枝叶发生、能自邕茂者也。"②"江"是指江永，江氏尊朱子。曾国藩认为他的学问是从德性出发，是为己之学；戴氏是为人之学，言外之意有"根本不正"、"曲学阿世"的意思。但是曾国藩并不否定戴震等汉学家考礼以经世的企图和努力，也不赞成宋学家对他们讥之过甚。于是在宋学、汉学同归经世这一点上，曾国藩找到了汉宋会通之处。

曾国藩认为汉宋学术的精神实质都在"以礼经世"，宋学并非是言理不言礼，在某种程度上说汉学家言礼乃是承朱子之余绪。他说：

> 乾嘉以来，士大夫为训诂之学者，薄宋儒为空疏。

---

① 《孙芝房侍讲刍论序》，《曾国藩全集·诗文》，第 255—256 页。
② 《曾国藩全集·日记》（一），第 325 页。

> 为性理之学者，又薄汉儒为支离。鄙意由博乃能返约，格物乃能正心。必从事于《礼经》，考核于三千三百之详，博稽乎一名一物之细，然后本末兼该，源流毕贯，虽极军旅战争，食货凌杂，皆礼家所应讨论之事。故尝谓江氏《礼书纲目》。秦氏《五礼通考》，可以通汉、宋二家之结，息顿渐诸说之争。①

为什么说江永、秦蕙田之书可以通汉宋之结呢？这里我们把江书与秦书略作介绍，即可明了曾国藩的意思。江永是戴震的老师，学兼汉宋，盛推朱子，"尝见明邱氏《大学衍义补》，征引《周礼》，爱之，求得其书，钞写正文，朝夕讽诵。自是旁通十三经，以朱子晚年治礼，为《仪礼经传通释》，书未就，黄氏榦、杨氏复相继纂续，亦非完书，乃广摭博讨，大纲细目，一从《周礼》大宗伯'吉、凶、宾、军、嘉'五礼旧次，名曰《礼书纲目》"②。也就是说江永纂《礼书纲目》是继朱子治礼的未竟之志。秦蕙田《五礼通考》是在徐乾学《读礼通考》的基础上完成的。徐书详凶礼，不能备五礼之全。后来秦蕙田撰《五礼通考》二百六十二卷，依《周礼》吉、凶、军、嘉、宾之五目，立为五门七十五类，以乐律附于吉礼宗庙制度之后，以天文、推步、句股割圆立观象授时一题统之，以古今州国郡邑、山川地名立体国经野一题统之，并载入嘉礼，是则取历代典章制度之属于礼者而通考之，视徐书为大备矣。③秦氏《五礼通考》，据章太炎说是"由戴东原、钱竹汀、方观承等参酌而成。观象授时一门，戴氏之力居多"④。也就是说《五礼通考》的编纂，戴震、钱大昕等一批汉学家出力甚多，在纲目编排上与江永《礼书纲目》一脉相承。

《四库提要》批评《五礼通考》涉于庞杂，许多内容"非五礼所应该"。章太炎对此也有同感，他认为：《左传》所谓"礼经国家、定社稷、序民人、利后嗣"，《孝经》所谓"安上治民莫善于礼"，这个"礼"指的是《礼记》中"经礼三百，曲礼三千"中的"经

---

① 《复夏韬甫》，《曾国藩全集·书信》(二)，第 1576 页。
② 钱穆：《中国近三百年学术史》，第 339 页。
③ 参见金毓黻《中国史学史》，商务印书馆 1957 年版，第 201 页。
④ 参见金毓黻《中国史学史》，第 201 页。

礼",而吉、凶、军、嘉、宾五礼指的是"曲礼"。所以章太炎认为观象授时、体国经野诸类内容都由五礼分配,是极可笑的事,并说"不识当时戴东原、钱竹汀辈,何以不为纠正也"①。章太炎的批评正确与否我们姑且不论,但至少说明一点,秦惠田、戴震、钱大昕等人在《五礼通考》中将历史与现实、社会与自然等包罗万象的内容熔为一炉,统统归之为"礼"的视野,他们企图以"礼"经世的意图是很明显的。明了这一点,曾国藩的意思就很清楚了,江永的《礼书纲目》乃远绍朱子之志,秦氏《五礼通考》大纲细目与江书又一脉相承,于是汉宋的鸿沟被填平,汉宋二家最终在礼学上得到会通。所以说宋学派不必指责汉学,汉学家也不必抨击宋学舍礼言理,二家都主张以礼经世,目标是一致的。

曾国藩对三礼之一的《仪礼》也有自己的看法。他说:

> 盖礼莫重于祭,祭莫大于郊庙,而祭祀祼献之节,宗庙时享之仪,久失其传。虽经后儒殷勤修补,而疏漏不完,较之《特牲》、《少牢馈食》两篇详略迥殊,无由窥见天子诸侯大祭之典。军礼既居五礼之一,吾意必有专篇细目如戚元敬所纪各号令者,使伍两卒旅有等而不干坐作,进退率循而不越。今十七篇独无军礼,而江氏永、秦氏蕙田所辑,乃仅以兵制、田猎、车战、舟师、马政等类当之,使先王行军之礼无绪可寻。国之大事,在祀与戎,而古礼残阙若此,则其他虽可详考,又奚足以经纶万物?前哲化民成俗之道,礼乐并重,而国子之教,乐乃专精。乐之至者,能使凤仪兽舞,后圣千载闻之忘味,欲窥圣神制作,岂能置声乐于不讲?国藩于律吕乐舞茫然无所解,而历算之学有关于制器、审音者亦终身未及问津,老钝无闻,用为深耻。②

曾国藩既有此识见,便不同于那些重道轻器的顽固人物。他在军中仿戚继光之法,手创营制、营规,颇得军礼之意。出于对历

---

① 参见金毓黻《中国史学史》,第 201—202 页。
② 《复刘蓉》,《曾国藩全集·书信》(十),第 7034 页。

算、制器、审音等器物之理的重视,他依靠幕僚引进西技,开创洋务运动,并"略仿西制",改建水师,手绘中国近代海军之蓝图。这些做法我们认为是与他礼学经世的思想基础是分不开的。

更可贵的是,曾国藩具有"礼,时为大"的识见,认为礼要随时代而因革,不必拘泥成制。他说:"所贵乎贤豪者,非直博稽成宪而已,亦将因其所值之时、所居之俗而创立规制,化裁通变,使不失乎三代制礼之意,来书所谓苟协于中,何必古人是也。"①他认为礼应因俗成制。比如周代时祭祀,必有主妇参加,这符合《关雎》、《麟趾》中夫妇笃恭之义,后世若以主妇承祭,"则惊世骇俗,讥为异域"。明代的品官冠礼几与《仪礼》相合,但是,"不知曰东房西牖,曰房内户东,曰坫,明世已无此宫室也。然稍师《仪礼》之法,则堂庭浅狭,必有龃龉而难行者"。如果纯粹按《仪礼》的要求来,则于世龃龉难行。所以说礼仪也要随时代的变化而变化。曾国藩提出,"诚得好学深思之士,不泥古制,亦不轻徇俗好,索之幽深而成之易简,将必犁然有当于人心"②。这就为礼制改革拓开了空间。

那么,理与礼的关系是什么?曾国藩在这个问题上超越了乾嘉以来汉学家"言礼不言理"的做法,又回到了清初诸儒以及宋儒那里。曾国藩强调"所谓有《关雎》、《麟趾》之精意,而后可行《周官》之法度"③。冯友兰指出:"这是引用二程的学生杨时所记程颢的话:'明道云:必有《关雎》、《麟趾》之意,然后可行周公之法度'。"冯先生还说:"'至诚恻怛之心'就是'内仁',行《周礼》就是'外礼'。"④前面我们已提及,孙奇逢、陆世仪、张尔岐等人都认为礼本乎理,理为体,礼为用,所谓礼乃天理之节文。后来方东树也认为:"'理'是礼之所以然,在内居先,而凡事凡物

---

① 《复刘蓉》,《曾国藩全集·书信》(十),第7034页。
② 《复刘蓉》,《曾国藩全集·书信》(十),第7034页。
③ 《复刘蓉》,《曾国藩全集·书信》(十),第7034页。
④ 冯友兰:《中国哲学史新编》(下册),第422页。

之所以然处,皆在理,不尽属礼也。"①曾国藩说:"先王之制礼也,因人之爱而为之文饰以达其仁,因人之敬而立之等威以昭其义,虽百变而不越此两端。"②礼千变万化,总不出仁和义两个原则,这与程朱及孙、陆、张、方等人的看法在本质上当然并不矛盾。曾国藩并没有拈出一个"理"字以专门进行"礼"、"理"讨论,但这并不表明他不关注这个问题。他说:

> 老子之初,固亦精于礼经。孔子告曾子、子夏,述老聃言礼之说至矣。其后恶末世之苛细,逐华而背本,斫自然之和;于是矫枉过正,至讥礼者忠信之薄而乱之首,盖亦有所激而云然耳。圣人非不知浮文末节,无当于精义,特以礼之本于太一,起于微眇者,不能尽人而语之。则莫如就民生日用之常事为之制,修焉而为教,习焉而成俗。俗之既成,则圣人虽没,而鲁中诸儒,犹肆乡饮大射礼于冢旁。至数百年不绝。又乌有窈冥诞妄之说,淆乱民听者乎?③

曾氏说礼"本于太一"。"太一"这个词既不同于程朱的"太极",也不同于张载所说的"太和"或"太虚"。王夫之在《张子正蒙注》中说:"天以太虚为体,而太和之缊绌充满焉,故无物不体之以为性命。"④"太虚之气,无同无异,妙合而为一"⑤。王夫之又说:"自其一理浑沦,阖焉辟焉,而清浊高下,各各奠其位,则天地固大一之所分矣。而阖辟之朕,初无二几,清者升则浊者自降。是大一之生众理者,皆具于天,而地者其动之所成也。礼所自生,存中而发外因用而成体,其用者天之德,其成而为体,则效地之能,是本于天而动于地也。"⑥结合曾国藩对张载和船山学研究颇深,而且也颇受其影响这一事实,曾氏的说法似乎

---

① 方东树:《汉学商兑》,见钱钟书主编、朱维铮导读《汉学师承记》(外二种),第294页。
② 《书仪礼释官后》,《曾国藩全集·诗文》,第302页。
③ 《江宁府学记》,《曾国藩全集·诗文》,第338页。
④ 王夫之:《张子正蒙注》,中华书局1975年版,第50页。
⑤ 王夫之:《张子正蒙注》,中华书局1975年版,第103页。
⑥ 王夫之:《礼句章句·礼运》卷九,清同治刻《船山遗书》本。

更接近于横渠、船山。曾国藩又说：

> 古之君子之所以尽其心、养其性者,不可得而见,其修身、齐家、治国、平天下,则一秉乎礼。自内焉者言之,舍礼无所谓道德;自外焉者言之,舍礼无所谓政事。故六官经制大备,而以《周礼》名书。春秋之世,士大夫知礼、善说辞者,常足以服人而强国。战国以后,以仪文之琐为礼,是女叔齐之所讥也。荀卿、张载兢兢以礼为务,可谓知本好古,不逐乎流俗。近世张尔岐氏作《中庸论》,凌廷堪氏作《复礼论》,亦有以窥见先王之大原。秦蕙田氏辑《五礼通考》,以天文、算学录入为观象授时门;以地理、州郡录入为体国经野门;于著书之义例,则或驳而不精;其于古者经世之礼之无所不该,则未为失也。①

由是可知,尽心养性是目的,礼不过是手段。但是道德之意,必须由礼才得以表现,政事也是对礼的具体实践。失去道德之意的繁文缛节是"仪",而不是"礼";但是对礼的实践也离不开"仪"。曾国藩对张载和荀子的礼治思想甚为推崇;将张尔岐、凌廷堪、秦蕙田放在一起共同表彰更是寓意颇深。张尔岐是尊程朱的考据家,他的礼学思想以尽性知天的中庸哲学为本,认为礼是"理"的节文;凌廷堪言礼不言理,虽有偏颇,但圣人制礼意在使人人纳入规范,使众人能循其迹而不必明其意,故凌氏礼学虽以考仪为主,但曾国藩认为亦有功圣道。对于秦蕙田的《五礼通考》,曾国藩批评其义例"驳而不精",这与四库馆臣以及后来章太炎的看法是一致的;但曾国藩肯定《五礼通考》中的"观象授时"、"体国经野"等类目,因为这合乎"经世之礼之无所不该"的三代礼治精神。将上述诸人礼学思想统一起来,便成为本末兼该、有体有用的内圣外王之学。所以曾国藩的礼学思想仍是以"理"为体,以礼为用,他的理学即是礼学。他取汉宋之长,在经世致用的层面上会通汉宋学术,达到了一个新的高度。

---

① 《笔记二十七则·礼》,《曾国藩全集·诗文》,第358页。

曾国藩"内仁外礼、以礼经世"思想之形成,与他受船山学的影响关系很大。曾国藩甚为推崇王夫之,对船山学用功颇深。《船山遗书》即是在曾国藩、曾国荃的大力支持下刊刻而成。是书于同治二年(1863)在安庆开局,此时正是湘军与太平军决战的关键时刻。但是酷嗜船山学的曾国藩仍在战争的间隙,花费大量心血和精力,动用一切关系搜集散落在各地的船山著作,尽量使王夫之的著作能够出齐。《船山遗书》于同治十年(1871)于金陵最终刻成,凡三百二十二卷。通过曾国藩等人努力,旷世大儒王夫之的著作,在湮没大约两个世纪之后,终于以较完整的面貌得以流传。对这部洋洋大书,曾国藩反复研读过多次。经他逐字逐句认真校阅过的船山著作有:"《礼记章句》四十九卷,《张子正蒙注》九卷,《读通鉴论》三十卷,《宋论》十五卷,《四书》、《易》、《诗》、《春秋》诸经稗疏考异十四卷,订正讹脱百七十余事。"①经曾氏校刊过的累计有一百一十七卷,占全书三分之一强。

曾国藩喜读船山著作,无疑是想从中汲取经世的方略。船山所处的晚明时期,内有农民起义,外有清兵入侵,这种内忧外患的局面,与曾国藩面临的时代有太多的相似之处。王夫之对明朝亡国的教训有过很好的总结,这些都引起了曾国藩的重视。曾氏在日记、书信、诗文中多次谈及晚明士人习气之恶劣,认为这是导致明朝灭亡的主要原因。这种看法,显然受到王夫之的影响。如咸丰三年(1863)曾氏与徐有壬的信中说:"生平憎恨晚明人弃置国是,专竞意气。"②咸丰四年(1864)与骆秉章的信中又说:"国藩性本褊隘,因有鉴于晚明君子,朝局败坏将尽,而犹偏竞意气为可耻笑,是以时自省警。"③曾氏《王船山遗书序》又云:"先生名夫之,字而农,以崇祯十五年举于乡。目睹是时朝政,刻核无亲,而士大夫又驰骛声气,东林、复社之徒,树党伐仇,颓俗日薾。故其书中黜申韩之术,嫉朋党之风,长言三

---

① 《王船山遗书序》,《曾国藩全集·诗文》,第277页。
② 《与徐有壬》,《曾国藩全集·书信》(一),第390页。
③ 《与骆秉章》,《曾国藩全集·书信》(一),第472页。

叹而未有已。"①当然，曾国藩并非是可惜明朝的覆亡，而是担心清朝会重蹈明亡之故辙。因此他钻研船山学，显然是想从中汲取历史的经验教训和有关治世的方略。

曾国藩对王夫之以礼经世的思想有深刻的认识。同治七年（1868），他在给友人的信中说："船山说经高于论史。卓见极是。西（而）说经又以《礼记章句》为最。鄙意欲取《礼记章句》、《读通鉴论》、《宋论》三者，益以《诸经稗疏》，另刷数十部，作为单行之本，不与他种并行，以便足餍时贤之心，而洗明季之习，阁下以为何如？"②复潘黻庭的信中又说："来示称王船山先生之学以汉儒为门户，以宋儒为堂奥，诚表微之定论。观其生平旨趣，专宗洛、闽，而其考《礼》疏《诗》辨别名物，乃适与汉学诸大家若合符契。特其自晦过深，名望稍逊于顾、黄诸儒耳。"③曾氏认为王夫之"专宗洛闽"结论未必正确，但他重视王夫之之礼学经世思想，这是无疑的。

曾国藩在同治五年（1866）五月十三日的日记中说："船山先生《大学》、《中庸》皆全录朱注，而以己说衍之，仍第于《礼记》中，以还四十九篇之旧。余因先生说《礼》多通于性命之原故，急取《中庸》阅之。"④《大学》、《中庸》本是《礼记》四十九篇中的两篇，朱熹将其抽出，与《论语》、《孟子》合成四书。王夫之注《礼记》，将《大学》、《中庸》仍放在《礼记》中，自有其深刻的含义在。因为《中庸》的性命之理是"礼"的形上依据，只有形上之"理"与制度层面的"礼"结合，用船山哲学的话语来说才是"道器不离"，成内圣外王之道。王夫之这层意思，曾国藩显然是很清楚的，因此他在《王船山遗书序》中说：

> 昔仲尼好语求仁，而雅言执礼，孟氏亦仁礼并称，盖圣王所以平物我之情，而息天下之争，内之莫大于仁，外之莫急于礼。自孔孟在时，老庄已鄙弃礼教。杨墨之指不同，而同于贼仁。厥后众流歧出，载籍焚

---

① 《王船山遗书序》，《曾国藩全集·诗文》，第278页。
② 《复欧阳兆熊》，《曾国藩全集·书信》（九），第6686页。
③ 《复潘黻庭》，《曾国藩全集·书信》（九），第6551页。
④ 《曾国藩全集·日记》（二），第1264页。

烧,微言中绝,人纪紊焉。汉儒掇拾遗经,小戴氏乃作记,以存礼于什一。又千余年,宋儒远承坠绪,横渠张氏乃作《正蒙》,以讨论为仁之方。船山先生注《正蒙》数万言,注《礼记》数十万言,幽以究民物之同源,显以纲维万事,弭世乱于未形。其于古昔明体达用,盈科后进之旨,往往近之。①

曾国藩单挑出船山著作中的《张子正蒙注》和《礼记章句》,可谓找准了理解船山思想的一把钥匙。王夫之以"六经责我开生面,七尺从天乞活埋"的气魄,开一代学术新风气,他主张道器不离、理气不离、主动尚行、能以副所等理论,归根结底意在强调儒家哲学的实践性,从而纠正晚明心学体用脱离、空谈而不能致用之弊。王夫之的《礼记章句》,并非单纯地考察《礼记》,而是在其哲学的参照下,将礼贯穿到修己治人的高度去审视,以期有益于世运人心。他说:"礼者,修己治人之大纲,而治乱之准。"②又说:"《六经》皆圣人之教,而尤莫尚于礼,以使人之实践于行,则善日崇而恶自远,盖易知简能,而化民成俗之妙,至于迁善而不知为之者,则圣神功化之极,不舍下学而得之矣。"③在王夫之看来,下学即为上达,所以他特别重视礼的细节,其论《曲礼》曰:"曲者详尽委曲之意。此篇举礼文之委曲,以诒人之无微而不谨,尤下学之先务。"④王夫之认为礼有本末、体用之分。"体而上者道也,礼之本也。形而下者器也,道之撰也。礼所为,即事物而著其典则,以各适其用也。……礼制之品节,尽人情而合天理者,一因于道之固然,而非故为之损益"⑤。礼的本源是形上之道,礼的原则是尽人情而合天理,只有把礼落实到实践上,才合乎道器不离、体用不离的原则,从而合内外、兼本末,使道德落到实处。王夫之鉴于明末清初礼坏乐崩、士人空疏无能、廉耻丧尽的局面,提醒人们对礼加以关

---

① 《王船山遗书序》,《曾国藩全集·诗文》,第 277—278 页。
② 王夫之:《礼记章句·檀弓下》卷四。
③ 王夫之:《礼记章句·经解》卷二十六。
④ 王夫之:《礼记章句·曲礼上》卷一。
⑤ 王夫之:《礼记章句·礼器》卷十。

注,以期重新扭转世运人心。此一思想,与黄宗羲论礼乃六经之大节目,顾炎武论礼为修己治人之具,可谓不谋而合。所以曾国藩认为船山学从民胞物与的本源出发,意在纲维万事,明体达用,弭世乱于未形。这对王夫之的理解颇中肯綮,也表明曾国藩会通汉宋的礼学思想根本目的在于经世致用,使理学的原则最终汇归到礼上来。换句话说,即是使理学通过礼学进行修己和经世实践。

第七章

曾国藩礼学思想与经世实践

曾国藩去世后,著名学者王闿运为曾氏作一挽联:"平生以霍子孟、张叔大自期,异代不同功,戡定仅传方面略;经术在纪河间、阮仪征之上,致身何太早,龙蛇遗憾礼堂书。"①其意说曾国藩平生以霍光和张居正自期,但只是力撑东南半壁,仅留下用兵的方略;经术超过纪昀和阮元,但没有留下什么著作。的确,由于军政倥偬,曾国藩不可能像一般学者那样能够专事著述,尽管他对于礼学不乏很精到的认识,但最终没有形成专门著作。但这不等于说他没有很丰富的礼学思想。这里需要对"礼"、"礼学"、"三礼学"三个概念略作辨析。"礼"的产生最早,其内涵亦最广,在先秦时期,礼几乎包罗万象,大凡政治、经济、思想、社会生活等,无不在其视野之内。"礼学"是对礼加以认识和研究的理论思想学说和体系。"三礼学"是对《周礼》、《仪礼》、《礼记》诸文献进行探讨和阐发的一门学问。②前面我们谈及,汉学家对"三礼学"的研究已经面面俱到,曾国藩对前辈儒者试图通过研究"三礼"以经世的目的甚为知悉,他们的研究成果也丰富了曾国藩的礼学思想。曾国藩礼学思想的特点,一是恢复了先秦以礼经世的精神。他主张以杜佑、马端临、秦蕙田补汉学家宗许慎、郑玄之偏,使礼的内涵已不囿于"三礼",大凡官制、财用、盐、漕、钱法、冠、婚、丧、祭、兵制、刑律、地舆、河渠、

---

① 高伯雨:《中兴名臣曾胡左李》,香港波文书局1977年版,第34页。
② 参见林存阳:《清初三礼学》,第6页。

洋务等经世内容无不纳之于礼的视野之内。他试图总结出一些经验,形成一定的制度,以为后世立法。他认为研究这些问题,应该以"本朝为主而历溯前代之沿革本末,衷之以仁义,归之于简易。前世所袭误者可以自我更改之,前世所未及者可以自我创之"①。他这一思想是对清初以后礼学思想演进的总结、突破和超越。这一思想为曾国藩改革弊政、发展洋务、图谋民族自强等活动提供了儒门合法性依据。不少人认为,曾国藩发展洋务"是由阅历而得",但我们认为这只是一个表面的原因,从清代学术发展的内在理路以及从曾氏思想根源上看,有其必然性的思想依据。二是超越汉学家的"以礼代理",将礼再次纳入理学的原则之下,使礼成有源之水、有本之木,使理学通过礼学进行体国经野或经世实践。

曾国藩说:"先王之制礼也,人人纳于轨范之中。"②他很清楚,儒家的仁义之道,要通过"礼"表现出来。"礼"换言之就是规章制度,这个规章制度要随时代的变化而损益因革,所谓"三代不同礼"即是此意。没有"礼"(制度),儒家的仁义便无法得以表现,"理"即会蹈空不实;当然,没有"理",制礼也便失去了依据。王夫之重视道器、理气、礼理不离,清代汉学家重视"礼",其目的都是为了纠正理学的蹈空不实之病,意在强调实践工夫。曾国藩以礼经世,便是从规章制度入手。不仅政治、军事、洋务活动如此,即使"文章可传者"亦是"惟道政事,较有实际"。他认为,张居正"盛有文藻而其不朽者乃在筹边、论事诸牍";王阳明"精于理性,而其不刊者,实在告示条约诸篇"③。这充分说明他重视"器"、重视制度操作性层面的务实心态。

---

① 《湘乡曾氏文献》第六册,台湾学生书局1965年影印本,第3369—3370页。
② 《江宁府学记》,《曾国藩全集·诗文》,第337页。
③ 《复汪士铎》,《曾国藩全集·书信》(三),第2395页。

第一节　曾国藩礼治思想的政治实践

　　曾国藩的仕宦生涯是从道光二十年(1840)授翰林院检讨(秩从七品)时算起。此后有六七年的时间供职翰林院,任务主要是读书习字,优游养望,还谈不上对政事的处理。道光二十七年(1847),他超擢内阁学士兼礼部侍郎衔,其后五年,遍兼兵、工、刑、吏各部侍郎,开始参与国家大政的处理,直到咸丰二年(1852)因母丧回家并奉命办团练为止。曾氏在京为宦十二年,参与政事、处理政务不过只有五年的时间。但是就这五年时间,已足以显示出曾国藩处理政事的一些特点,即是他比较注意政策和制度的可操作性。比如,他和倭仁虽然同是理学家,但处理政事的风格却不相同。咸丰帝即位之初,就"用人行政"问题下诏求言,曾国藩与倭仁各上《应诏陈言疏》。倭仁大谈君子、小人之道,咸丰帝认为"名虽甚善,实有难行"①。理学家所谓"空疏之病",即是指光谈性理,难以在经验层面操作。而曾国藩就"用人一端"发表意见,则是有理论、有方案,有具体操作办法,他提出"有转移之道,有培养之方,有考察之法,三者不可废一"②。得到了咸丰帝的肯定:"剀切明辩,切中情事。"③之所以如此,与曾国藩的学术观念有关:理要通过具体的办法表现出来,才不至于蹈空。

　　咸丰元年(1851),曾国藩给皇帝上了一道《备陈民间疾苦疏》。他指出,民间疾苦,一曰"银价太昂,钱粮难纳"。政府要求百姓纳税要用银两,拒收制钱。而米价太贱,卖米得钱后还要兑换成银两,"持钱以易银,则银价苦昂而民怨","州县竭全力以催科,犹恐不给,往往委员佐之,吏役四出,昼夜追比,鞭朴

---

　　① 《大清文宗显皇帝实录》(一)卷四,第16页,1936年大日本东京大藏书出版株式会社承印。
　　② 《应诏陈言疏》,《曾国藩全集·奏稿》(一),第6页。
　　③ 《大清文宗显皇帝实录》(一)卷五,第22—23页。

满堂,血肉狼藉,岂皆酷吏之为哉!不如是,则考成不及七分,有参劾之惧,赔累动以巨万,有子孙之忧"。"或本家不能完,则锁拿同族之殷实者而责之代纳。甚者或锁其亲戚,押其邻里。百姓怨愤,则抗拒而激成巨案"。所以银价太昂已成为一大弊政。二曰盗贼太众,官吏缉盗不力,而扰民有余。"近闻盗风益炽,白日劫淫,捉人勒赎,民不得已而控官。官将往捕,先期出示,比至其地,牌保辄诡言盗遁。官吏则焚烧附近之民房,示威而去,差役则讹索事主之财物,满载而后归,而盗实未遁也。或诡言盗死,毙他囚以抵此案,而盗未死也。案不能雪,赃不能起,而事主之家已破矣。吞声饮泣,无力再控"。三曰冤狱太多,民气难伸。曾国藩自从署理刑部之后,从京控、上控中发现许多问题:"大率皆坐原告以虚诬之罪,而被告反得脱然无事。其科原告之罪,援引例文,约有数条:或曰申诉不实,杖一百;或曰蓦越进京告重事不实,发边远军;或曰假以建言为由,挟制官府,发附近军;或曰挟嫌诬告本管官,发烟瘴军。……若夫告奸吏舞弊,告蠹役作赃,而谓案案皆诬,其谁信之乎?……风会所趋,各省皆然,一家久讼,十家破产,一人沉冤,百人含痛,往往有纤小之案,累年不结,颠倒黑白,老死囹圄,令人发指者。"①

曾国藩向咸丰帝提出,改革这三个方面的弊政是当前之急务。解决银价太昂的问题,曾国藩提出变通平价的方法:"部时定价,每年一换";"京外兵饷,皆宜放钱";"部库入项,亦可收钱";"地丁正项,分项收钱";"外省用项,分别放钱";"量减铜运,以昂钱价"。② 至于捕盗及诉讼弊政,要靠地方督抚刷新政治,曾国藩只能"求皇上申谕外省,严饬督抚,务思所以更张之"③。他作为京官是鞭长莫及的。

曾国藩做京官期间,虽然他也向皇帝提出一些革除弊政的建议,但是几乎没有什么效果,"或下所司核议,辄以'毋庸议'三字了之;或通谕直省,则奉行一文之后,已复高阁束置,若风

---

① 以上引文均见《备陈民间疾苦疏》,《曾国藩全集·奏稿》(一),第29—32页。

② 《平银价疏》,《曾国藩全集·奏稿》(一),第32页。

③ 《备陈民间疾苦疏》,《曾国藩全集·奏稿》(一),第32页。

马牛之不相与"①。这使他对政治深感失望,甚至一度有辞官归田的想法。但是在荡平太平天国之后,他历任两江总督、直隶总督,独掌方面大权,这给了他刷新吏治、实行政治改革的机会。曾国藩治理两江和直隶,即从制定章程和条例入手,然后根据章程、条例综合名实,进行赏罚。在他的文集中,经他手订过的章程,盐务方面有《淮盐运行西岸章程》、《淮盐运行皖岸章程》、《淮盐运行楚岸章程》、《淮北票盐章程》等。诉讼、政务方面有《直隶清讼限期功过章程》、《劝诫州县四条》、《直隶清讼事宜十条》、《谕巡捕门印签押三条》等。这些条例、章程合乎他以礼经世的思想,也就是以法规制度来条理政务,而这些法规制度则是根据理学家的"理"——仁义思想来制定的。概括起来,曾国藩制定这些规章制度,目的是便民利民并试图遏制官员的贪赃枉法、扰民害民之顽症。如他刚到直隶总督任上,就在调查实情基础上制定了《直隶清讼事宜十条》。在这个通行直隶各州县的条例中,曾国藩列举出司法腐败的诸多弊症:"京控发交到局,委员往提人证,间有得钱卖放之弊;行贿受托,则以患病外出等词捏禀搪塞,此一弊也。案证提到省城,分别押保,听候审办。有发交清苑取保者,县役任意讹索……每过堂时,必有差役承带案证,而承带之差,往往五日一换。换差一次,讲费一次,诛求无厌。此又一弊也。""凡小民初涉讼时,原、被告彼此忿争,任意混写多人,其中妄扳者居多。且有差役勾串,牵入呈内者。票上之传人愈多,书差之索费愈甚,名曰'叫点'。所谓'堂上一点硃,民间万点血'也"。之所以出现如此多的流弊,原因很多,或者是官员缺乏爱民之心,不能设身处地为百姓着想;或者是官员不能勤政,将政务委之师爷幕友,任凭他们徇私舞弊;或者是约束不严,致使差役、门丁无法无天,肆无忌惮地掠夺残剥百姓等等。

为解决这些弊政,曾国藩手定十条章程:1. 通省大小衙门公文宜速;2. 省府发审局且先整顿;3. 州县须躬亲六事,不得尽信幕友丁书;4. 禁止滥传滥押,头门悬牌示众;5. 禁止书差索费;6. 四种四柱册按月呈报悬榜;7. 严治盗贼以弭隐患;8. 讼案

---

① 《复胡大任》,《曾国藩全集·书信》(一),第 76 页。

久悬不结,核明注销;9.分别皂白,严办诬告讼棍;10.奖借人才,变易风俗。十条规定中,有些措施强调加强政务公开,置司法程序于众人监督之下,以防大小官吏作弊勒索。如第四条规定:"制造大粉牌一面,悬挂头门之外,将在押人姓名逐一开载,并注明某月某日因某案管押,书明牌上,俾众周知。倘书差舞弊私押,准家属喊禀严究。本部堂常常派人密查,如有并未悬牌,或牌上人数与在押之数不符,与月报之数不符者,记过重惩。"①为保证这十条措施落到实处,曾国藩又制定了《直隶清讼限期功过章程》,对催解犯证、审断程序、办案积压、人犯押管、案件上报、捕务讲求等等都作了细致的规定。按照这些规定实行严格的奖惩制度。如"相验尸身,(地方官)须即日亲往验讯明确,如无故逾延一两日者,记过一次。如或委佐杂代验,或任令刑件滋弊,或因迟久始验以致尸身腐烂,供情游移者,每案记大过一次"。"管押人犯,并不开明名姓、事由、月日,悬牌示众者,记过一次;因而书差舞弊私押者,记大过一次"。"州县平日不能讲求捕务,境内出强盗劫案,一月劫至二起者,记过一次;一月劫至三起者,记大过一次"。曾国藩对记过州县长官的处罚是相当严厉的,"记大过至三次,记小过至六次者,现任人员立予撤任,候补人员停委二年"②。

对州县长官的要求应该说是十分严厉的。那么曾国藩对自己的总督衙门如何整治呢?他对自己衙门中的巡捕、门印、签押等工作人员作出如下规定:"凡为督抚者,以不需索属员为第一义。第一,不许凌辱州县。人无贵贱贤愚,皆宜以礼貌相待。凡简慢傲惰,人施于己而不能堪者,己施于人,亦不能堪也。第二,不许收受银礼。凡自爱者,丝毫不肯苟取于人。凡收人礼物,其初不过收茶叶、小菜之类,渐而收及鞍马、衣料,渐而收及金银、古玩。其初不过投赠之情,渐而笑索授意,渐而诛求逼勒,贿赂公行,皆始于此。嗣后我巡捕、门印、签押,务各自

---

① 以上引文参见《直隶清讼事宜十条》,《曾国藩全集·诗文》,第444—452页。

② 以上引文见《直隶清讼限期功过章程》,《曾国藩全集·诗文》,第413页。

爱,不准收受丝毫礼物,即茶叶、小菜、至亲密友赠送微物,若非禀明本部堂再三斟酌者,概不准收。倘有隐瞒收受者,重则枷号棍责,轻则递解回籍。第三,不许荐引私人。凡巡捕、门印、签押,势之所在,人或不敢不从。……此次告诫之后,概不准荐人入将领之营,入州县之署,亦不准各营各署收受。以上三条,巡捕、门印、签押三处,各写一分,贴于座右。如其自度不能,即趁早告退;若其在此当差,即小心凛遵。"在清代社会,官员的腐败是一大顽症,但是官员多是文化中人,多少还有些收敛;而那些衙门中胥吏、巡捕、差役、门丁多是些毫无廉耻、只知发财的贪劣之辈,他们直接和百姓打交道,故为害甚巨。曾国藩不仅对众衙役提出严格要求,同时也允许衙役们监督自己:"此三者,本部堂若犯其一,准各随员指摘谏争,立即更改。"①在等级森严的专制时代,曾国藩有如此觉悟难能可贵。他在实践中已认识到政务公开和监督的重要性,虽然他并没有将其上升到一个理论的高度。清初以来,荀学渐渐受到学者的尊崇,从汪中、凌廷堪到曾国藩无不如此,他们都关心礼法制度层面的建设,与传统主观性甚大的德治、人治风格不尽相同。这说明中国能够向现代法制社会过渡,除了西方影响之外,在学术源流上,还存在着一个传统的思想资源。外来思想必须与传统文明找到共振点才能扎根生存,否则即是空中楼阁,这是文明进化的内在逻辑。

当然,曾国藩重视制度层面的建设,并不说明他是一个法家人物,他仍主张德治为主,法制辅之。他认为转移风俗靠人才,尤其取决于皇帝及各级官吏自身是否品行端正。他劝咸丰帝加强学习,认为政术出自学术,"欲人才皆知好学,又必自我皇上以身作则,乃能操转移风化之本"②。他建议恢复雍正朝以来形同虚设的筵讲制度,所谓"筵讲"即是由儒生给皇帝讲解儒家经书。在顺治、康熙朝,这种经筵日讲制度曾一度实行过。曾国藩给咸丰帝上的奏折《条陈日讲事宜疏》中说:"臣闻圣学

---

① 以上引文见《谕巡捕门印签押三条》,《曾国藩全集·诗文》,第456页。

② 《应诏陈言疏》,《曾国藩全集·奏稿》(一),第7页。

高深,诸《经》、《通鉴》讲贯已熟。窃谓为君之道,莫备于真德秀《衍义》、邱浚《衍义补》二书。……臣拟请讲此二书,于今日时政实有裨益。"①其意是说,皇帝对诸《经》及《通鉴》已很熟悉了,如果恢复日讲,建议学一些理学名著。以天理格君心,试图通过学术影响皇帝的人生观,从而使其明德亲民,以促进政治和社会的稳定,这是理学家的贤人政治理想。除了正君心之外,曾国藩认为地方督抚自身修养如何,直接关系到人心风俗。他在日记中说:"又思治世之道,专以致贤养民为本。其风气之正与否,则丝毫皆推本于一己之身与心,一举一动,一语一默,人皆化之,以成风气。故为人上者,专重修养,以下之效之者速而且广也。"②日记中又云:"一省之风气系于督抚、司道及首府数人,此外官绅皆随风气为转移者也。韬甫将赴上海催饷,禀辞邑谈,余勉之以维持风教,勿自菲薄,引顾亭林《日知录》'匹夫之贱,与有责焉'一节以勖之。"③对僚属更是时时告诫,耳提面命,激发其爱民心肠。他作官厅联曰:"长吏多从耕田凿井而来,视民事须如家事;吾曹同讲补过尽忠之道,凛心箴即是官箴。""念三辅新离水旱兵戈,赖良吏力谋休息;愿群寮共学龚黄召杜,即长官藉免愆尤。"④我相信曾国藩并非是在唱高调,长期的儒学教育确实使他具有亲民爱民的心理与情感基础,不如此便于心难安。他读到杜甫的"忧国愿年丰"诗句,也"为之慨然"⑤。在直隶总督任上,一连数天为旱情伤稼而忧灼难眠。如同治八年(1869)四月初一日日记:"是日在途中见麦稼为旱所伤……目击心伤,不忍细看。"⑥初三日又记:"念百姓麦稼已失,稷粱不能下种……种种悬念,不胜焦灼。"⑦理学家从人我、物我同源的角度以寻找儒家"仁民爱物"的价值根据,从科学实证的角度,不免有些牵强,但理学体验确起到了情感教育和心理导

---

① 《条陈日讲事宜疏》,《曾国藩全集·奏稿》(一),第 15 页。
② 《曾国藩全集·日记》(一),第 681 页。
③ 《曾国藩全集·日记》(一),第 683 页。
④ 《曾国藩全集·日记》(三),第 1609 页。
⑤ 《复李宗羲》,《曾国藩全集·书信》(七),第 5202 页。
⑥ 《曾国藩全集·日记》(三),第 1630 页。
⑦ 《曾国藩全集·日记》(三),第 1631 页。

向的效果。应该说儒家的仁民意识也是后世中国进行政治改革的一个价值基础。

曾国藩在两江、直隶任内官声还是不错的。《清史列传》说,曾国藩在两江任上去世后,"一闻出缺,士民奔走,妇孺号泣,以遗爱而言,自昔疆臣汤斌、于成龙而后,未有若此感人之深者"①。将曾氏与清代著名循吏汤斌、于成龙相提并论,评价很高。薛福成说,曾氏在两江任内,"劝课农桑,修文兴教,振穷戢暴,奖廉去贪,不数年民气大苏,而官场浮滑之习,亦为之一变"。在直隶任上,"莅任之始,令省中司道,将所属各员,酌加考语,开摺汇进,以备核覆,一面留心访察,偶有所闻,即登之记簿,参伍错综,而得其真。俟贤否昭然,具疏举劾,阖省惊以为神,官民至今称颂"②。"参伍错综"即曾国藩常说的"综合名实",也就是将法令制度与官员的执行情况一一对照,从而决定属吏的升迁或罢黜。这些做法是曾国藩以礼经世思想在政治上的具体实践。

第二节 曾国藩礼治思想的军事实践

前已提及,曾国藩所订营制、营规,有人评价说"其与军礼庶几近之"。在曾国藩看来,"丝丝入扣转折合法,即礼之意也"③。所谓"以礼治军",即是以一定的规范章法治军,而且这些规范章法要符合理学的原则和精神。曾国藩出兵伊始,即发布《讨粤匪檄》:

> 自唐虞三代以来,历世圣人,扶持名教,敦叙人伦,君臣父子,上下尊卑,秩然如冠履之不可倒置。粤

---

① 清国史馆编:《清史列传·卷四十五·曾国藩》,见周骏富辑《清代传记丛刊》,台湾明文书局1986年印行。

② 薛福成:《薛叔耘代李少荃拟陈督臣忠勋事实摺》,见沈宗元《曾文正公学案》,民国八年成都昌福公司铅印本。

③ 《曾国藩全集·家书》(一),第35页。

> 匪窃外夷之绪,崇天主之教……而别有所谓耶苏之说、《新约》之书。举中国数千年礼义人伦、诗书典则,一旦扫地荡尽。此岂独我大清之变,乃开辟以来名教之奇变,我孔子、孟子之所痛哭于九原!凡读书识字者,又乌可袖手安坐,不思一为之所也![①]

有人根据这段话将湘军与太平天国的战争,看成是第一次中西文化之间的战争。其实将洪秀全的拜上帝教与西方基督教等同起来并不妥当。太平天国既有西方基督教神学,也有墨家的兼爱和儒家经济上的平均主义思想。众人皆是兄弟姊妹,不分上下尊卑,但天父天兄与众人还是不平等的,天王是天国的大族长,既是皇帝又是教主,正如冯友兰所说:"这种'三位一体'使天王更容易成为一个中央集权的专制主义的独裁者。"[②]所以本质上洪秀全的思想是基督教神学的中国化。曾国藩镇压太平天国打出的旗号是反天主教,他要保卫的是儒家的纲常礼教,这就把战争的宗旨和他的军事目的揭示出来了。

在对政府军失望之余,曾国藩决定赤地新立、另起炉灶,编练一支全新的军队以与太平军抗衡。他参照明代戚继光的建军方法,组建与编练湘军。他先是制定《初定营规二十二条》,其中有扎营六条、开仗五条、行路三条、守夜三条、军器五条。后来又正式确定为《营规》,包括:招募之规二条,日夜常课之规七条,扎营之规八条,行路之规三条,禁洋烟等事之规七条,稽查之规五条。制定《营规》的同时,他又手定《营制》,包括一营之制、营官亲兵之制、一哨之制、长夫之制、薪水口粮之制、恤赏之制、外省招勇仿照楚军薪粮之制、帐棚之制、统领之制、马队营制等等。从"礼"的形式来说,这些都是制度、器物层面的内容,这里不必多做介绍,读者自可翻检原文,我们只分析一下这些制度背后的礼治精神。曾国藩特别重视军队的思想政治工作,这是他最大的礼治之所在。他在《禁扰民之规》中说:"用兵之道以保民为第一义。除莠去草,所以爱苗也;打蛇杀虎,所以

[①] 《讨粤匪檄》,《曾国藩全集·诗文》,第232页。
[②] 冯友兰:《中国哲学史新编》(下册),第405页。

爱人也;募兵剿贼,所以爱百姓也。若不禁止骚扰,便与贼匪无异,且或比贼匪更甚。要官兵何用哉?故兵法千言万语,一言以蔽之曰:爱民。"①在曾国藩看来,太平军攻城略地,是在破坏秩序,必须让士兵明白他们杀人是为了保民爱民,才能激发他们的道义感,使他们勇于杀敌。因此,曾国藩特地作浅显易懂的《爱民歌》,教兵勇传唱。歌曰:

> 三军个个仔细听,行军先要爱百姓。
> 贼匪害了百姓们,全靠官兵来救人。
> 百姓被贼吃了苦,全靠官兵来作主。
> 第一扎营不要懒,莫走人家取门板。
> 莫拆民房搬砖石,莫踹禾苗坏田产。
> 莫打民间鸭和鸡,莫借民间锅和碗。
> 莫派民夫来挖壕,莫到民间去打馆。
> ……
> 第二行路要端详,夜夜总要支帐房。
> 莫进城市占铺店,莫向乡间借村庄。
> ……
> 第三号令要严明,兵勇不许乱出营。
> 走出营来就学坏,总是百姓来受害。
> 或走大家讹钱文,或走小家调妇人。
> ……
> 要得百姓稍安静,先要兵勇听号令。
> 陆军不许乱出营,水军不许岸上行。
> 在家皆是做良民,出来当兵也是人。
> 官兵贼匪本不同,官兵是人贼是禽。
> 官兵不抢贼匪抢,官兵不淫贼匪淫。
> 若是官兵也淫抢,便同贼匪一条心。
> ……
> 爱民之军处处喜,扰民之军处处嫌。
> 我的军士跟我早,多年在外名声好。

---

① 《禁扰民之规》,《曾国藩全集·诗文》,第466页。

> 如今百姓更穷困,愿我军士听教训。
> 军士与民如一家,千万不可欺负他。
> 日日熟唱《爱民歌》,天和地和又人和。①

"明明德"、"亲民"、"止于至善"是《大学》所谓三纲领,也是理学全部的立论基础。曾国藩以"爱民"为第一义——当然这个"民"是指不造反、遵守礼教的"民",并以此义来指导军事,应该说是合乎他"内仁外礼"或"内理外礼"之精神的。他时常对将官讲解理学的道理,而且要求他带兵的几个兄弟也如此做。咸丰十年(1860),他在给其四弟的家信中说:"弟(曾国荃)在军中,望常以爱民诚恳之意、理学迂阔之语时时与弁兵说及,庶胜则可以立功,败亦不至造孽。当此大乱之世,吾辈立身行间,最易造孽,亦最易积德。吾自三年初招勇时,即以爱民为第一义。"②对于两位兄弟能派士兵帮百姓做些事情,他立即去信表示赞赏和鼓励。他在给其四弟、五弟(曾国葆)的信中说:"出队以护百姓收获甚好,与吉安散耕牛籽种用意相似。吾辈不幸生当乱世,又不幸而带兵,日以杀人为事,可为寒心,惟时时存一爱民之念,庶几留心田以饭子孙耳。"③"爱民"之"理"要通过营规营制之"礼"表现出来。他在营规中规定:"如有扰民者,吸洋烟者,赌博者,立即拿回究办。"④为禁止兵勇骚扰妇女,他规定:"禁止奸淫。和奸者责革,强奸者斩决。"⑤曾国藩强调爱民,不仅是因为他有理学的思想基础,而且他已经认识到民心的向背是决定战争胜负的关键性力量。官兵奸淫掳掠,早已失去民心。在绿营兵一触即溃,太平军势如破竹的情况下,曾国藩只好别练新军,以争取人心。他在给张亮基的信中说:

> 练勇之举,亦非有他,只以近日官军在乡,不无骚扰,而去岁潮勇有奸淫掳掠之事,民间倡为谣言,反谓兵勇不如贼匪之安静。国藩痛恨斯言,恐民心一去不

---
① 《爱民歌》,《曾国藩全集·诗文》,第429—430页。
② 《致沅弟》,《曾国藩全集·家书》(一),第540页。
③ 《致沅弟季弟》,《曾国藩全集·家书》(一),第548—549页。
④ 《稽查之规五条》,《曾国藩全集·诗文》,第467页。
⑤ 《禁洋烟等事之规七条》,《曾国藩全集·诗文》,第466页。

可挽回,誓欲练成一旅,秋毫无犯,以挽民心而塞民口。每逢三、八操演,集诸勇而教之,反复开说至千百语,但令其无扰百姓。……每次与诸弁兵讲说,至一时数刻之久,虽不敢云说法点顽石之头,亦诚欲以苦口滴杜鹃之血。练者其名,训者其实;听者甚逸,讲者甚劳。……国藩之为此,盖欲感动一二,冀其不扰百姓,以雪兵不如贼匪之耻,而稍变武弁漫无纪律之态。①

可以说正是曾国藩有这种建军思想,才使他有了和太平军争雄的本钱。当然湘军并非是人民的军队,曾国藩也只是力撑东南半壁,并不能左右清廷全局,但是毫无疑问,正是由于清王朝有曾国藩这样一批正直的儒家士大夫,才使得清王朝苟延残喘几十年,并且带来一个短暂的所谓"同治中兴"局面。

曾国藩在《营规》中规定招募士兵的标准是:"须择技艺娴熟、年轻力壮、朴实而有农夫土气者为上。其油头滑面,有市井气者,有衙门气者,概不收用。"②这有考察士兵的家庭出身、成分的意味在内。曾国藩选取将官以知"礼义廉耻"能保民爱民的儒生为主。"曾国藩立湘军,则罗泽南实左右之"③。罗泽南是个乡下教书先生,他的弟子后来多成为湘军中的名将,如李续宾、李续宜、王鑫、刘胜鸿、蒋益沣等。罗氏出身贫寒,据其《年谱》记载:"先生省试罢归,徒步夜半抵家,见所种田已荒芜……先生饥甚,问夫人索米为炊,启盎视之,无一米之存。"他的儿子病饿而死,夫人哭子以至失明,"奇穷至戚为人世所罕见"④。在如此困窘的情况下,罗氏仍读书不辍,"萤灯糠火,夜以继日"⑤,"不忧门庭多故,而忧所学不能拔俗而入圣;不耻生事之艰,而耻无术以济天下"⑥。他讲论濂洛关闽之绪,"在夫严

---

① 《与张亮基》,《曾国藩全集·书信》(一),第208页。
② 《招募之规二条》,《曾国藩全集·诗文》,第463页。
③ 《清史稿·列传一百九十四》,第11949页。
④ 《罗忠节公年谱》,道光十五年条下。
⑤ 《罗忠节公年谱》,道光十五年条下。
⑥ 《罗忠节公神道碑》,《曾国藩全集·诗文》,第305页。

理欲之防而明理欲之辨,其于富贵贫贱泊然无足于动其心者"①。罗泽南治军以保民为第一义。《清稗类抄》有一则很动人的故事,写某秀才去拜见罗泽南,"将至营,适有数营兵牵一牛至。曰:'秀才来,甚好。适有民来营,诉牛为他营兵盗去,帅(罗泽南)命吾等往索,他营兵不服,与斗,胜之,遂以牛归。而牛主闻斗,惊惧逸去,吾等无所归牛,今当请秀才代交牛主"。在克复某座城池之后,秀才又与他绅往谒,"忠节(罗泽南)曰:'君辈来,甚佳。今寇未受重伤,虽得城无益,吾须即往,此间存银谷甚多,吾已命兵运置一处,汝辈可即以此办保甲团练也。'语讫,即驰马去。已而他将所带绿营兵至,掠取存物,无一存者"②。这个故事说明曾国藩、罗泽南领导的湘军与清政府绿营兵是多么的不同。时人称赞说:"罗公真圣人,吾见行军者多矣,未见有如是整肃者。"③可见罗氏以儒治军,军纪甚好。在武昌之战中,罗泽南受伤,临终前,"口喃喃念时事,无一语及其私"④。

罗泽南的弟子们平时多是恂恂儒者,但打仗时又勇过猛贲。如李续宾,"公含宏渊默,大让无形,稠人广坐,终日不发一言。遇贼则以人当其脆,而己当其坚;粮仗则予人以善者,而己取其窳者。……虽他军之将士,逃难之流民,皆归之若父兄。闻其死,哭之皆恸,至不忍闻"⑤。郭嵩焘说:"军兴以来,湘人起文学任将帅,肩项相望。一时武健强力,多知折节读书。军行所至,闻弦歌之声。"⑥应该说,"秀才领山农"是曾国藩湘军最终获胜的一个重要原因。在平定太平天国之后,曾国藩总结说:"当其负羽远征,乘离骨肉……前后覆亡,后者继往;蹈百死而不辞,困厄无所遇而不悔者;何哉?岂皆迫于生事,逐风尘而不返与?亦由前此死义数君子者为之倡,忠诚所感,气机鼓动,而

---

① 郭嵩焘:《罗忠节公遗集序》,见《罗忠节公遗集》,同治二年长沙刊本。
② 徐珂:《清稗类抄》第七册,第3188页。
③ 徐珂:《清稗类抄》第七册,第3188页。
④ 《罗忠节公年谱》,咸丰六年条下。
⑤ 《李忠武公神道碑》,《曾国藩全集·诗文》,第312—313页。
⑥ 郭嵩焘:《郭嵩焘诗文集》,岳麓书社1984年版,第62页。

不能自已也。"① 曾国藩选将，首先重德，选那些不汲汲于个人富贵、有忠君爱民思想的人，试图使他的军队成为为理想和主义而战的部队，这与只知保命和升官劫财的清政府绿营兵有本质的不同，故其战斗力特强。

在曾国藩看来，战争的目的是为了安民，杀人不是目的，杀是为了止杀，暴是为了止暴。咸丰十一年（1861），他在给其兄弟的信中说：

> 吾家兄弟带兵以杀人为业，择术已自不慎，惟于禁止扰民，解散胁从，保全乡官三端痛下功夫，庶几于杀人之中寓止暴之意。②

又说：

> 兵者，阴事也。哀戚之意如临亲丧，肃敬之心如承大祭，庶为近之。今以牛羊犬豕而就屠烹，见其悲啼于割剥之顷，宛转于刀俎之间，仁者将有所不忍，况以人命为浪博轻掷之物，无论其败丧也，即使幸胜，而死伤相望，断头洞胸，折臂失足，血肉狼藉，日陈吾前，哀矜之不遑，喜于何有？故军中不宜有欢欣之象。有欢欣之象者，无论或为和悦，或为骄盈，终归于败而已矣。③

即是说无论杀敌与被杀，都不是让人高兴的事。故攻陷南京之后，面对"歼贼十余万"的战果，曾国藩不禁悲从中来，感叹"此亦苍生，念之转为心恻"④。对于被俘的太平军将士，他曾作《解散歌》，许诺"每人给张免死牌，保你千妥又万当"⑤。《讨粤匪檄》中也承诺"有被胁经年，发长数寸，临阵弃械，徒手归诚者，一概免死，资遣回籍"⑥。那么怎么看待曾国藩的杀俘问题以及

---

① 《湘乡昭忠词记》，《曾国藩全集·诗文》，第 304 页。
② 《曾国藩全集·家书》（一），第 638 页。
③ 《笔记二十七则·兵》，《曾国藩全集·诗文》，第 385 页。
④ 《复王荫堂》，《曾国藩全集·书信》（七），第 4629 页。
⑤ 《解散歌》，《曾国藩全集·诗文》，第 431 页。
⑥ 《讨粤匪檄》，《曾国藩全集·诗文》，第 233 页。

湘军制造的天京大劫？这是否与他"内仁外礼"的治军思想矛盾？是否如某些研究者所言,他的所谓"仁义"不过是虚伪骗人的把戏？本文无意为曾国藩辩护,这里只分析一下他的动机与心态,以便更好地认识这个历史人物。

曾国藩当然不是慈善家,他有仁慈的心肠,更有冷酷的手段。如果他如理学家常说的"行一不义、杀一不辜,取天下不为"的话,至多不过成为"临难一死报君恩"的气节之士,镇压太平天国将是不可想象的事。他治军之初,先在湖南设审案局,对蠢蠢欲动、响应太平天国造反的农民,"讯得不法重情,立予磔死,或加枭示"①;"匪类解到,重则立决,轻则毙之杖下,又轻则鞭之千百"②。他在给友人的信中说:"生用法从严,非漫无纪律,一师屠伯之为。要以精微之意,行吾威厉之事,期于死者无怨,生者知警,而后寸心乃安。"③"精微之意"便是"仁","威厉之事"便是"礼"或"义"。曾国藩治乱世用重典,一方面使他赢得"曾剃头"的恶名;另一方面,也确实使他很快稳定了湖南的局面,致使太平军在湖南根本无法立足,很快离湘鄂顺江东下,为他编练湘军赢得了时间和空间。湘军杀俘以咸丰十一年(1861)攻克安庆时最为惨烈。据曾国荃的部将朱洪章回忆:"(曾国荃)言曰:'悍贼甚多,如何筹之？'章曰:'唯有杀最妙。'九帅曰:'杀亦要设法。'章曰:'营门缓开,将逆匪十人一次唤进,只半日可以杀完。'九帅曰:'我心不忍,交子办之。'章当时回营预备,自辰至酉,万余贼尽行歼戮,乃往销差。"④一次惨杀万人,真是骇人听闻,而且这也是得到曾国藩默许的。咸丰十年(1860)之前,曾国藩曾经反复告诫部将解散胁从、优待俘虏,而这一次为什么下此辣手呢？这是严酷的现实环境决定的。一是投诚的太平军降而叛、叛而降已让曾国藩真伪莫辨,甚感棘手。他在日记中写道:"李世忠于投诚之后……为官兵、为团练、为捻匪,为发逆,为先叛后官之捻、为先官后叛之捻,互相厮

---

① 《与陈源兖》,《曾国藩全集·书信》(一),第152页。
② 《复欧阳兆熊》,《曾国藩全集·书信》(一),第134页。
③ 《复李瀚章》,《曾国藩全集·书信》(一),第138页。
④ 朱洪章:《从戎纪略》,转引自朱东安《曾国藩传》,第180页。

杀,竟莫辨其孰是孰非,孰顺孰逆! 世变如此,如何收拾?"①二是根本无钱、无力按照原来的规定遣散降人。即使遣散,他们也必叛无疑。因为皖南战场据曾国藩咸丰十一年(1861)的日记记载:"经行之处,并未栽种,乱草没人,家家皆有饿殍僵尸,或吐舌数寸,或口含草根而死;经行百里,无贼匪,亦无百姓,一片荒凉之景,积尸臭秽之气。"②后来,不少地方开始人吃人,"皖南到处食人,人肉始买三十文一斤,近闻增至百二十文一斤"。③而且湘军欠饷极巨,"水陆各军皆欠饷至六个月有奇"④,军纪此时也甚为可忧,劫掠民财事时有发生。在无力遣散降卒,又深惧他们复叛的情况下,曾国藩为形势所迫,只好将他们全数消灭。程颐说过:"'行一不义,杀一不辜,以利一己,则不可。若以天下之力,诛天下之贼,杀戮虽多,亦何害?……须权他那个轻,那个重,然后论他杀得当与不当也。"⑤曾国藩之杀降,在他的主观动机上,仍是杀是为了将来的止杀,暴是为了将来的止暴,与他的内仁外礼思想本质并不矛盾。

当然屠杀降卒毕竟不是曾国藩愿意看到的事。杀降之后的第二年,也就是从同治元年(1862)起,曾国藩日记中就开始出现他反复阅读王夫之《读通鉴论》和《宋论》等书的记载,他试图从船山那里寻找关于处置降卒的答案。后来谭嗣同曾经指出:

> 王船山尝恨两汉史官昧于政体。时承大乱之后,归降动至百万数十万人,其用兵之数,当不止此,皆不农不末,无业游民也。一旦归休,如何安置,如何劳束,还定安集之,又操何术,使有执业,足自给而不为乱,当时至大至艰之事,宁有过于此者? 而史官一字不及,真可谓无识焉耳。于古既无所征,后世遂百思不得其故。曾国藩深慨遣散兵卒之难,甚于募练,至

---

① 《曾国藩全集·日记》(一),第 615 页。
② 《曾国藩全集·日记》(一),第 632 页。
③ 《曾国藩全集·日记》(二),第 884 页。
④ 《复刘长佑》,《曾国藩全集·书信》(三),第 2173 页。
⑤ 程颢、程颐著,潘富恩导读:《二程遗书》,第 284—285 页。

　　　　于无法以善其后。散勇之溃叛,降人之反覆,不一而
　　　　足,至今为戒。①

可见,对待降卒问题,曾国藩虽然行权变,但其基本思想并未改变。由于形势严酷,他采取过一些非常手段,论者多据此认为他是一个披着牧师外衣的屠夫,是一个会唱道德高调的伪君子。今人当然可以从道义上谴责曾国藩屠杀造反民众,但是说他是表里不一的"两面人"是不准确的。他所处的时代以及他的思想要求他如此行事,他所有的手段与措施都是围绕"尽忠报国"这一终极目标而展开的。

曾国藩的非常手段还不止杀降。他逐渐认识到,与太平军争雄,仅以仁义为干楗是不够的,他必须吸纳各类人才,以壮大自己的实力。而有本事的人并不都是如罗泽南那样不为个人财利功名而动心。治军之初,他把官职看作国家之公器,他不轻于保举部属升官。例如咸丰四年(1854),曾国藩攻取武昌、汉阳,"仅保三百人",受奖人数仅占立功总人数的百分之三。咸丰五、六两年保奏三案,合计仅数百人。而胡林翼攻占武昌、汉阳,一次即保"三千多人",致使不少人认为,欲求升官,投曾不如投胡。开始曾氏认为自己德不足以服众,后来逐渐发现主要是因为保举太少,使人感到升迁无望。②他曾经大发感慨:"安得有人乎?勇于事情者皆有大欲存焉!"③赵烈文在《上曾涤生大帅书》中劝他说:

　　　　苟非贤杰以天下为己任,流俗之情大抵求利耳。
　　　　使诚无求,将销声匿迹于南山之南,北山之北,又肯来
　　　　为吾用邪?是以明君给人之欲,不失其意;责人之力,
　　　　不求其情。故人人自以为得君,顶踵思效,合众人之
　　　　私以成一人之公,所以能收效也。夫与人共患难之

---

　　① 谭嗣同:《仁学》,《谭嗣同全集》(增订本),中华书局1998年版,第365—366页。
　　② 参见朱东安《曾国藩传》,第415页。
　　③ 赵烈文:《能静居日记》,同治六年九月初四日,第1593页。

际,而务慎密于登进,殆自孤之道也。①

其意是说,不以发财升官为念、以天下为己任的志士毕竟是少数,流俗之情多是求个人利益。赵烈文劝曾国藩利用众人之私情成就曾氏一人之公心,否则用人苛察,将陷入自孤之道,自我孤立也就难以平掉强敌。于是咸丰八年(1858)曾国藩在家信中说:"余昔在军营不妄保举,不乱用钱,是以人心不附,至今以为诟病。近日揣摩风会,一变前志。"②当然曾国藩的保举、用钱不是为一己之私,而是利用众人的私情来完成他的平叛大业。这就等于是以升官发财激励将士了。事实上,农民当兵,并非有曾国藩那样的"忠诚"觉悟,目的大都不过是求饭吃,求官求财。所以湘军对于不造反的百姓或许不致过分骚扰,但对于"敌占区"则是另一回事了。特别是在粮饷不继的情况下,以抢代饷自是必然的事,或许这也得到曾国藩的默许。曾国荃攻克南京之后,纵兵大掠。谭嗣同曾经指出:"湘军之所谓克复,借搜缉逋匪为名,无良莠皆膏之于锋刃,乘势淫掳焚掠,无所不至。卷东南数省之精髓,悉数入于湘军,或至三四十年无能恢复其元气。"③这种劫略的场面真是人性恶的大释放,也是曾氏兄弟操纵人性的弱点导演的一幕人间大悲剧。从学术上来说,是清初以来学人嘲笑陆秀夫、刘宗周的仁者式的迂腐从而"黜空谈尚功利、尚致用、尚权变"学风的必然恶果。④ 曾国藩深知他的所作所为意味着什么,也知道他的军队已非王者之师。故天京大劫或许是他的故意棋局。在纵兵饱掠之后,曾国藩就势裁撤湘军,使军人顺利归田(这也合乎士兵发财的心愿);此时对于曾氏来说,于公于私已经皆达目的。又经过短时期的平捻

---

① 太平天国历史博物馆编:《太平天国史料丛编简辑》第三册,中华书局1962年版,第198页。
② 《曾国藩全集·家书》(一),第391页。
③ 谭嗣同:《谭嗣同全集》(增订本),第345页。
④ 且不说反理学的学者标帜经世,倡言功利;即如清初理学大师孙奇逢,也激于亡国之痛,抱怨学者光讲道德,不足以救国难、成大事。孙奇逢批评宋儒讳言"霸"字,甚至公开赞扬管仲、秦始皇等有英雄霸气的人物。参见杨向奎编《清儒学案新编·夏峰学案》,齐鲁书社1994年版。

战争,曾国藩才得以在两江、直隶总督任上,着手实施"以礼治政"。他在任内认真地将民间每一件人命案件报告给朝廷,慎重地处死每一个囚犯,这有他大量的奏折可以作证。书生原本就不是一个嗜杀者。

第三节 曾国藩礼治思想的洋务实践

曾国藩是中国近代化自强运动的发起人。他对西方的了解以及洋务思想之开明进步,都站在了同时代人的前列。一段时期内,研究者对曾国藩发起的洋务运动否定者多,认为其意在镇压农民革命。近年来学界已充分肯定洋务运动的正面价值,肯定其抵御外侮的努力和尝试。但多数的研究者只是注意到曾国藩发展洋务是为内忧外患的社会环境所逼,而没有认识到曾氏重视科技是他礼学思想的应有之义。同样是面临内忧外患的政治局面,为什么顽固保守派提出的方案却是"根本之图,在人心不在技艺",而曾国藩等人却能开明地对待西方科技呢?除了环境等外部因素外,还应从曾氏学术上寻找原因。

曾国藩立志发展洋务,是在列强入侵中国的逼促下而成的,这自然毋庸置疑。咸丰十年(1860),第二次鸦片战争爆发,英法联军攻陷京师。九月初三日,曾国藩在日记中说:"接恭亲王咨文,敬悉銮舆已出巡热河,夷氛逼近京城仅二十里,为之悲泣,不知所以为计。"①九月廿四日又记:"接胡宫保信,知京城业被逆夷阑入,淀园亦被焚,伤痛之至,无可与语。"②"接江西总局新刻英吉利、法郎西、米利坚三国和约条款,阅之,不觉呜咽,比之五胡乱华,气象更为难堪"③。曾氏对付太平天国尽管千难万险,越到后来他还是越有信心的;但是面对已进入工业化的西方强敌,他忧愁不知所以为计,以致彻夜难眠:"四更成寐,五更

---

① 《曾国藩全集·日记》(一),第 534 页。
② 《曾国藩全集·日记》(一),第 539 页。
③ 《曾国藩全集·日记》(一),第 557 页。

复醒。念夷人纵横中原,无以御之,为之忧悸。"①虽然与英法达成了议和,曾国藩得以专心平定内乱,但他对列强的提防一天也没有忘记。咸丰十一年(1861),恭亲王奕䜣上奏"为剿贼亟宜乘时,请购买外洋船炮"②,朝廷征求曾国藩的意见,曾氏上奏说:

> 轮船之速,洋炮之远,在英法则夸其所独有,在中华则震于所罕见。若能陆续购买,据为己物,在中华,则见惯而不惊,在英法,亦渐失其所恃。……购成之后,访募覃思之士,智巧之匠,始而演习,继而试造,不过一二年,火轮船必为中外官民通行之物,可以剿发逆,可以勤远略。……惟期内地军民,知者尽心,勇者尽力,无不能制之器,无不能演之技。③

奕䜣买船炮意在剿发捻,曾国藩的眼光更为长远,提出"可以勤远略",这就有抵御外侮的意思。在此之前,魏源已提出过"师夷长技以制夷"的思想,曾国藩是实践这一思想、发动自强运动的首倡者。他将当时熟悉制造、精通数理之学或通西学的人物,如徐寿、华蘅芳、李善兰、容闳等,皆罗致幕下,"以宾师相待"④。容闳曾说:"幕府之外,更有候补之官员,怀才之士子,凡法律、算学、天文、机器等等专门家,无不毕集,几于全国之人才精华,汇集于此。是皆曾文正一人之声望道德,及其所成就之功业,足以吸引之罗致之也。"⑤

曾国藩是个说干就干的人,他不仅是个理论家,更是一个实践家。咸丰十一年(1861),他筹建了安庆军械所,在中国历史上首次制造出洋枪洋炮。同治二年(1863),中国技术人员利用外国图纸制成一艘木壳小轮船,曾国藩亲自为之取名"黄鹄"。他在日记中欣喜地写道:

---

① 《曾国藩全集·日记》(一),第669页。
② 奕䜣奏折见《曾国藩全集·奏稿》(三),第1598页。
③ 《曾国藩全集·奏稿》(三),第1603—1604页。
④ 程培芳:《徐雪村先生传》,见闵尔昌编《碑传集补》卷四十三,《清代传记丛刊》本,台北明文书局1985年版。
⑤ 容闳:《西学东渐记》,湖南人民出版社1981年版,第74页。

中饭后,华衡芳、徐寿所作火轮船之机来此试演。其法以火蒸水,气贯入筒,筒中三窍,闭前二窍,则气入前窍,其机自退,而轮行上弦;闭后二窍,则气入后窍,其机自进,而轮行下弦。火愈大,则气愈盛,机之进退如飞,轮行亦如飞。约试演一时。窃喜洋人之智巧,我中国人亦能为之,彼不能傲我以其所不知矣!①

同治二年(1863),曾国藩又派容闳赴美国购买"制器之器"。两年后容闳将机器运抵上海。曾氏与李鸿章一起将原设上海的炮局、原设苏州的洋炮局以及新从美国人手中购买的铁厂合并,再加上容闳新购的机器,合并建成江南制造总局,又称"江南制造局"或"上海制造局"、"上海机器局",由曾、李两家共管。江南制造局附设翻译馆,曾国藩令翻译图书与制造机器同步进行。徐寿、华蘅芳、李善兰等人翻译了大量西方工艺、医学、矿学、农学、化学、算学、电学、声学、光学、天学、地学等多方面的科技著作。同治七年(1868),制造局造出一艘大型新式轮船,曾氏亲自登船试行,并为之取名"恬吉"号。同时翻译工作也取得了很大成绩。曾国藩对此十分高兴,特地上奏朝廷说:"各委员详考图说,以点、线、面、体之法求方圆、平直之用,就厂中洋器以母生子,触类旁通,造成大小机器三十余座……本年局中委员于翻译甚为究心,先后订请英国伟烈火亚力、美国傅兰雅、玛高温三名,专择有裨制造之书,详细翻出。现已译成《气机发轫》、《气机问答》、《运规约指》、《泰西采煤图书》四种。"在这道奏折中,曾国藩还计划在制造局附设学馆,"选聪颖子弟随同学习,妥立课程,先从图说入手,切实研究,庶几以理融贯,不必假手洋人。亦可引申,另勒成书"②。曾国藩还接受了容闳提出派遣幼童赴美留学的建议,他于同治九年(1870)即将派遣留学生的计划向清廷提出。这一建议最终在同治十一年(1872)在曾氏卒后不久得到落实。

曾国藩引入西技、发展洋务的尝试,以他自己的话说,"其

---

① 《曾国藩全集·日记》(二),第766页。
② 《奏陈新造轮船及上海机器局筹办情形摺》,《曾国藩全集·奏稿》(十),第6092—6093页。

大要不外三端,曰制器,曰学技,曰操兵"①。制器即是开办工厂,发展工业;学技即是向西方人学习技术;操兵即是按照西法武装以及操练军队。这三个方面,曾国藩在中国历史上都有发轫之功。所以,说曾国藩是"中国近代化运动之父"是怎么也不为过的。在今天不了解历史背景的人们看来,制器、学技、操兵是寻常而又理所当然的事情,没什么稀奇之处;但在当时保守的社会环境下,中国人接受新生事物是何等的艰难! 即以架电线和修铁路而言,同治四年(1865),洋商在上海浦东竖电杆二百多根,这是中国大地上第一次出现电线杆,地方官"密饬民人全行拔去"②。光绪二年(1876),英商修建了自上海至吴淞约三十英里的铁路,中国土地上第一次出现了火车。结果被上海官绅以二十八万多两白银赎回拆毁。这些固然有反经济侵略的考量,但主要是因为国人思想上还不能接受新生事物。据夏东原先生的研究,在19世纪80年代(此时曾国藩已经去世十几年了),洋务派与顽固派关于修铁路与反修铁路的大论战就有三次之多。③ 顽固派阻力之大,洋务派工作之艰难,实在超出今人的想象。同治五年(1866),恭亲王奕䜣奏请在京师同文馆开设天文算学馆,理由是"洋人制造机器火器等件,以及行船行军,无一不自天文算学中来"④。故拟在举人及五品以下京外各官中招收学生。这个建议是恭亲王与曾国藩等人函商后郑重作出的决策。此议一出,立即引起保守派的强烈反对。先是山东道监察御史张盛藻上书反对:"若令正途科甲人员习为机巧之事,又藉升途、银两以诱之,是重名利而轻气节,无气节安望其有事功哉!"⑤曾国藩的理学朋友、德高望重的倭仁此时也卷入论争,加入反对者一方。他认为,西方的科技乃技艺之末,圣人之道不在乎此,反对师事洋人。倭氏说:"立国之道,尚礼义

① 《钦奉谕旨奏陈夷务摺》,《曾国藩全集·奏稿》(十二),第7191页。
② 参见夏东元《洋务运动史》,华东师范大学出版社1992年版,第217页。
③ 参见夏东原《洋务运动史》,第366—380页。
④ 宝鋆等编:《同治朝筹办夷务始末》卷四六,《近代中国史料丛刊》第62辑,第3页。
⑤ 《同治朝筹办夷务始末》卷四七,第15页。

不尚权谋；根本之图，在人心不在技艺。"① 又说："欲求制胜，必求之忠信之人；欲谋自强，必谋之礼义之士。""战胜在朝廷用人行政，有关圣贤体要者，既已切实讲求，自强之道，何以逾此？"② 又说："天文算学，止为末艺，即不讲习，于国家大计，亦无所损。"③ 倭仁在士林中素负清望，他的言论代表了相当一批守旧道学家的心态。据翁同龢日记中云，京师有人写联语曰："诡计多端，使小朝廷设同文之馆；军机无远略，诱佳弟子拜异类为师。"有人糊纸条于同文馆前"胡闹，胡闹，教人都从了天主教"；又曰："未同而言，斯文将丧"；"孔门弟子，鬼谷先生"。④ 结果正途投考者寥寥无几。恭亲王无奈地上奏："自倭仁倡议以来，京师各省士大夫，聚党私议，约法阻拦，甚且以无稽谣言，煽惑人心，臣衙门遂无复有投考者。"⑤ 天文算学馆计划等于是胎死腹中。一直到19世纪90年代，谭嗣同犹且感慨："且数十年士君子徒尚空谈，清流养望，以办洋务为降志辱身，攻击不遗余力，稍知愧耻者，至不敢与办洋务者通往来。"⑥ 为什么会出现这种情况呢？这需要从学术上找原因。当时著名学者李慈铭就同文馆一事从学术上找原因，不过他代表守旧一派。他说："以中华之儒臣而为丑夷之学子，稍有人心，宜不肯就，而又群焉趋之。盖学术不明，礼义尽丧，士习卑污，遂至于此。驯将夷夏不别，人道沦胥，家国之忧，非可言究。"⑦ 学术决定人的思想。传统士大夫重道轻器，鄙视西方科技为技艺之末，他们认为只有讲仁义才能无敌于天下，反对"用夷变夏"。

　　结合前已分析过的曾国藩礼学思想，就能理解为什么曾国藩能够接受西方的科技了。从朱子格物理论看来，万事万物都

---

① 《同治朝筹办夷务始末》卷四七，第24页。
② 《同治朝筹办夷务始末》卷四八，第11—12页。
③ 《同治朝筹办夷务始末》卷四八，第19页。
④ 翁同龢著，陈义杰整理：《翁同龢日记》，同治六年二月二十三、二十四日条下，中华书局1998年版。
⑤ 《同治朝筹办夷务始末》卷四八，第14页。
⑥ 《谭嗣同全集》（增订本），第158—159页。
⑦ 李慈铭：《越缦堂日记》，同治六年七月初三日条下，商务印书馆民国九年石印本。

有其所以然者;就科学来说,曾国藩认为"以点、线、面、体之法求方圆、平直之用",自是儒者所应当格物致知之事。从礼学思想来说,科学技术属于"观象授时"、"体国经野"不可或缺的内容。"礼"的内涵包罗万象,从自然界到人类社会都应察及纤细。理要通过礼得以体现,道不离器、体用不二才是真正的经世之学。故此,发展科学技术,合乎曾氏的以礼经世思想。就其中的理意而言,既可以维护纲常名教,也可以穷极自然之造化。曾氏礼学(理学)与倭仁的理学目的是一致的,都是为了维护纲常名教。区别在于倭氏割裂道器,以道卫道,不免失之玄虚与空谈;而曾氏将理学落实在制度与器物层面,以器卫道,或道在器中,故实践性与操作性较强。同文馆风波发生后,曾国藩给郭嵩焘去信说:"同文馆事日记一则,虚空粉碎,令人解颐。……艮相(倭仁)誉望甚隆,而奏议殊不当于事理。"①曾氏对他这位理学老友感到既可气又可笑,对他的做法甚不以为然。同样是宗理学,倭仁的思想较为传统一些,曾国藩比较开明,这是他调和汉宋,对理学有所创新的结果。到了90年代,谭嗣同以船山思想为武器,鼓吹变法,他说:"无其器则无其道也。不力治今之器,而徒言古之道,终何益矣。若西人之于书,则诚哉其有用矣。"②又说:"圣人之道无所不包,岂仅行于中国而已哉!观西人之体国经野、法度政事无不与周礼合。"③这种思想是在曾国藩基础上的进一步展开。

出于礼学经世的意图,曾国藩对于当时的新学甚为关注。从其日记中看,他对于魏源的《海国图志》、徐继畬的《瀛寰志略》、威妥玛的《新议论略》等中外人士所著的新学书都曾深入研究过。冯桂芬的《校邠庐抗议》成书后,寄曾国藩阅示。此书鼓吹改革,主张在维护中国纲常名教的基础上,学习西方的富国强兵之术。曾氏阅后大为激赏,亲自为其作序,并给冯氏去信说:"蒙示以校邠庐大论四十首,发属为序跋。绅诵再四,便如聆叶水心、马贵与一辈人议论,足以通难解之结,释古今之

---

① 《曾国藩全集·书信》(九),第6506页。
② 《谭嗣同全集》(增订本),第165页。
③ 《谭嗣同全集》(增订本),第161页。

纷。至其拊心外患,究极世变,则又敷天(下)义士所切齿而不得一当者,一旦昭若发蒙,游刃有地,岂胜快慰!……尊论必为世所取法,盖无疑义。"①曾国藩将冯氏比之为叶适和马端临。叶适是南宋讲功利和经世致用的思想家;马端临前面我们已经谈到,他的《文献通考》被曾国藩视为"礼学"的重要文献。这就是说,曾国藩把冯氏著作也看作"以礼经世"。他还十分支持幕僚的科研或翻译工作。李善兰在明末徐光启已翻译《几何原本》前六卷的基础上,又补译出后九卷。曾国藩亲自为李善兰译本校刊,并指导爱好数学的儿子曾纪泽代他为此书作序,并资助李氏将此书出版。②

中国人制造的第一个地球仪也是在曾国藩的主持下完成的。同治九年(1870),国藩在直隶总督任上给丁日昌去信说:"仆在江南所作之地球,系阳湖方恺子可所手制。北行以后,此球已归湖北。鄙意以系木质,恐难经久,又令方子可续为《图说》,拟仿胡文忠《中国舆图》之例勒为成书。"③这个地球仪看来是由木球制成,为能长久保存,曾氏又让方恺著《地球图说》,并亲自对《图说》的修订提出指导意见。曾氏给方恺去信说:

> 去腊接手书并《球图凡例》一册,杂文四首,一一具悉。……《图说》数则,体裁既当,考订尤精。内如日本国则以倭人自绘之图为定,而据《皇清通考》、南怀仁《坤舆图说》等书以订《武备志》及魏、胡诸图之误。于南洋滨海各国则从《瀛寰志略》以蒲甘属缅甸,禄奈属越南,而订魏默深合为一地之误。……大约海外地形当以洋人之图为蓝本。洋人于地舆之学既所究心,所至又多经目验,惜其文字不能尽识耳。若得熟识西字者与之往返商定,或遇西士之有学者,从之访问形势,考核字体,必能有益此书。④

---

① 《致冯桂芬》,《曾国藩全集·书信》(七),第4735页。
② 曾纪泽:《曾惠敏公文集》卷一,光绪十九年江南制造总局活字本。
③ 《复丁日昌》,《曾国藩全集·书信》(十),第7108页。
④ 《复方楷》,《曾国藩全集·书信》(十),第7087—7088页。按:《曾国藩全集》中有时写作"方楷",有时又作"方恺",未知孰是,姑仍其旧。

曾国藩提出绘海外地图应以洋人地图为准,从而订正魏源等人图说的错误。并要求方氏和西方学者一起,参核校刊,以使《图说》更为准确。为此他特地给主持上海制造局的丁日昌去信,推荐方恺去制造局工作,"子可近为《图说》寄阅,其考证精审,实可敬佩。兹将原稿抄呈台览。西洋各国,子可以少见洋人《图说》,尚未编辑。机器局每有洋人之图,若令该员入局,广其见闻,必能卒其所业,成此巨观"①。可见,就制作地图而言,曾国藩认为西方地图较为精审,这与中土士大夫讲舆地开口《山海经》,闭口《水经注》崇古虚骄的心态形成鲜明对照;而且曾国藩对中国人制造第一个地球仪是作出了贡献的。

曾国藩幕府中的人物,如郭嵩焘、李鸿章、薛福成、黎庶昌等人受曾国藩的影响,后来都成了洋务运动的支持者或实践家。之所以如此,曾国藩对他们学术上的影响不可低估。洋务运动在与保守势力的斗争中艰难地蹒跚前行。中国近代化运动历程坎坷,说到底是因为存在着观念不同的学术之争。19世纪后半叶的主流学术,诚如谭嗣同的友人欧阳中鹄所说:"其至愚者,以时文试贴小楷为身心性命之学;聪明之士,则溺于考据训诂词章,玩物丧志,一若希圣希天,均不出此数者。"②经过戊戌变法、辛亥革命一直到后来的"五四"运动,激进的学者将中国贫弱的原因归罪到传统文化头上,掀起一波又一波的反传统浪潮。其实,以经学为主体的传统文化,大要不过是有关道德伦理的学问,这与功利层面的致用是两码事。一个人道德品质很好,但未必能处理实际问题。张之洞曾感叹道:

> 无怪乎合肥(李鸿章)之得志也!遍观大小臣工,学问非不好,品行非不好,即心术亦未必都不好,然问以大小炮数百种,后膛精枪亦数百种,形式若何,运用若何……其左右前后之炮界何在,昂低度若何,平线若何,抛物线若何,速率若何,热度若何,远近击力若何,以及水雷旱雷炮台地营一切攻守之具,无一人能

---

① 《复丁日昌》,《曾国藩全集·书信》(十),第7108页。
② 谭嗣同:《欧阳中鹄批跋》,见《谭嗣同全集》(增订本),第170页。

知,且并其名亦不能辨,又况西人政事法度之美备,有十倍精于此者。……稍知之者,惟一合肥,国家不用之而谁用乎?①

张之洞看不起李鸿章辈的人品,但是他也抱怨读圣贤书的大小臣工学问品行或许不错,但就是不能解决现实问题。从学术来说,这些人即是重道轻器,体用割裂,避实求虚。而曾国藩的学问虽然最初也是从时文试贴、考据训诂词章中来,但他认为理要通过礼、道要通过器表现出来,"理"与"道"才能践实不虚。这便是曾国藩与保守派学术上根本分歧。同治九年(1870),曾国藩在给皇帝的奏折中说过一段很有意思的话:"至外国技术之精,为中国所未逮,如舆图算法,步天测海,制造机器等事,无一不与造船练兵相为表里。其制则广立书院,分科肄业,凡民无不有学,其学皆专门名家,每治一艺,每制一器,皆系父子相传,世继其业,然后通微合漠,愈久愈精。其国家于军政船政,皆视为身心性命之学。"②中国人的身心性命之学往往脱离器物,故不能进行技术层面的致用,往往失之玄虚;而外国人的身心性命之学通微合漠,道器不离,故能富国强兵。这个观点与曾国藩理礼一体的思想是一致的。

曾国藩虽然重视西方的科技,但他并不崇洋,他仍以中国文化为本位。学习西技,不过是"礼失求诸野"而已,他的礼学决定了他的洋务思想。他为洋务运动规划的方向只能是"中学为体,西学为用"。对于选派幼童留学,他提出要配备经师,随同赴美,"随时课以中国文义,俾识立身大节,可冀成有用之才"③。所谓"立身大节",即是中国式的道德人品、纲常名教。曾国藩并没有提出"中体西用"这一说法,但他实际上是这一政策的制定与实践者。这是他"以理为体,以礼为用"的思想决定的。发展科学,既可以穷自然之奥秘,又可以为"忠君仁民"这

---

① 谭嗣同:《欧阳中鹄批跋》,见《谭嗣同全集》(增订本),第158页。
② 《奏带陈兰彬至江南办理机器片》,《曾国藩全集·奏稿》(十二),第7133—7144页。
③ 《拟选聪颖子弟赴泰西各国肄业摺》,《曾国藩全集·奏稿》(十二),第7332页。

一理学核心价值服务。曾国藩的礼学思想为西方的科技留下一角空间,但他并不认可西方的政治法度,在这一点上他又回到了文化本位主义。

在当时的中国,曾国藩算是对西方社会了解较多的开明者之一。同治元年(1862),曾国藩在给奕䜣的信中就已谈到"泰西诸洋以'商战立国'"①,他对西方的议会制度也有了解,而且知道西方的议会是为商人资本家服务的。曾国藩积极发展近代工业,扬弃了西方的做法,走得是官办路线,而非西方式的商办。按照冯友兰先生的说法,是"以政带工"而非"以商带工"。之所以如此,冯先生认为,曾国藩"最怕的是商人成了资本家,会凭议会的力量指挥君主,所以主张以政带工,而不许以商带工"②。冯先生是从尊君的角度分析曾国藩为何主张官办工业。我认为除了"尊君"的因素,曾国藩主张官办工业还有"仁民"的思考。他的"以政带工"思想仍是其礼学思想决定的。曾国藩对西方列强的经济侵略有充分的认识。他说:

> 大抵洋人之在泰西,互相争夺吞并,无非夺彼国商民之利,而后此国可以得志。其来中国,广设埠头,贩运百货,亦欲逞彼朘削之谋,朘我商民之生计者。自军兴以来,中国生民剥肤吸髓,久已痛深水火,加以三口五口通商,长江通商,生计日蹙。小民困苦无告,迫于倒悬。今若听洋人行盐,则场商贩运之生路穷矣;听洋人设栈,则行店囤积之生路穷矣;听小轮船入内河,则大小并航,水手舵工之生路穷矣。③

这就是说,洋商进入中国,将会挤垮华商,导致大批人失业,造成很多社会问题。为此他极力反对洋商在中国兴办工业。不仅如此,他也反对中国的商人自办工业。他说:

> 且如小轮舟、如电线铁路等事,自洋人行之,则以外夷而占夺内地商民之利,即自中国行之,亦豪强而

---

① 《复奕䜣》,《曾国藩全集·书信》(五),第3253页。
② 冯友兰:《中国哲学史新编》(下册),第434页。
③ 《复马新贻》,《曾国藩全集·书信》(九),第6461—6462页。

> 占负贩穷民之利。此皆下系民命,上系国脉,所关极大。古人云:苟无民,何有国? 不可不以全力争之,自当始终坚持不允。中国之大臣为中国之百姓请命,亦不患无辞置办(辩)。即使争执过甚,或致决裂,亦上可以对列圣,下可以对苍生。①

曾国藩的态度是很坚决的,即使冒着发生战争的危险,也不准洋人设轮舟、电线、铁路等事;同时也不准国内商人自办工业。他认为,凡商"惟逐利居奇,是其本性"②。不仅洋商,所有的商人都是如此。曾国藩还提出了"垄断独登"这个词。③ 也就是说,商人办工业,便会形成垄断,"豪强而占负贩穷民之利",会伤及相当部分民众的利益。

曾国藩这个认识的根源在于儒家"不患寡而患不均"经济平均主义思想。在二十年后的维新时期,谭嗣同也产生过"官办"工业的思想;不过,谭氏所谓"官办"已有了新的内容。谭氏谈到商办的弊病时说:"其弊也,惟富有财者始能创事,富者日盈,往往埒于其国,甚乃过之;贫者惟倚于富室聊为生活,终无自致于大富之一术。其富而奸者又复居积以待奇赢,相率以把持行事……而小民之隐受其害者自不待言,于事理最为失平。于是公与商积为深仇,而均贫富之党起矣。"④因此谭氏说:"嗣同力主官办。"⑤当然,谭嗣同主张的官办与洋务派纯粹的官办不一样;实际上谭嗣同主张的是公私合办,也就是股份制:"人人皆有股分,人人皆有股分之商民。名为官办,其实至大至公之商办也。是故嗣同所谓商办,专主散利于民,绝非龙断于一二家之私办可比。"⑥谭氏也提出"龙(垄)断"这个词。为防止垄

---

① 《复马新贻》,《曾国藩全集·书信》(九),第6461—6462页。
② 汪世荣辑,曾国藩著:《曾国藩未刊信稿》,中华书局1959年版,第15页。
③ 汪世荣辑,曾国藩著:《曾国藩未刊信稿》,中华书局1959年版,第204页。
④ 谭嗣同:《报唐才常书》,《谭嗣同全集》(增订本),第24页。
⑤ 谭嗣同:《报唐才常书》,《谭嗣同全集》(增订本),第250页。
⑥ 谭嗣同:《报唐才常书》,《谭嗣同全集》(增订本),第249页。

断,他主张公私股份制,这又在曾国藩官办思想的基础上向前推进了一步。曾国藩为防止贫富差距过大,试图以官办来解决这一问题。也就是说,官员管理企业,只领取一份工资,这样可以避免财富过分集中在个人手里,以妨害多数人的生计。但是这种想法是天真的。官办企业使工业、商业官僚化、衙门化,因此洋务派所办的企业,无一不赔钱。因为企业是国营的,官员代办便不会像办自己的事一样尽职尽责,不论盈亏反正照样拿皇粮,即使赚些钱,也多为官商所中饱。冯友兰指出:"曾国藩镇压了太平天国,阻止了中国的中世纪化,这是他的功;他的以政带工延迟了中国近代化,这是他的过。"①冯先生是从官办企业对中国近代化造成的后果这个角度说的。但是"以政代工",从主观上看,反映了曾国藩的民本思想,这亦是他礼(理)学思想最核心的内容。在朝廷看来,外国人要求觐见皇帝、要求外派大使、要求允许传教,这些都不符合传统礼制,如果答应会失掉天朝上国的面子。而曾国藩却偏偏认为这些都是事体之小者,"未必有损国体","许之不为害,不许不为利"②,唯有牵涉民生问题时,曾国藩表示要毫不妥协,甚至不惧怕战争。

对于处理外交问题,曾国藩确立了一条原则,即是以保持和局为上,韬光养晦,隐图自强。他深知,今之西洋,已不同于古代的夷狄,而是一个强大得多也难对付得多的另一类文明。在自己的实力还不足以和西方争雄之前,断不可轻易言战。故此,他不赞成以虚骄的态度对待外国,主张对洋人以礼相待。他把理学的一套也用在了外交关系的处理上。他在给李鸿章的信中说,与洋人交际,要"以'忠'、'信'、'笃'、'敬'四字为主"③。"以正理言之,即孔子忠敬以行蛮貊之道;以阴机言之,即勾践卑辱以骄吴人之法。……孔子曰:'能治其国家,谁敢侮之?'我苟整齐严肃,百度修明,渠亦自不至无端欺凌。既不被其欺凌,则处处谦逊,自无后患。柔远之道在是,自强之道亦在

---

① 冯友兰:《中国哲学史新编》(下册),第 435 页。
② 《复马新贻》,《曾国藩全集·书信》(九),第 6462 页。
③ 《复李鸿章》,《曾国藩全集·书信》(四),第 2816 页。

是"①。以正理言之,就是与各国和平共处;以阴机言之,就是在论势不论理、弱肉强食的时代,只有徐图自强才能确保不受欺凌。同治八年(1869)五月十七日,曾国藩觐见慈禧太后,当慈禧问起洋人的事情时,曾氏对曰:"这是一件大事,不定那一天他(洋人)就翻了。兵是必要练的,那怕一百年不开仗,也须练兵防备他。"(慈禧)问:"他多少国连成一气,是一个紧的。"(曾氏)对:"我若与他开衅,他便数十国联成一气。兵虽练得好,却断不可先开衅。讲和也要认真,练兵也要认真。讲和是要件件与他磨。二事不可偏废,都要细心的办。"②可见讲和的目的是为了争取和平的时间以发展自己的实力,是为了今后有资格有实力与人言战。

曾国藩这一外交思想对后世产生了深远的影响,从李鸿章到后来的蒋介石无不是执行这一路线。在实力不足的情况下轻易言战,固然是一个冒险的举动——正如谭嗣同所说:"愚以为孟浪主战之臣,以人家国为侥幸,事败则置之不理,而逍遥事外,其罪尤加全权一等矣。"③但是,妥协有积极的妥协与消极的妥协,一味妥协言和同样是一个冒险的政策。中华民族到了最危险的时候,主政者再去妥协言和,自然会丧失人心,最终导致政权的崩溃。李鸿章对列强妥协,导致国人对清廷失望,后来引发辛亥革命,这应是原因之一。蒋介石对日本人妥协,使其声誉大打折扣,最终丧失政权亦与此有关。曾氏虽然主张妥协,以隐图自强,但他对于妥协的弊端是有所认识的。曾国藩以妥协的方式处理完天津教案之后,在给李鸿章的信中说:"自宋以来,君子好痛诋和局而轻言战争,至今清议未改此态。有识者虽知战不可恃,然不敢一意主和,盖恐群情懈弛,无复隐图自强之志。鄙人今岁所以大蒙讥诟在己悔恨者,此也。"④也就是说,一意主和会导致"群情懈弛",使凝聚力和人心丧失,同样不利于自强。他虽然主张不自我开衅,但并不等于说不主战。

---

① 《复李鸿章》,《曾国藩全集·书信》(四),第 2892 页。
② 《曾国藩日记》(三),第 1604 页。
③ 《谭嗣同全集》(增订本),第 158 页。
④ 《复李鸿章》,《曾国藩全集·书信》(十),第 7337 页。

战,必须要有一个底线,要到最后的关头。他不是一个贪生怕死的投降派;但从大局计,又不得不妥协。他是在心灵撕裂的状态下处理天津教案的,一方面他认为此时、此事中国都不足以言战,为此毁掉一生的清誉、背上卖国的罪名他也义无反顾;另一方面他也为议和给国家带来的负面影响而深感耻辱和悔恨。自称"打破牙齿和血吞",从来不流眼泪、性格坚强的曾国藩,在处理天津教案时竟躲在房间痛哭起来。① 这次事件使他"神经上之隐痛太深,疾遂不治"②,最终抑郁而死。"力主和局,隐图自强"是他坚定不移的外交策略,但曾国藩也为此付出了惨重的精神代价。

总之,曾国藩的洋务思想仍是他的礼学思想决定的,他发展洋务运动仍是服务于他的理学信仰。他儒家式的民本思想与君主专制政体掺和在一起,本身就是一对难以调和的矛盾。任总理衙门大臣的恭亲王奕䜣是满洲贵族中的干才,曾国藩对他一直赞赏有加。在发展洋务等问题上曾国藩与他配合默契,观点比较一致;而慈禧太后却因礼节末事寻隙将其罢免。曾国藩在同治四年(1865)三月的一则日记中说:

> 是日早间阅京报,见三月八日革恭亲王差事谕旨,有"目无君上,诸多挟制,暗使离间,不可细问"等语,读之寒心,懔栗之至,竟日忡忡如不自克。二更三点睡,不甚成寐。③

曾国藩的寒心与恐惧恐怕不仅仅是担心自己是否也会遭遇不测。这说明什么问题呢?在君主专制政体的淫威下,他所追求的国富民强的自强梦不可能实现。曾国藩在他那个时代还想不到学习西方的民主,这个任务留给了后来的思想者。曾国藩的价值在于,他处在一个时代和新旧思想的转折点上,站在了时代的前列并引导着时代新的潮流。正如胡适所言:"在这个

---

① 《曾国藩全集·日记》(三),第1760页:"崇帅来,言洋人将大兴波澜,歇歇久之。"

② 徐凌霄、徐一士:《曾胡谈荟》,《国闻周报》,第六卷,第39期。

③ 《曾国藩全集·日记》(二),第1126页。

时代,上一个世纪获得的知识被保存下来加以巩固,同时产生一种新的怀疑精神,对整个清代学术的健全性与适用性提出疑问,并且探索更新的更有用的知识与行动方法,以期有助于内忧外患迫在眉睫的国家。"① 曾国藩的礼学思想新旧兼容,无所不包,既是对以往知识、信仰的总结与继承;也有新的创造与发展,为后世中国的变革保留了一个活动的空间。随着洋务运动的深入,向西方学习不再局限于科技的层面,人们逐渐认识到只有实现民主才是实现民族自强之路。于是在传统民本思想基础上嫁接的西方民主思想最终将曾国藩的礼学思想体系撕开,使仁民思想与忠君观念剥离开来。如果说曾国藩的礼学观念为中国人发展近代工业提供了一个封建时代的权威思想——经学理论支撑的话,后来康有为、梁启超的今文学则是为引入西式民主寻找经学的依据。他们都是对传统的继承与开新者,同时也是传统学术的终结者。后世的中国已逐渐走上科学与民主的大道,中国人的科学与民主思想已无需再在经学中寻找理论的合法性和形上依据。曾国藩作为过渡时期的人物,在激流涌进的时代进化中,完成了历史赋予他的守旧与开新的学术使命。他的理学、礼学后来被扬弃,最终退出了历史的前台。尽管如此,曾国藩学术中的经世致用、仁民律己、无私忘我、自强不息、国家至上等价值理念转化成为另外的内容和形式,仍将对后世中国产生深远的影响。

---

① 胡适《清代名人传略序》,见(美)A. W. 恒慕义主编《清代名人传略》(上册),青海人民出版社 1995 年版,第 11 页。

第八章

汉宋之争与曾国藩对桐城古文理论的重建

曾国藩是晚清湘乡文派的创始人。湘乡派是桐城别派，它在继承桐城堂庑的基础上，又对桐城文论进行一番创新和改造。曾国藩的理论创新及文学实践，使道、咸时期花果飘零、陷入困境的桐城文派重新焕发出生机，以至于曾国藩本人被视为桐城派的"中兴明主"或"中兴大将"。① 那么曾国藩改造桐城派是在一个什么样的背景下进行的？其深层次的原因是什么？曾国藩重构桐城文论与汉宋学术之争的关系如何？上述问题，学界很少有人做出深入的探讨。事实上，湘乡文论是汉宋之争催逼而出的理论成果，离开汉宋之争这样一个学术背景，不可能深刻理解曾国藩古文理论的形成及其文学史意义。

第一节 汉宋之争与桐城派的理论困境

"汉学"、"宋学"是指清代的两个经学派别。按照刘师培的说法：

---

① "中兴名主"之说见周作人《中国新文学的源流》，北平人文书店1934年订正三版，第87页。"中兴大将"之说见胡适《五十年来中国之文学》，刘梦溪主编《中国现代学术经典胡适卷》，河北教育出版社1996年版，第590页。

> 所谓汉学者,不过用汉儒之训故以说经,及用汉儒注书之条例以治群书耳。①

"宋学"派则是崇尚宋儒经注,循宋、元以来理学式的治经方法。汉、宋两派经学思想有异,在文学思想上歧见也很大。② 桐城派不仅是个文学流派,在清代学术史上,也是与汉学对垒的宋学一派的主要阵地。桐城派所谓"三祖"方苞、刘大櫆、姚鼐都是程朱理学的信徒。方苞号称"学行继程朱之后,文章介韩欧之间。"姚鼐声言"程朱犹吾父师"。③ 梁启超指出:

> 桐城派,又好述欧阳修因文见道之言,以孔、孟、韩、欧、程、朱以来之道统自任,而与当时所谓汉学者互相轻视。④

在方苞的时代,康熙帝其时正扶持理学,理学如日中天,那时汉学尚不成气候,故方苞的古文颇能挟官学之势风行一时。但到了姚鼐的时代,也就是乾隆中叶以后,汉学大炽,以桐城派文人为中坚的宋学派便有些溃不成军,当时的学术界甚至出现了"不骂程朱,不得谓之通人"的现象。⑤ 从朝廷到民间,都有一股强大的反宋学势力。乾隆帝早年尊崇理学,但中年之后,学术

---

① 刘师培:《近代汉学变迁论》,《国粹学报》第 31 期,1907 年 7 月 29 日出版。

② 清代汉宋学术之壁垒分明,始自清代江藩的《国朝汉学师承记》和《国朝宋学渊源记》。江藩所谓的"汉学",除了以惠栋为首的吴派经学算是较为标准的汉学之外,其他学者虽治考据,但不算是严格意义上的"汉学"。与江藩同时代的龚自珍已指出"汉学"名目有"十不安"。笔者在文中所指的"汉学"、"宋学",是取学术史上约定俗成的说法。

③ 姚鼐:《再复简斋书》,《惜抱轩诗文集》卷六,清嘉庆十二年刻本。

④ 梁启超著、朱维铮导读:《清代学术概论》,上海古籍出版社 1998 年版,第 68 页。

⑤ 章学诚:《又与朱少白书》,《章氏遗书》补遗,文物出版社 1985 年版,第 611 页。

第八章　汉宋之争与曾国藩对桐城古文理论的重建　239

态度转向,斥理学为"妖孽",大力倡导汉学。① 在这种背景下,四库馆臣跟风希旨,所编《四库全书总目》刻意丑诋宋学,戴震等人甚至公然声讨程、朱。② 邵懿辰指出:

> 乾隆中,士大夫鹜为考证训诂之学……禁宋以后书不给视,肆人鬻宋五子书,无过问者。应举为四书义,敢倍异朱子之说,答策必诋宋儒士。③

也就是说,濂、洛、关、闽所谓"宋五子"书在书店都卖不出去了,科举考试以非毁宋儒为能。由是可知,乾嘉时期的理学真成了过街之鼠,狼狈至极。

乾嘉汉学大兴之后,汉学家不仅批判宋学家的道统,附带连宋学派的文统也进行痛批。桐城派不是信奉由程朱之学上溯孔孟,以程朱式的义理作为文中之"道"吗?这在汉学家看来,程朱根本没有见道,他们的道也不是孔孟之道。戴震说:

> 宋以来儒者,以己之见,硬坐为古贤圣立言之意,而语言文字实未之知。其于天下事也,以己所谓理,强断行之,而事情原委隐曲实未能得。是以大道失而行事乖。④

钱大昕也说:

> 有文字而后有诂训,有诂训而后有义理。训诂

---

① 参见夏长朴:《乾隆皇帝与汉宋之学》一文,载彭林编《清代经学与文化》,北京大学出版社 2005 年版。关于乾隆帝对朱学由早年的崇尚到后来的贬抑,陈祖武的文章《从经筵讲论看乾隆时期的朱子学》也有很好的分析,见《国学研究》第九卷,北京大学出版社 2002 年版。
② 乾隆帝斥理学家讲学为"国家将亡,必有妖孽",见清高宗《题东林列传》,《御制文集·二集》卷十八,文渊阁四库全书本。从高宗《御制文集·二集》可以发现,自乾隆三十八年(1773)始,乾隆帝陆续写了一些贬斥程朱、崇奖汉学的文章,因此戴震于乾隆四十一年(1776)作《孟子字义疏证》以反程朱,并非如有学者所说的要冒政治风险。
③ 邵懿辰:《孝子王立斋先生传》,《半岩庐遗集》不分卷,清光绪三十四年邵章刻本。
④ 戴震:《与某书》,《戴东原集》卷九,四部丛刊本。

者，义理之所由出，非别有义理出乎训诂之外者也。①

戴氏与钱氏的话都是有所指的，意思是说圣人的义理，要通过对经书的训诂考证才能得出，绝不是如宋儒那样以自己的主观臆见硬说成是圣人的意思；宋儒杂糅释道，歪曲了圣人的意思，他们并没有见道。戴、钱都是汉学大师，他们通过训诂考据的方法，断然否定了程朱等宋儒的圣门合法性。既然程朱不能见道，不合孔圣之真意，那么桐城文人所谓的古文"义法"也就不值一提。焦循批评古文家：

> 赵宋以下，经学一出于臆断，古学几亡，于是为词章者，亦徒以空衍为事，并经之皮毛，亦渐至于尽，殊可闵也。②

其意是说，即使是程朱的经学也不过是出于"臆断"，何况那些以程朱义理为宗旨的古文家，连经的皮毛都没有摸到，还谈什么见道、贯道呢，真是太可怜了！矛头所向，直指桐城派古文家。蒋湘南甚至认为，古文在于宗经明道，真正的古文家应该是宗汉学而见道的戴震、钱大昕、汪中、张惠言、武亿诸人，而绝不是信奉理学的桐城派文人。他说：

> 理学之儒之自称得圣人之道也又久矣。吾不敢谓圣人之道之必在于非理学，吾又何敢谓圣人之道之必在于理学乎？诸君子（指戴、钱、汪、张诸人）韫椟六经，时时与圣人相见，闳意眇指，皆足为后之读经者示之门径。世之人欲起衰矫弊，必自通经始，通经必自训诂始。欲通古人之训诂，自不能不熟周秦两汉之文章，所谓由文入笔者，真古文之根柢，即在于此。伪八家之所以不能自立者，正坐不能如此。③

这等于说，圣人之道不在理学，汉学家以汉学为根柢写出的古

---

① 钱大昕：《经籍纂诂序》，《潜研堂集》卷二十四，清嘉庆十一年刻本。
② 焦循：《与孙渊如观察论考据著作书》，《雕菰楼集》卷十三，清道光岭南节署刻本。
③ 蒋湘南：《与田叔子论古文第三书》，《七经楼文钞》卷四，清同治八年刻本。

文才是合乎圣意的真古文,而那些信奉理学的桐城派文人属于"伪八家",是离经叛道的。桐城派不是想通过程朱而求圣人之道吗?这也是他们"义法"的核心,汉学家通过训诂驳难宋儒的经学,否定了程朱的圣门合法性,也就等于抽空了桐城派文论的基石,使其处于尴尬的理论境地。

汉学家不仅鄙薄桐城文人的"义理",对桐城派所谓"义法"中"法"也甚为不屑。方苞的"义法"说,在广义上是指谋道与文的融合,狭义上即指作古文的方法。就为文方法而言,望溪对此颇为自负,自称"此虽小术,失其传者七百年"①。等于是以唐宋八家之后的真正懂古文秘诀的第一人自居。对于方苞的"义法"式的古文,汉学家并不认可。如钱大昕在给友人的信中批评方苞:

> 若方氏乃真不读书之甚者。吾兄特以其文之波澜意度近于古而喜之,予以为方所得者,古文之糟粕,非古文之神理也。王若霖言灵皋(方苞)以古文为时文,却以时文为古文,方终身病之。②

对于方苞学问上的疏漏,汉学家更是吹毛求疵。如钱大昕批评方苞不明文体的体例:

> 韩退之撰《顺宗实录》,载陆贽《阳城传》,此实录之体应尔,非退之所创,方亦不知而妄讥之。盖方所谓古文义法者,特世俗选本之古文,未尝博观而求其法也。法且不知,而义于何有!③

他还援引引李绂的话嘲讽方苞:

> 望溪以古文自命,意不可一世,惟临川李巨来轻之。望溪尝携所作《曾祖墓铭》示李,才阅一行即还之。(望溪)恚曰:'某文竟不足一寓目乎?'曰:'然。'

---

① 方苞:《答程夔州书》,《方望溪先生全集》卷六,清咸丰元年戴钧衡刻本。
② 《潜研堂集》卷三十三《与友人书》。
③ 《潜研堂集》卷三十三《与友人书》。

> 望溪益恚,请其说。李曰:今县以桐名者有五:桐乡、
> 桐庐、桐柏、桐梓,不独桐城也。省桐城而曰'桐',后
> 世谁知为'桐城'者?此之不讲,何以言文!①

汉学大师汪中也讥刺方苞不学。他通过考证《春秋公羊传》,认为祭祀时妇人应主于礼,从而揶揄"方苞侍郎家庙不为妇人作主,以为礼也"②。这些批评都戳到了桐城派的疼处,所以姚鼐将"考据"纳入古文之道,不是没有原因的。但在汉学家看来,桐城文人的考据与他们相比也是不值一提的。

乾嘉时期的骈、散文体之争,其实也是汉宋之争的一个副产品。宋学家尊崇宋学,文统上以唐宋八家以及先秦两汉的散体文为楷模。散体文早在清初,就得到清廷的提倡。昭梿考察清初的上谕,其中有一段文字说:

> 本朝列圣家法……惟命词臣视草诰制,又以骈体
> 肤阔,陈陈相因,所谓依样葫芦者,真无济于实事也。③

可知至少在乾隆朝之前,朝廷文告还是以倡导质朴文风为主。方苞心目中的古文就是唐宋八大家式的散体文,这也适应了清初文风的转变。至乾嘉时期,姚鼐编《古文辞类纂》,以选本的样式来维护文统,弃骈文于古文之外,即使有骈体气味的散文,也予以摒弃。他在该书序中明确提出"古文不取六朝人,恶其靡也"。桐城派的人物,也多不喜骈体,如姚鼐弟子梅曾亮说:

> 骈体之文,如俳优登场,非丝竹金鼓佐之,则手足
> 无措;其周旋揖让非无可观,然以之酬接,则非人
> 情也。④

汉学家崇尚汉学,排斥宋学,附带地也瞧不起桐城派所推崇的宋人文章,他们以汉魏六朝的骈体文为古文的正统。至乾嘉时期,骈文伴随着汉学的复兴,形成了与古文相对抗的文体。

---

① 《潜研堂集》卷三十一《跋方望溪文》。
② 汪中:《妇人无主问答》,《述学》内篇一,四部丛刊本。
③ 昭梿:《啸亭续录》卷一《上谕馆》,清钞本。
④ 梅曾亮:《复陈伯游书》,《柏枧山房全集》卷二,清咸丰六年刻,民国补修本。

据张之洞《书目答问》所列"体格高而优"的清代骈文二十家中，乾嘉朴学家几占一半。如孔广森、汪中、孙星衍、阮元、洪亮吉、凌廷堪等，这些人不仅是朴学大师，同时也是骈文高手。他们不仅作骈文，还从理论上证明只有骈文才是古文的正统。如号称"汉学护法"的阮元对"文"的确切含义作了重新界定。他说：

> 凡文者，在声为宫商，在色为翰藻。即如孔子《文言》"云龙风虎"一节，乃千古宫商、翰藻、奇偶之祖；"非一朝一夕之故"一节，乃千古嗟叹成文之祖；子夏《诗序》"情文声音"一节，乃千古声韵、性情、排偶之祖。吾固曰：韵者即声音也，声音即文也。然则今人所使单行之文，极其奥折奔放者，乃古之笔，非古之文也。①

也就是说，孔子所作的《易·文言》、子夏所作的《诗序》都是骈句，这才是真正意义上的"文"，而唐宋八家和时下桐城派"惟以单行之语，纵横恣肆，动辄千万字，不知此乃古人所谓直言之言，论难之语，非言之有文者也，非孔子所谓文也"。他进一步指出：

> 千古之文，莫大于孔子之言《易》。孔子以用韵比偶之法，错综其言，而自名曰文。何后人之必欲反孔子之道而自命曰文，且尊之曰古也？②

这些话无异于以反孔子的罪名来否定唐宋八家及桐城派的古文合法性了。汉学家认为的"文"，是萧统《文选序》所说"事出于沉思，义归于翰藻"式的骈文。他们普遍责难唐宋八家中断了骈文的传统，背离了孔子的文统。如汉学家凌廷堪说：

> 盖昌黎之文，化偶为奇，戛戛独造，特以矫枉于一时耳，故好奇者皆尚之；然谓为文章之别派则可，谓为文章之正宗则不可也。……窃谓昌黎之论文与考亭（朱熹）之论学，皆欲以一人之见，上掩千古，虽足以矫

---

① 阮元：《文韵说》，《揅经室集·续三集》卷三，四部丛刊景清道光本。
② 阮元：《文言说》，《揅经室集·三集》卷二，四部丛刊景清道光本

风尚之同,而实便于空疏之习。①

凌氏责难韩愈的古文是文之别派,不是文章的正宗,他对韩愈的论文和朱熹的论学同时进行抨击,其目的在于否定桐城派的整个文统。②

总而言之,汉学家对桐城派古文主张的批评,集中于三个方面:一是否定桐城派的"道统",否定了程朱理学,就等于消解了桐城派古文的圣门合法性;二是讥讽桐城文人疏于考据、学问空疏;三是从孔子那里寻找理论依据,尊骈文为古文的正统,以此否定桐城派所尊奉的唐宋八家散体文传统。当然,桐城派的古文理论和创作实践自有其价值,并不一定因为汉学家的批评而损失其意义。但是,如果还原到乾嘉时期的历史背景,汉学家抛出的这几顶大帽子,还是足够吓人的,足以让桐城派穷于应付,无还手之力。无论汉学、宋学,宗奉的其实都是孔子和"六经",孔子的权威在那个时代是神圣不可动摇的。以桐城诸君子为代表的宋学派,认为程、朱得周、孔之真传,程朱之道即孔孟之道;而汉学家则通过训诂考证,认为程朱歪曲了圣人意思,是圣门异端。这就等于给桐城派的"义理"扣上政治异端的大帽子;同时又抬出孔子的招牌,论证骈文才是古文的正统。这差不多推翻了桐城派立论的全部基础。

汉学在乾嘉时挟朝廷之势风行全国,如日中天,在"不骂程朱,不得谓之通人"的学术环境下,桐城派的狼狈可想而知。蒋湘南曾以"奴、蛮、丐、吏、魔、醉、梦、喘"八字来抨击桐城古文的种种弊病。"奴"是指桐城文人作了唐宋八家的奴才;"蛮"是说他们以宋儒的学问妄解圣经,失之野蛮;"丐"是说他们学问空疏,"肌肠雷隐";"吏"是指他们为文妄定规矩,"比葫芦画瓢";"魔"、"醉"、"梦"是指桐城派的一幅道学模样,如入魔道;"喘"

---

① 凌廷堪:《书唐文粹后》,《校礼堂文集》,中华书局2006年版,第290页。

② 凌氏虽然在姚鼐面前是乡后辈,但他在给姚鼐这位乡前辈的信中却毫不客气地说:"于方望溪义法之说,终不能无疑也。"参见《复姚姬传先生书》,《校礼堂文集》第319页。

是批他们的文字不像骈文那样有韵律美,"有声无音,呻吟莫辨"①。

类似的批评在乾嘉时期并非是个别现象。总之桐城派在这一时期的境遇非常之难。姚鼐于乾隆三十八年(1773)任四库纂修官,在四库馆这个汉学大本营里,持宋学态度的他非常孤立。姚莹对姚鼐当时的处境曾有如下记载:

> 纂修者竞尚新奇,厌薄宋以来儒者,以为空疏,掊击讪笑之不遗余力。先生往复辩论,诸公虽无以难而莫能助也。②

由是可知,他在四库馆非常狼狈。在备受汉学家掊击讪笑的情况下,他被迫辞官,归乡讲学,据他自己说是"从容进退,庶免耻辱之大咎已而"③。面对举世滔滔、鄙薄宋儒的学术环境,姚鼐作《述怀》诗表达了他的深深的忧虑。诗曰:

> 门有吴越士,挢首自言贤。
> 束带迎八座,抗论崇古先。
> 摽举文句间,所守何戋戋。
> 诽鄙程与朱,制行或异斾。
> 汉唐勤笺疏,用志诚精专。
> 星月岂不辉,差异白日悬。
> 世有宋大儒,江海容百川。
> 道学一旦废,乾坤其毁焉!
> 寄语幼诵子,伪论乌足传。④

不仅是姚鼐的处境困难,康熙朝大名鼎鼎的方苞的古文,也不为乾、嘉甚至道光时期的主流学者所认可了。与姚鼐同时代同情宋学的程晋芳曾有一段回忆:

> 忆在都门,萃海内胜流,论及近日士夫学问,或曰

---

① 蒋湘南:《与田叔子论古文书》,《七经楼文钞》卷四,清同治八年刻本。
② 姚莹:《惜抱先生行状》,《东溟文集》卷六,清同治六年刻本。
③ 姚鼐:《复张君书》,《惜抱轩诗文集》卷六,清嘉庆十二年刻本。
④ 姚鼐:《述怀》,《惜抱轩诗文集》卷二。

本朝经史考据之学以及骈体诗词皆远过元明,所不及者,时文与古文耳。

程氏颇不服气,说:"时文则信然矣,若古文遂多让耶?"并以方苞的文章为例,但并未能说服众人。① 那时人们"以戴东原、钱竹汀、汪容甫、张皋文、武虚谷、陈恭甫、李申耆、龚定庵、魏默深诸人之文为真古文,而以规抚唐、宋者为伪八家"②。直至道、咸时期,桐城文派仍是花果飘零,处于困境,曾国藩在咸丰年间曾经感叹:"余之不闻桐城诸老之謦欬也久矣!"③

如何回应汉学家的挑战,如何使桐城派古文走出困境,如何重新光大桐城门户,这个任务在道、咸、同时期历史地落在曾国藩身上。

第二节 曾国藩对桐城古文理论的重建

中国古代学术总是在与异质学术冲突、融合的对立统一中向前推进的,文学理论的发展往往也是如此。以曾国藩为代表的湘乡派,"既未从根本上抛弃桐城根系而别树一帜,又非谨守桐城堂庑不敢越雷池一步"④。湘乡古文理论的形成正是在坚守桐城阵地的基础上,又一定程度上吸纳汉学家文论的结果。

桐城派古文在义理上坚守宋学阵地,他们古文中所贯之"道"即是程朱之道。方苞诅咒那些诋毁程朱的人为"天所不佑"、"绝世不祀"⑤。姚鼐尊程朱为"父师",骂汉学"大为学术之

---

① 程晋芳:《学福斋文集序》,《勉行堂文集》卷二,清嘉庆二十五年刻本。

② 郭绍虞:《中国文学批评史》下卷,百花文艺出版社1999年版,第349页。

③ 《欧阳生文集序》,《曾国藩全集·诗文》,第247页。

④ 罗宗强、陈洪主编:《中国古代文学史》(二),华东师范大学出版社2000年版,第501页。

⑤ 《方望溪先生全集》卷六《与李刚主书》,咸丰元年戴钧衡刻本。

害"①,并骂与程朱为敌的戴震"身灭嗣绝"②。而曾国藩的学术思想比较融通,他在宋学呈现颓势的情况下,不得不与时俱进,在坚持宋学信仰的前提下,兼采汉学,提出了"于汉宋间折中一是,以江海量翕受群言"③,"国藩一宗宋儒,不废汉学"的学术调和主张。④

曾国藩的学术宗尚及古文理论最早是从桐城派入手的。他在晚年回忆说:

> 姚先生(鼐)持论宏通,国藩之粗解文章,由姚先生启之也。⑤

考姚鼐1815年去世时,曾氏年方四岁。据曾国藩日记,他接受姚鼐之学实是受了唐鉴的启发。道光十八年(1838),曾国藩会试中进士之时,正是宋学备受冷落之时。据曾氏日记,唐鉴告诉他:

> 文章之学,非精于义理者不能至。经济之学,即在义理内。⑥

如何才能"精于义理"呢?唐氏指点国藩"当以《朱子全书》为宗"。自道光二十一年(1841)始,三十一岁的曾国藩受其师唐鉴的影响,成为一个程朱信徒,也成了桐城门户中的一员。直至道光二十三年(1843),曾氏对当时正流行的所谓汉学也还是瞧不起的。他在给诸弟的家信中说:"读经以研寻义理为本,考据名物为末。"又说:

> 盖自西汉至今,识字之儒约有三途:曰义理之学,曰考据之学,曰词章之学。各执一途,互相诋毁。兄之私意,以为义理之学最大。义理明则躬行有要而经济有本。词章之学,亦所以发挥义理者也。考据之

---

① 《惜抱轩诗文集》卷六《复蒋松如书》。
② 《惜抱轩诗文集》卷六《再复简斋书》。
③ 《赠袁漱六太史》,《曾国藩全集·诗文》,第109页。
④ 《复夏教授》,《曾国藩全集·书信》(五),第3467页。
⑤ 《圣哲画像记》,《曾国藩全集·诗文》,第250页。
⑥ 《曾国藩全集·日记》(一),第92页。

学,吾无取焉。①

所谓"义理之学"即是指宋学,"考据之学"即是指汉学。这段话表明,他的学术宗旨尚在严守桐城门户。但此时,以桐城派为代表的宋学派处境仍很尴尬。曾国藩后来回忆说:

> 嘉道之际,学者承乾隆季年之流风,袭为一种破碎之学。……有宋诸儒周、程、张、朱之书,为世大诟。间有涉于其说者,则举世相与笑讥唾辱。②

在汉学派的学术氛围中,曾国藩等三数人在北京跟随唐鉴学理学,竟需要有"讥诟而不悔"的勇气,要冒被"骂讥唾辱"、"进无师友之援,退犯万众之嘲"的巨大压力。③

在道、咸之际桐城派备受冷落的情况下,如果曾国藩只是固守桐城门户,那么他的古文理论及创作也就不会产生很大的影响。但他很快就从桐城堂庑中走出来了。道光二十六年(1846),三十六岁的曾国藩结识了治汉学的刘传莹,他二人常在一起交流学习心得。曾氏通过大量阅读汉学家的著作也逐步改变了对汉学的态度,能从学术史流变的角度比较超脱地看待汉宋之争。他在给刘蓉的信中说:"于汉宋二家构讼之端,皆不能左袒,以附一哄。"④他既不同意汉学家攻驳朱子,也不同意宋学派无视汉学家考据之长。他说:

> 自乾隆中叶以来,世有所谓汉学云者,起自一二博闻之士,稽核名物,颇拾先贤之遗而补其阙。久之风气日敝,学者渐以非毁宋儒为能,至取孔孟书中心性仁义之字,一切变更旧训,以与朱子相攻难。附合者既不一察,而矫之者恶其恣睢,因并蔑其稽核之长,而授人以诟病之柄。⑤

也就是说,汉学家以"非毁宋儒为能"固不足取;但宋学派学问

---

① 《曾国藩全集·家书》(一),第55页。
② 《朱慎甫遗书序》,《曾国藩全集·诗文》,第222—223页。
③ 参见《送唐先生南归序》,《曾国藩全集·诗文》,第168页。
④ 《致刘蓉》,《曾国藩全集·书信》(一),第8页。
⑤ 《汉阳刘君家传》,《曾国藩全集·诗文》,第212页。

空疏,无视汉学家的考据功夫,也难怪受人讥笑。当然,他对于汉宋之争并非是只作骑墙派,采取和事佬的态度,实际上他是有宗尚的,那就是如他所声言的"一宗宋儒,不废汉学"。

汉学家批评程朱之学歪曲孔门圣道,曾国藩对此持反对态度。他说:

> 自朱子表章周子、二程子、张子,以为上接孔孟之传,后世君相师儒,笃守其说,莫之或易。乾隆中,闳儒辈起,训诂博辨,度越昔贤;别立徽志,号曰汉学。摈有宋五子之书,以谓不得独尊。而笃信五子者,亦屏弃汉学,以为破碎害道,断断焉而未有已。吾观五子立言,其大者多合于洙泗,何可议也?①

他认为宋五子书能传孔孟微言,不可非议;而"东原(戴震)《孟子字义疏证》一书排斥先贤,独伸己说,诚不可以不辨"②。也就是说,对戴东原排斥程朱,自以为得孔孟之真传,曾国藩并不以为然。对于汉学家"临文则繁称博引,考一字,辨一物,累数千万言不能休"是否能得圣人之大义,他也是很怀疑的。③ 他虽然批评汉学,但肯定了汉学家的小学之长,认为汉学家训释经典,有时比宋儒的解说更为贴近经书原意:

> (宋儒)训释诸经,小有不当,固当取近世经说以辅翼之,又何可屏弃群言以自隘乎?④

这句话同时也是对桐城派的批评,其意是说,汉学家的考证正好可以补宋儒之不足,对他们的学术不可简单否定。因此曾国藩对姚鼐不看汉学家之长,大骂戴震等学者"身灭嗣绝"这种做法并不赞成,批评他"持论似又太过"⑤。所以曾氏总体的学术态度是以宋学为主,以汉学为补充,调和汉宋。

正是基于这样的学术观念,曾国藩对姚鼐的文论主张"义

---

① 《圣哲画像记》,《曾国藩全集·诗文》,第249页。
② 《复夏教授》,《曾国藩全集·书信》(五),第3467页。
③ 《重刻茗柯文编序》,《曾国藩全集·诗文》,第323页。
④ 《圣哲画像记》,《曾国藩全集·诗文》,第249页。
⑤ 《复夏教授》,《曾国藩全集·书信》(五),第3467页。

理、考据、辞章"做出了一番新的解释和改造。在桐城三要素之外,他又添上"经济之学"。他说:

> 为学之术有四:曰义理,曰考据,曰辞章,曰经济。义理者,在孔门为德行之科,今世目为宋学者也。考据者,在孔门为文学之科,今世目为汉学者也。辞章者,在孔门为言语之科,从古艺文及今世制义诗赋皆是也。经济者,在孔门为政事之科,前代典礼、政书,及当世掌故皆是也。……君子贵慎其所择,而先其所急。择其切于吾身心不可造次离者,则莫急于义理之学。①

也就是说,"义理、考据、辞章、经济"这些学问全是孔门之学,都具有圣门合法性,所谓汉宋两派争当孔门的正统而排斥异己实无必要。但四种学问中,曾国藩也指出"义理之学(宋学)"最为重要,这等于是坚守了桐城派的基本立场。但他在坚守宋学的同时,又能走出门户之见。他说:"苟通义理之学,而经济该乎其中矣。"②这是说只有通宋学(义理之学),经世济民才有思想基础。宋学明于体,而略于用,如要至于实用,还需要用宋学统率其他学问。他说:

> 以义理之学为先,以立志为本。……志既定矣,然后取程朱所谓居敬穷理、力行成物者,精研而实体之。然后求先儒所考据者,使吾之所见,证诸古制而不谬;然后求所谓辞章者,使吾之所获,达诸笔札而不差,择一术以坚持,而他术固未敢竟废也。……其文经史百家,其业学问思辨,其事始于修身,终于济世,百川异派,何必同哉?同达于海而已矣。③

大意是说,以宋学定志,以汉学求是,以辞章表述,归旨济世,百川异派,同归于海。这就将四者的关系统一起来。而这种思想恰恰是与桐城派排斥汉学、拘守宋学门户的保守态度有所

---

① 《劝学篇示直隶士子》,《曾国藩全集·诗文》,第442页。
② 《劝学篇示直隶士子》,《曾国藩全集·诗文》,第442页。
③ 《劝学篇示直隶士子》,《曾国藩全集·诗文》,第442页。

区别。

为了应对汉学家对宋学的批评,曾国藩从理论上试图证明汉学的方法其实与宋学并不相悖。他认为,孔子"好古敏求",颜回、孟子亦曰"博文"、"集义","即物穷理,古昔圣贤共由之轨,非朱子一家之创解也"。即是说,格物穷理合乎圣门之教。他由此批评汉学家说:

> 惠定宇(栋)、戴东原(震)之流钩研诂训,本河间献王实事求是之旨,薄宋贤为空疏。夫所谓事者,非物乎?是者,非理乎?实事求是,非即朱子所称即物穷理者乎?名目自高,诋毁日月,亦变而蔽者也。①

其意是说,汉学家实事求是的治学方法合乎朱子即物穷理之旨,汉学的方法其实就是朱子学的发扬光大,而汉学家诋毁朱子,实不可取。这看起来是批评汉学,其实也是在调和、沟通汉宋。

对于桐城诸君子鄙弃汉学的态度,曾国藩也同样不以为然。他认为汉学家的成就在礼学,而礼学与经世的关系最为密切,而礼学是沟通汉宋学术的一个关结点。他认为从司马迁、班固之史,直至唐代的杜佑作《通典》都重视礼书,以存先王经世之意,并说:

> 有宋张子、朱子益阐之。圣清膺命,巨儒辈出。顾亭林氏著书,以扶持礼教为己任。江慎修氏纂《礼书纲目》,洪纤毕举。而秦树澧氏遂修《五礼通考》,自天文、地理、军政、官制,都萃其中。旁综九流,细破无内。②

也就是说,清代的考据家所研究的礼学,关系到经世,与宋儒张载、朱熹的主张是一致的。因此桐城派不能无视这一点,对汉学做出粗暴的否定。

由上可知,曾国藩对汉宋两家各有批评,又各有肯定。这

---

① 《书学案小识后》,《曾国藩全集·诗文》,第165页。
② 《孙芝房侍讲刍论序》,《曾国藩全集·诗文》,第256页。

虽然是在评学术,其实也是在讨论文章的道统问题。这关系到桐城古文理论中程朱义理道统是否还具有学术合法性的问题。在他看来,古文中的道统应以程朱所阐发的孔孟义理为主,以汉学家对儒家经典的考证为补充,并归结到经世致用上来。在道统问题上,他站稳了桐城门户,同时也吸取汉学家的批评意见,显示出一种较为博大的学术胸怀。这种调和汉宋的道统观,集中体现在他的《圣哲画像记》、《劝学篇示直隶士子》、《书学案小识后》、《孙芝房侍讲刍论序》、《重刻茗柯文编序》等散文名篇中。如果把上述这些文章和戴震反程朱理学的名篇《答彭进士书》以及姚鼐维护程朱并痛骂汉学家的《赠钱献之序》、《再复简斋书》等名文进行对照阅读,更可清楚地看出曾国藩在汉宋道统观上的调和立场。

对于汉学家讥讽桐城派疏于考据、学问空疏,曾国藩更是在这方面注意吸收汉学之长,以使自己的古文理论吸纳众流,贴近时代。他深知"学问之途,自汉至唐,风气略同;自宋至明,风气略同;国朝又自成一种风气"[1]。也就是等于认可汉学是"国朝"标志性的学术。所以他感叹"余生本朝经学昌明之后"[2],不得不熟悉乾嘉诸君子的治学门径。他对于顾(亭林)、阎(百诗)、戴(东原)、江(慎修)、钱(辛楣)、秦(味经)、段(懋堂)、王(怀祖)等汉学家的著作下过一番苦功进行研读,他所著的《读书录》收录了他关于《周易》、《周官》、《仪礼》、《礼记》、《左传》、《国语》、《穀梁传》、《尔雅》等经书的考证文章。仅就训诂考证成就而言,清末学者夏震武评价他即可足以不朽。[3]

当然,如果仅是重视考据,表面上看来,似与姚鼐的主张无异。曾国藩与姚氏的区别在于,他扩大了考据的内涵,突出了考据的经世功能。姚鼐的考据重在经学,故曾氏在《圣哲画像记》中将姚鼐与汉代的许慎、郑玄及清代的王念孙父子并列,同归于考据一门。事实上,姚氏经学之外的考据也不无经世企图,然关注点多在道德人心;而曾国藩所谓的"考据"除了经学

---

[1] 《谕纪泽》,《曾国藩全集·家书》(一),第447页。
[2] 《曾国藩日记》(三),第1351页。
[3] 夏震武:《灵峰先生集》卷四,第13页。

家关心的道德风俗之外,更为重视实践层面的各方面经世之术的考证。他说:

> 欲周览经世大法,必自杜氏《通典》始矣。马端临《通考》,杜氏伯仲之间,郑《志》非其伦也。百年以来,学者讲求形声、故训,专治《说文》,多宗许郑,少谈杜马。吾以许郑考先王制作之源,杜马辨后世因革之要,其于实事求是一也。①

也就是说,许慎、郑玄以及清代汉学家的考证多限于经学,而唐代杜佑、元代马端临式的考证能辨因革之要,能从中吸取历史的经验教训,此种学问有利于经世。于是他对于考证学方面,特别推崇杜、马的两《通》及清代徐乾学的《读礼通考》及秦惠田的《五礼通考》,并将他们画像纳入他所崇拜的古代三十二圣哲之列。此种识见既有别于姚鼐式的考据,也与汉学家式的考据区别开来。

正是由于有出于经世目的的考据识见,曾国藩有意识地学习杜、马、徐、秦,将历代典章制度进行分门别类、并从中总结兴衰治乱之源的考证方法,并将这种方法运用于他的散文写作之中。如《书学案小识后》一文,是从学术史流变的角度来评价其师唐鉴《学案小识》的学术价值的。在此文中,他先指出,明代王阳明为纠宋学支离之弊而创心学,却又产生逾绳荡检、突破礼法的新流弊;从高攀龙、顾宪成再到清初颜习斋、李恕谷之学,再到惠栋、戴东原之考据学,都是"变一说而生一弊"。新的学术风尚的形成,是纠当前学术之弊之结果,由此而肯定唐鉴《学术小识》正是意在纠汉学琐碎之弊,其学术史意义也由此不言自明。又如《书王雁汀前辈勃海图说后》一文,先从梳理《尚书》孔疏、杜佑《通典》以及清儒胡渭、齐召南对青州地名的考证入手,然后考证明代青州的行政设置以及康熙年间议设登州水师一事,通过这些掌故源流的梳理,得出青州乃"勃海之襟带,旅顺之门户"宜驻水师"内防盗匪、外慑夷人"的结论。此文还提到,正是由于这样的学养和历史识见,道光帝让兵部讨论在

---

① 《圣哲画像记》,《曾国藩全集·诗文》,第250页。

登州设立水师一事时,时任兵部侍郎的曾国藩在会议上胸有成竹,"亦遂附合,未遑他议"①。又如《武会试录序》一文是从总结武举之科发展史的经验教训入手,说明武将的选取应观其"内志外体",看他们是否德艺兼备,而不应只重那些"挽强引重"的"市井之粗材"。又如《钱选制义序》一文通过考察清代八股文的发展史,得出制义也符合"物穷则变"之理。总之,曾国藩总结兴衰治乱之源的考据文章,涉及学术史、诗史、家谱史、行政沿革史、礼乐制度史、科举史、军事史等方方面面,这些考据的背后,都有深刻的经世意图和现实情怀。

关于散体文与骈体文孰为文之正统,桐城派与汉学家势同水火,各执一词。曾国藩对这个问题也采取了调和的态度。他在《送周荇农南归序》一文中提出了"骈散合一"说:

> 天地之数以奇而生,以偶而成。一则生两,两则还归于一。一奇一偶,互为其用,是以无息焉。物无独,必有对,太极生两仪,倍之为四象,重之为八卦,此一生两之说也。……一者阳之变,两者阴之化。故曰:一奇一偶者,天地之用也。文字之道,何独不然?

这是用理学式的语言给骈散兼行寻找形而上依据。他在此文中还从古文历史的角度,分析骈散文体的消长。指出司马迁之文,"积句也奇",但"有偶焉者存焉"。班固近于偶,韩愈近于奇,但其文俱有奇偶者在。宋代之后散体文的风行,是因为隋唐以来骈文盛极必衰的结果。所谓"物穷则变,理固然也"。他借用韩愈的话说"孔子必用墨子,墨子必用孔子"。意思是说骈散兼用,才是正确的态度。为此他反对汉学家与桐城派在骈散问题上互相攻击,认为他们"刺议互兴,尊丹者非素",执一面之词而"抹杀一切"都是极端的做法。只要能表情尽意,无论骈散,他都肯定。如"适王都者,或道晋,或道齐,要于达而已"②。为此,曾氏选录《经史百家杂钞》,一改姚鼐《古文辞类篹》不收骈文的做法,兼收骈散,加录经史,既兼探各书,又并录各体,同

---

① 《书王雁汀前辈勃海图说后》,《曾国藩全集·诗文》,第 221 页。
② 《送周荇农南归序》,《曾国藩全集·诗文》,第 162 页。

时分文学为十一类,改姚氏之十三类。充分说明在姚氏的基础上,曾氏要扩大堂庑,另立门户。当然这无疑也是受汉宋之争刺激催逼的结果。

汉学派批评桐城散体文"有声无音,呻吟莫辨",这是以骈文的标准来衡量散体。刘勰曾提出"音以律文"的主张,认为文章要"吟咏滋味,流于字句"①。也就是说,文章读起来要有宫商韵律之美。汉学家之推崇刘彦和,无疑也影响到了曾国藩。所以他强调"读书以训诂为本,诗文以声调为本"②。"吾观汉、魏文人有二端最不可及,一曰训诂精确,二曰声调铿锵。……如果下字不苟,求其典雅精当,则古文之道自与骈体同"③。

他在日记中又云:

> 古文之道与骈体相通。由徐、庾而进于任、沈,由任、沈而进于潘、陆,由潘、陆而进于左思,由左思而进于班、张,由班、张而进于卿云,韩退之之文比卿云更高一格。④

这段话的意思是说,要借鉴骈文才能做好古文。所以曾国藩主张要从汉、魏、晋、六朝文人的骈体及韩愈的散文中揣摩古文的写法:

> 从鲍、江、徐、庾四人之文,步步上溯,直窥卿、云、马、韩四人之文,则无不可读之古文矣。⑤

为什么曾国藩如此重视学汉魏文章呢?表面看来这种态度似乎与汉学家为近,而与桐城派取径八家的路向歧异。其实曾氏仍是主张以桐城式的散体为本。他的意图在于吸纳骈文用词的凝练及音韵的铿锵以力纠桐城古文气弱之病,从而使古文富于一种雄奇之美。他说:

---

① 刘勰著,范文澜注:《文心雕龙·声律》,人民文学出版社2006年版,第553页。
② 《曾国藩全集·日记》(一),第485页。
③ 《谕纪泽》,《曾国藩全集·家书》(一),第532—533页。
④ 《曾国藩全集·日记》(一),第474—475页。
⑤ 《谕纪泽》,《曾国藩全集·家书》(一),第541页。

> 雄奇以行气为上,造句次之,选字又次之。然未有字不古雅而句能古雅,句不古雅而气能古雅者;亦未有字不雄奇而句能雄奇,句不雄奇而气能雄奇者。是文章之雄奇,其精处在行气,其粗处全在造字选句也。①

这种观点与刘大櫆"积字成句,积句成章"从构词造句看文章之神气的说法相似,但又有不同。正如郭绍虞先生所指出的,曾氏之"行气"是"骈散兼顾","骈文之声调铿锵,也正是行气的工夫"②。

在曾国藩之前,阳湖派的李兆洛也提出过骈散结合的主张。但李氏论文之重心在骈文,这与曾氏主张以散文为本、吸收骈文之长是不同的。曾国藩说:

> 骈体文为大雅所羞称,以其不能发挥精义,并恐以芜累而伤气也。……吾辈学之,亦须略用对句,稍调平仄,庶笔仗整齐,令人刮目耳。③

可见他的重心还是在散体,但主张兼采骈体的对句、平仄。在此之前,姚鼐的弟子刘开也曾提出过"散中无骈,则辞孤而易瘠"的观点④,因而主张以散为本,骈散结合。至曾国藩,开始大力宣扬并实践这种写作观点,可以说壮大了骈散结合论的声势。

曾国藩的古文大都具有骈散兼行、讲究炼字炼句的特点。限于篇幅,这里仅举《大界墓表》中回忆其祖父话语的一段文字为例:

> 余年三十五,始讲求农事。居枕高嵋山下,垅峻如梯,田小如瓦。吾凿石开壤,开十数畛而通为一。然后耕夫易从事。吾昕宵行水,听虫鸟鸣声以知节

---

① 《谕纪泽》,《曾国藩全集·家书》(一),第629页。
② 郭绍虞:《中国文学批评史》(下),第393页。
③ 《鸣原堂论文》,《曾国藩全集·诗文》,第516页。
④ 刘开:《与王子卿太守论骈体书》,《刘孟涂集》卷二,清道光六年姚氏檗山草堂刻本。

候,观露上禾颠以为乐。种蔬半畦,晨而耘,吾任之;夕而粪,庸保任之。入而饲豕,出而养鱼,彼此杂职之。凡菜茹手植而手撷者,其味弥甘;凡物亲历艰苦而得者,食之弥安也。①

这段文字骈散兼行,长句与短句错落有致,其中的句尾字如"下"与"瓦"押韵,"一"、"事"、"之"、"豕"互押,"甘"与"安"押韵。整段文字既有对句,也有平仄,简洁而又铿锵有力,富有宫商韵律之美。这种文字风格与桐城诸老稍嫌冗长气弱的散文特点是不一致的。

曾国藩于咸丰十一年(1861)家信中说:

（望溪）古文号为一代正宗,国藩少年好之,近十余年,亦别有宗尚矣。②

由此可考,曾氏古文思想虽从方、姚入手,但大致在道光末、咸丰初年,便开始形成自己的门户了。总之,曾国藩文论在义理取向上,以程朱理学为指导,兼收汉学及百家杂学;在文章的功用上,重视经史考据,喜求兴衰治乱之源和经世之用;在语言的运用上,兼采骈散,追求雄直之气。他提出为文四要素"义理、考据、辞章、经济",在桐城门户的基础上,又对桐城文论进行了一番改造,这是对汉宋之争做出调和的结果。

第三节　曾国藩重建桐城古文理论的文学史意义

曾国藩重建桐城古文理论促成了湘乡文派的崛起。湘乡文论及其创作在文学史上具有承先启后的重要意义。

其一,曾国藩的古文理论调和折中汉宋,使汉宋两派找到一个可以共同接受的契合点。随着太平天国大革命的到来以

---

① 《大界墓表》,《曾国藩全集·诗文》,第 329 页。
② 《致沅弟》,《曾国藩全集·家书》(一),第 749 页。

及西方列强的不断叩关,时代已不容许汉宋学派再进行无谓的纷争了。无论汉学、宋学,虽然都自以为是孔门正统,但毕竟同奉圣人为师,都还在儒学的门户内,面对异质文化的威胁,两派调和也就成为必然的趋势。在率湘军出征之际,曾国藩发表《讨粤匪檄》,声讨信奉天主教的太平军:

> 举数千年礼仪人伦诗书典则,一旦扫地荡尽。此岂独我大清之变,乃开辟以来名教之奇变,我孔子、孟子之所痛哭于九原!凡读书识字者,又乌可袖手安坐,不思一为之所也!

他发出公开号召:

> 倘有抱道君子,痛天主教之横行中原,赫然奋怒,以卫吾道者,本部堂礼之幕府,待以宾师。[①]

儒学先是受太平军冲击,后又受西学的威胁。在这种情况下,曾国藩的"卫道"和军事上成功地使汉宋学派都团结在他的身边,所以咸同时期,汉宋调和一时成为学术的主流。曾国藩及湘乡派文人做了不少文章,成为号召士子起来打压太平军的思想武器。清季桐城派又用这种卫道思想来抵制政治和文化革命。

其二,曾国藩在文章道统上对桐城派进行了重建,他提倡以程朱理学为指导,兼收汉学及百家杂学,甚至提出"为道不可以一方体论",这使他的思想境界呈现出一定的宏通和开明,对洋务运动时期的文学产生了重大影响。提倡程朱理学,就是要维护"三纲五常";提倡汉学及百家杂学,就是要讲求经世致用。汉学家不仅考经,同时兼治天文、算学、舆地等实学,这点深深影响了曾国藩。[②] 他引进西技,开创洋务运动,在历史上首次派遣幼童赴美留学,都是这种开明思想的表现。而那些固守程朱、不越门户一步的教条理学家,如提倡"立国之道……在人心不在技艺"的倭仁之流,则成了反对改革的顽固派。曾国藩的

---

① 《曾国藩全集·诗文》,第232—233页。
② 如曾国藩的《家书》中有指导儿子曾纪泽学天文历算的记载。参见《谕纪泽》,《曾国藩全集·家书》(一),第441页。

文章不抱守残阙，不固守"一先生家言"，正如黎庶昌所说：

> 尽取儒者之多识、格物、博辨、训诂，一内诸雄奇万变之中，以矫桐城末流虚车之饰。①

其文章的内容与桐城文人只讲道德教化而流于空疏是不一样的。在曾国藩文学思想的影响下，湘乡派文人如郭嵩焘、张裕钊、黎庶昌、薛福成、吴汝纶等人都能站在时代的前列，思想比较开明，他们都写了大量的文章提倡学习西方技术，反对保守蒙昧。湘乡文派一时成为倡导改革、宣传洋务、反对顽固派的舆论阵地。

其三，曾国藩在古文的语言风格上，提倡兼采汉宋家言，重视锤炼字句，讲求音韵铿锵，以唐宋文为基础，兼学汉魏六朝，从而形成一种有别于桐城派的独特的文风。正如钱基博所言：

> 曾国藩以雄直之气、宏通之识，发为文章，而又据高位，自称私淑于桐城，而欲少矫其懦缓之失。故其持论以光气为主，以音响为辅，探源扬马，专宗退之，奇偶错综而偶多于奇，复字单词杂厕相间，厚集其气，使声彩炳焕而戛焉有声，此又异军突起而自为一派，可名为湘乡派。②

桐城三祖的文章，妙处在于文清体洁，能学欧阳修之平易，但缺点在于能平易不能奇崛，失之力缓气懦。而曾国藩由韩愈上探扬雄、司马相如之文，用字奇崛，声韵炳朗，故能气势沉雄，于桐城平易文风中别为一体。

其四，曾国藩的古文理论及其创作使桐城派走出困境，使桐城文统得以接续和发扬光大。嘉道之际，桐城派受人诟病，处境困难。薛福成说：

> （桐城派）厥后流衍益广，不能无窳弱之病；曾文正公出而振之。文正一代伟人，以理学经济发为文

---

① 黎庶昌：《续古文辞类纂序》，《拙尊园丛稿》卷二，清光绪二十一年金陵状元阁刻本。
② 钱基博：《现代中国文学史》，上海书店出版社2004年版，第29页。

> 章,其阅历亲切,迥出诸先生上,早尝师义法于桐城,得其峻洁之诣……故其为文,气清体闳,不名一家,足与方、姚诸公并峙;其尤晥然者,几欲跨越前辈。①

湘乡文论的形成是吸纳众流、兼取汉宋之结果。曾国藩并没有在桐城门下讨生活,而是"扩姚氏而大之,并功德言于一途",最终形成自己的特色。以他为首的湘乡文派成为道、咸、同、光五六十年间影响最大的文学流派。他本人的文学理论及其古文创作也足以与"桐城三祖"相媲美。

曾国藩对桐城古文理论的重建,使桐城文派一度呈现出最后的辉煌。但到了晚清末季,湘乡派在完成历史使命之后,渐趋消歇,最终黯然退出文学的中心舞台。原因是多方面的。首先是清季的政治由改良而革命,曾国藩所维护的理学纲常已落伍于时代,并被一批接受西学的学者所唾弃、批判,桐城派的道统彻底失去了时代合法性,成为僵死的魂灵。其次,在文章的写法上,曾氏四大弟子之后,桐城后学不从思想内容上创新,只是在文气或字句上揣摩姚、曾,正如李详所评价的:

> 句摹字剽,于其承接转换,"也"、"耶"与"矣"、"哉"、"焉"诸助词,若填匡格,不敢稍溢一语,谓之谨守桐城家法。……种种骇怪,尾间之池,渐且涸焉。无涓滴之润。源既竭矣,派与何有?②

随着"五四"新文化运动的兴起,桐城派被抨击为"谬种"而彻底终结。

---

① 薛福成:《寄龛文存序》,丁凤麟、王欣之主编《薛福成选集》,上海人民出版社1987年版,第239页。
② 李详:《论桐城派》,见王书良、李煜主编《中国文化精华全集·文学(三)》,中国国际广播出版社1992年版,第1071页。

第九章

曾国藩学术思想的历史地位及其影响

第一节 曾国藩学术思想的历史地位

评价一个学者的历史价值,不仅要回答他的学术是什么,还要回答他的学术为什么是这样以及对后世的作用与影响。曾国藩的学术在清代学术思想史上是不可或缺的一环。他在吏治腐败、帝国危机的背景下复兴宋学,试图改良风俗,挽回道德人心,从而促成了晚清宋学的复兴运动。他宗宋儒,同时又不废汉学,主张汉宋调和,从而使汉宋学术长期对立的局面得以终结,促进汉宋调和成为晚清学术的主流。他以礼学会通汉宋,既坚守宋学的立身之道,又以礼学的经世精神吸纳新知,为礼制改革以及西学的传播创造了条件。在文学上,他发展了桐城派的文学思想,扩大了桐城派的堂庑,使湘乡派崛起于文坛,成为晚清文学的重要力量。总之,曾国藩在一定程度上开启了晚清学术的新路向,改变了既有的学术版图,并对后世中国产生了深远的影响。

一、曾国藩学术思想促成了晚清理学的复兴运动

乾嘉时期,理学在汉学的冲击下,几乎溃不成军,宗宋学者

寥不数人。道光时期的潘德舆曾说：

> 程朱二子之学，今之宗之者罕矣。其宗之者率七八十年以前之人，近则目为迂疏空滞而薄之，人心风俗之患不可不察也。……而七八十年来，学者崇汉唐之解经与百家之杂说，转视二子不足道，无怪其制行之日趋于功利邪辟，而不自知也。①

曾国藩的理学好友刘蓉也说：

> 为汉学者，阿世谐俗，漠然不知志节名义之可贵，学则吾学也，行则吾不知也。世亦遂无以行谊责之者，以谓彼特为名物度数之学，以资考证而已，不当以道义相苛。泯泯梦梦，与世同浊，学术坏而人心风俗随之。其为害有甚于良知顿悟之说猖狂而自恣者矣。②

曾国藩于道光年间在京师与唐鉴、倭仁等人精研宋学，在当时全国热衷汉学的学术环境中，是逆潮流而动的少数派。方宗诚指出：

> 嘉道间，海内重熙累洽，文教昌明，而黯然为为己之学兢兢焉。谨守程朱之正轨，体之于心，修之于身，用则著之为事功，变则见之于节义，穷则发之于著述，践之于内行。纯一不杂，有守先待后之功者，闻见所及约有数人：长白倭文端公、霍山吴竹如先生，官京师时，与师宗何文贞公、湘乡曾文正公、罗平窦兰泉侍御，日从善化唐确慎公讲道问业，不逐时趋。其时在下位者，则有湘乡罗罗山先生、桐城方植之先生、永城刘虞卿先生，俱无所师承，而砥节砺行，为穷理精义

---

① 潘德舆：《任东涧先生集序》，《养一斋集》卷十八，清道光二十九年刊本。
② 刘蓉：《复郭意城舍人书》，《养晦堂集》卷八，《近代中国史料丛刊》本。

之学。①

可见，道光末年，曾国藩以理学潜修之时，理学在全国并没有多少市场；唐鉴等人的理学小团体也并不为人所注意。如果不是后来曾国藩镇压太平天国，成大功、暴大名，理学在晚清是否还能复兴，也许是个疑问。梁启超说：

> 乾、嘉以来，汉学家门户之见极深，"宋学"二字，几为大雅所不道，而汉学之支离破碎，实渐已惹起人心厌倦。罗罗山（泽南）、曾涤生（国藩）在道、咸之交，独以宋学相砥砺，其后卒以书生犯大难成功名。他们共事的人，多属平时讲学的门生或朋友。自此以后，学人轻蔑宋学的观念一变。②

熊十力也认为曾国藩的成功得益于宋学：

> 晚世为考据之业与托浮屠者，并狂诋宋儒，彼何所知于宋儒哉！唯宋儒于致用方面，实嫌欠缺。当时贤儒甚众而莫救危亡，非无故也。乃至明季，船山亭林诸公崛起，皆绍述程朱而力求实用。诸公俱有民治思想，又深达治本。有立政之规模与条理，且皆出万死一生以图光复大业，志不遂而后著书。要之，皆能实行其思想者也，此足为宋儒于盅矣。（颜习斋名为反对程朱，实则骨子里仍是程朱。所攻伐者，但是程朱派之流弊耳。）胜清道咸间，罗罗山、曾涤生、胡林翼诸氏，又皆宗主宋学，而足宁一时之乱。……故由宋学演变观之，浸浸上追孔氏，而求内圣外王之全体大用，不复孤穷性道矣。③

熊十力指出，曾国藩宗宋学，但不孤穷性道，而是重视经世致用，能得内圣外王全体之大用。这说明曾国藩的理学是在宋儒

---

① 方宗诚：《校刊何文贞公遗书序》，见何桂珍《何文贞公遗书》，光绪十年六安涂氏求我斋校刊本。

② 梁启超：《中国近三百年学术史》，第30页。

③ 熊十力：《复性书院开讲示诸生》，《十力语要》（一），新世纪万有文库，辽宁教育出版社1997年版，第167—168页。

基础上有所发展的新理学。

理学是心性的学问,偏于内圣和修身。曾国藩通过理学的修养,养成了坚强的意志、勤俭的作风、血诚的性格,以及生死利害不动于心的殉道精神。世人正是通过这些,看出曾国藩之所以成功,来源于他的学术。如清末曾廉认为:

> 其在道光时,唐鉴倡学京师,而倭仁、曾国藩、何桂珍之徒相从讲学,历有年数。罗泽南与其弟子王鑫、李续宜亦讲学穷庐,孜孜不倦。其后内之赞机务,外之握兵柄,遂以转移天下,至今称之。则不可谓非正学之效也。①

曾国藩的幕僚后来任湖广总督的李翰章评价说:

> 曾国藩初入翰林,即与故大学士倭仁,太常寺卿唐鉴、徽宁道何桂珍讲明程朱之学,克己省身,得力有自。遭值时艰,毅然以天下自任,忘身忘家,置死生祸福得丧穷通于度外。其大端则在以人事君,晋接士类,能决其人之贤否,推诚布公,不假权术,故人皆乐为之用。其过人识力,在能坚持定见,不为浮议所摇。②

"曾门四弟子"之一的薛福成亦认为,曾国藩之所以能立己立人,宏济时艰,转移一世之风俗,是因为讲程朱正学之效:

> 曾国藩自通籍后,服官侍从,即与故大学士倭仁、前侍郎吴廷栋、故太常寺卿唐鉴、故道员何桂珍,讲求儒先之书,剖析义理,宗旨极为纯正。其清修亮节,已震一时,平时制行甚严,而不事表襮于外;立心甚恕,而不务求备于人。故其道大而能容,通而不迂,无前人讲学之流弊,继乃不轻立说,专务躬行,进德尤猛。

---

① 曾廉:《应诏上封事》,见杨家骆主编《中国近代史资料丛刊·戊戌变法》(二),台湾鼎文书局1973年印行,第449页。

② 见曾国藩著,李翰章编《曾文正公全集·卷首》,民国廿一年(1932),扫印山房石印本,第25页。

> 其在军在官,勤以率下,则无间昕宵;俭以奉身,则不殊寒素,久为众所共见。其素所自勖而勖人者,每遇一事,尤以畏难取巧为深戒。虽祸患在前,谤议在后,亦毅然赴之而不顾。与人共事,论功则推以让人,任劳则引为己责;盛德所感,始而部曲化之,继而同僚谅之,终则各省从而慕效之。所以转移风气者在此,所以宏济艰难者亦在此。①

薛福成的评价大体客观。曾国藩在理学方面,不轻立说,并没有多少讲学文章或语录,他只是一个对理学实有心得的实践家。他为人为官与做事,有理学的气象与精神,但通而不迂,大而能容,没有前人讲学之流弊。他是有心得又能躬行实践的真道学,不同于历史上常见的只炫弄理学教条而并无其实的假道学。

曾国藩在《讨粤匪檄》中,打出"卫道"的旗帜,将"血性男子"和"抱道君子"吸引到自己的门下,使其幕府成为全国最大的人才基地。据罗尔纲的《湘军兵志》统计,湘军重要人物共一百八十二人,内有一百七十九人的出身可考,出身生员以上者的达一百又四人,占可考人数中的百分之五十八,其中仅进士、举人出身者就达十九人。② 他以理学经世的思想教育幕僚,培育人才,由他推荐、提携成为封疆大吏的如李鸿章、左宗棠、李翰章、郭嵩焘、刘蓉、杨岳斌、李续宜、沈葆桢、刘长佑、刘坤一等一批总督或巡抚都有理学的背景。曾国藩组建湘军之初,亦是靠一批理学士子为骨干。罗泽南在湖南传授理学多年,他的弟子在咸同时期多成为湘军名将,如王鑫、李续宾、李续宜、蒋溢澧等。这些人物也多以理学义理训诫士兵,如王鑫"常教士卒作字读书,书声琅琅,如家塾然。又时以义理反复训谕,若慈父之训其爱子,听者至潸然泪下"③。曾国藩指出,罗泽南"与其徒

---

① 薛福成:《代李伯相拟陈督臣忠勋事实疏》,见丁凤麟、王欣之编《薛福成选集》,上海人民出版社 1987 年版,第 51—52 页。
② 罗尔纲:《湘军兵志》,中华书局 1984 年版,第 56—65 页。
③ 罗正钧:《王鑫年谱》,见梅英杰等编《湘军人物年谱》(一),岳麓书社 1987 年版,第 59 页。

讲论濂洛关闽之绪,瘏口焦思,大畅厥旨。未几,兵事起,湘中书生多拯大难、立勋名,大率公弟子也"①。

伴随曾国藩军事上的成功,清廷也认识到了理学对于保大清的作用,开始重用一大批理学人物。同治初年,倭仁被任命为大学士兼帝师,李棠阶入军机,李鸿藻为帝师兼尚书,吴廷栋官刑部。理学官员无论在朝在野都有很大的势力。据史革新的研究,就全国来说,活跃在咸同时期及光绪初期二三十年间各地主要理学士人,代表人物有七十人,分布全国十七个省份。且这些人多是朝廷或地方大员,其中身为大学士、尚书、侍郎、总督、巡抚等高级官员者,竟达十五人,占统计总数的百分之二十一强。担任大学士、军机大臣等要职的就有倭仁、曾国藩、李棠阶、李鸿藻、徐桐等五人。这是自康熙朝以来从未有过的情况。②

在理学士人的努力下,清廷开始有意提高程朱理学的政治地位。1860年,清廷发布上谕,规定学人从祀文庙,"应以阐明圣学,传授道统为断",对入祀文庙的人选标准做了有利于程朱理学的修改。是年,以明初理学家曹端从祀文庙,位列东庑胡居仁之上。1863年,以明儒方孝孺从祀。1870年"恩准"将清初理学名士张履祥从祀文庙,并重刊《杨园先生全集》。1875年,将清初理学家陆世仪从祀文庙。1876年,清初理学名臣张伯行、理学士人王建常被奏准从祀文庙;又允准把已故理学名儒李元春的生平事迹交付史馆,列入《儒林传》。对健在的理学家也进行表彰,1868年,褒奖安徽理学名士夏炘。1874年,陕西、山西两学政分别给理学名儒贺瑞麟、杨树椿、薛于瑛请授京衔。清政府以他们传授"正学"有绩,皆赐予国子监正衔。③

同治元年(1862),清廷下令整顿翰林院:"自明年癸亥科起,新进士引见分别录用后,教习庶吉士,务当课以实学,治经、

---

① 《罗忠节公神道碑铭》,《曾国藩全集·诗文》,第305—306页。
② 史革新:《程朱理学与晚清"同治中兴"》,《近代史研究》2003年第6期。
③ 参见史革新:《程朱理学与晚清"同治中兴"》,《近代史研究》2003年第6期。

治史、治事及濂洛关闽诸儒等书,随时赴馆,与庶吉士次第讲求,辨别义利,期于精研力践,总归为己之学,其有余力及于诗古文词者听之。"① 倭仁以大学士身份掌管翰林院后,即着手制定翰林院新规,规定翰林士子必读《朱子语类》、《朱子大全》等理学图书。各地督抚在地方创办书院,如上海龙门书院、陕西味经书院、四川尊经书院、湖北经心书院、江苏南菁书院、广州广雅书院、武昌两湖书院等,这些书院多请理学家主讲习,课程设置均以经史、性理为主,以诗文词为辅,顺应了清廷尊崇理学的学术倾向。

在图书出版方面,理学书籍在沉寂了近百年无人问津之后,再次如雨后春笋般地涌现。曾国藩创办金陵书局,各地督抚随即仿效,所出版经史图书,以历朝理学家著作为出版首选。如清初张伯行的《正谊堂全书》于同治八年(1869)由福州正谊书局刊印,是书编集宋、元、明、清理学家著作以及张氏自撰著作共六十六种二百册。除官方刊刻之外,一些地方理学士人也筹资刊印理学图书。如陕西理学家贺瑞麟在讲学之余刻印各朝理学书籍达百种以上。其所辑图书被其门人后人汇编为《清麓丛书》,自同治至民国时期,陆续以"传经堂"名义刊印历朝理学著作多达一百五十三种。理学再次成为从官方到民间都很热衷和时髦的学问。

在理学复兴的冲击下,汉学势力一度出现颓势。广东学者陈澧感叹说:

> 今海内大师,凋谢殆尽。澧前在江南,问陈石甫江南学人,答云无有。在浙江问曹葛民,答亦同。二公语或太过,然大略可知,盖浅尝者有之,深造者未必有耳。吾粤讲汉学者,老辈惟勉翁在,在近年为俗事所扰。同辈中最笃学者李子迪太史,每日读注疏、《通鉴》为正功课,《皇清经解》、《五礼通考》为余功课,惜乎咯血死矣。后生辈好学者,则不过二三人耳。夫以

---

① 《大清穆宗毅皇帝实录》卷五十二同治元年十二月,"大满洲帝国国务院"发行,1936年大日本东京大藏书出版株式会社承印,第16页。

百年来诸儒提倡之力,而衰歇之易如此。①

总之,晚清理学的复兴,是与曾国藩的努力与影响分不开的。在一定程度上,曾国藩的确实现了他以一人之力转移一世之风俗的人生理想。

二、曾国藩学术思想终结了清代汉宋学派长期对立的局面,促使汉宋调和成为晚清学界的共识

早在嘉道时期,伴随社会矛盾和帝国危机的加深,汉学的"护法"阮元及考证学大师段玉裁等人就已有调和汉宋的倾向(详见第二章)。稍后,黄式三沿继戴震、凌廷堪、阮元等人学术路向,博综群经,专治汉学,但并非认为"凡汉皆好",而主张对汉宋学"各用所长,以补所短"②,但汉宋对立的根本状况并没有改变。道光六年(1826),持宋学立场的方东树著《汉学商兑》反击汉学家江藩的《国朝汉学师承记》,汉宋学之间的巨大鸿沟一时难以填平。虽然已有一些学者如张成孙、毛岳生等在道光初年试图调和汉宋学的矛盾,但只有到了曾国藩登上学术的舞台时,情况才有很大的变化。

曾国藩标榜"一宗宋儒,不废汉学",他对当时互相嘲讽的汉宋学派都各打五十大板,声称"于汉宋二家构讼之端,皆不能左袒,以附一哄"③。他既批评汉学家不知他们的钩研故训手段实与朱子"即物求理"精神相符合,也批评宋学家蔑视汉学派的稽核之长,以致有空疏之讥。他肯定两汉经师有传经之功,"许、郑亦能深博","深则能研万事微芒之几,博则能究万物之情状而不穷于用"④,但"言艺则汉师为勤,言道则宋师为大"⑤。他认为宋儒究群经要旨,然后博求万物之理,能得孔学正轨,因

---

① 陈澧:《东塾续集·与徐子远书》,《东塾读书记》(外一种),生活·读书·新知三联书店1998年版,第341页。
② 黄式三:《汉宋学辨》,《儆居集》"经说三",光绪十四年刊本。
③ 《致刘蓉》,《曾国藩全集·书信》(一),第8页。
④ 《致刘蓉》,《曾国藩全集·书信》(一),第6页。
⑤ 《送唐先生南归序》,《曾国藩全集·诗文》,第167页。

此持坚定的宋学立场,但他并不排斥汉学,甚至反对宋学家孙鼎臣"追溯今日之乱源,深咎近世汉学家言"的偏激之论。① 曾国藩多次强调圣人为学之术有四:"曰义理,曰考据,曰辞章,曰经济。义理者,在孔门为德行之科,今世目为宋学者也。考据者,在孔门为文学之科,今世目为汉学者也。辞章者,在孔门为言语之科,从古艺文及今世制义诗赋皆是也。经济者,在孔门为政事之科,前代典礼、政书,及当世掌故皆是也。……君子贵慎其所择,而先其所急。择其切于吾身心不可造次离者,则莫急于义理之学。"②他主张以宋学统摄汉学、经济、辞章等其他学问。

由于曾国藩有很高的政治地位和学术影响力,所以汉宋调和的观点很快在晚清为学人所普遍接受。如曾国藩的幕僚也是著名学者的李元度指出:"学术之途有四:义理也,经济也,考证也,辞章也,是即三不朽之所从入也。"③李元度的说法其实是在重复曾国藩已说过的观点。又如罗汝怀,他也是曾国藩的朋友,其所作《湖南文征》一百九十卷,曾氏曾经为之作序。罗氏有"《与曾侍郎书》,娓娓千言,力辟汉学宋学名义之非,于门户之见,豁然廓清,足救孙鼎臣《刍论》之偏。"④南海朱次琦,乃康有为的老师,治学也不屑为门户之争,其要仍以义理为主。据其年谱记载:"尝谓汉之学,郑康成集之;宋之学,朱子集之。朱子又即汉学而精之者也。然而攻之者忽起。有明姚江之学,以致良知为宗,则攻朱子以格物。乾隆中叶至于今日,天下之学,以考据为宗,则攻朱子以空疏。一朱子也,攻之者乃矛盾。古之言异学者,畔之于道外;今之言汉学、宋学者,哝之于道中。果其修行读书,蕲至于古之实学,无汉学、亦无宋学也。"⑤冯桂芬与曾国藩亦有学术上的切磋,他曾经邀曾国藩为其《校邠庐

---

① 《孙芝房侍讲刍论序》,《曾国藩全集·诗文》,第 255 页。
② 《劝学篇示直隶士子》,《曾国藩全集·诗文》,第 442 页。
③ 李元度:《送黄奎垣训道常德序》,《天岳山馆文钞》卷三十一,光绪六年爽溪精舍刻本。
④ 见张舜徽《清人文集别录》,华中师范大学出版社 2004 年版,第 429 页。
⑤ 见张舜徽《清人文集别录》,第 435 页。

抗议》作序跋。冯桂芬指出：

> 汉学善言考据，宋学善言义理，亦各有所长。且汉儒何尝讳言义理，宋儒何尝尽改汉儒考据，汉儒、宋儒皆圣人之徒也。汉古而宋今，汉难而宋易，毋蔑乎古，毋薄乎今，毋畏乎难，毋忽乎易，则学者之为之也。用圣人四科四教之法取之，兼收并蓄，不调而调，圣人复起不易吾言矣。①

闽县人陈浚在为夏炘《景紫堂全书》作序时也说：

> 圣人之道，载于六经，遭秦火后，汉之诸儒掇拾煨烬，纂辑残缺，殚勤于文字训诂之间，虽微言大义，有未暇及，而使后儒得所考据以求圣人之间，功亦不细矣。有宋五子兴，席汉儒之业，因经求道，超然独契《太极》、《西铭》、《定性书》、《好学论》诸作，实能发前贤所未发。至朱子集群儒之大成，其于经训尤殚精研思，条分缕析，无不根极于理要，圣道由是大明。②

夏氏《景紫堂全书》初刻于同治六年(1867)，陈浚此序大致应作于此时。但他的观点其实是曾国藩于道光二十六年(1846)所作的《送唐先生南归序》中早已表达过的。

晚清不少治汉学的学者亦开始汉宋兼采，主张折中汉宋。如岭南汉学大师、学海堂山长陈澧，一生泛滥群籍，凡天文、地理、乐律、算术及诸经子史，无不毕究。他的《东塾读书记》有乾嘉诸师治学精严之风，但无乾嘉学派门户之见，破汉宋之门户，立论较为持平。他反对轻诋前贤：

> 自非圣人，孰能无误。朱子虽大贤，其书有误，后学固当商订之。然商订古人之书，必当辞气和平，不可嚣争，不可诟厉，若毛西河所著《四书改错》，不知《论语》朱注，"学"训"效"，本于《广雅》，而曰从来"学"

---

① 冯桂芬：《阙里致经堂记》，《显志堂稿》卷三，1876年校邠庐刊本。
② 见夏炘：《景紫堂全书》卷首，民国十年刻本。

字无此训,则非朱子之错,乃西河之错也。①

陈澧这些话,早已是曾国藩发挥过的剩义。曾氏在《复夏教授书》以及其他文章中多次表示反对"轻诋前贤"的做法,主张"或博核考辨,大儒或不暇及,苟有纠正,足以羽翼传注",并斥"西河驳斥谩骂,则真说经中之洪水猛兽矣"。②

陈澧《东塾读书记》又云:

> 自宋以来,学术迭变,固由风气之转移,亦由门户之争竞,有争竞,故有兴衰。然门户之争,总不出孔门之四科:德行,道学传也;言语,文苑传也;文学,儒林传也;政事则大而将相,小而循吏传也。四科之人,皆天下所不可无,故孔子兼收而不偏废,尤不交争。争则有胜负,有胜负则必偏废,偏废则天下受其害矣。③

《东塾读书记》初名《学思录》,其作者陈澧于咸丰八年(1858)开始撰写,同治十二年(1873)改名为《东塾读书记》。上述所引陈澧这些观点,曾国藩早在道光年间所写的《书学案小识后》、道光二十三年(1843)给刘蓉的信以及同治八年(1869)写成的《劝学篇示直隶士子》等文章中都有类似的表述。

张之洞学术上偏重汉学,但他也力主汉宋两家各有其长,不可偏废。他说:

> 学术有门径,学人无党援;汉学学也,宋学亦学也,经济词章以下皆学也,不必嗜甘而忌辛也。大要读书宗汉学,制行宗宋学。汉学岂无所失,然宗之则空疏蔑古之弊除矣。宋学非无所病,然宗之则可以寡过矣。……不惟汉宋两家不偏废,其余一切学术亦不

---

① 陈澧:《樊昆吾先生论语注商序》,《东塾集》卷三,光绪十八年菊坡精舍刻本。
② 《复夏教授书》,《曾国藩全集·书信》(五),第3467页。
③ 陈澧:《朱子书》,《东塾读书记》(外二种),生活·读书·新知三联书店1998年版,第312页。

可废。①

在《輶轩语》中,张之洞又说:"愚性恶闻人诋宋学,亦恶闻人诋汉学。意谓好学者即是佳士,无论真汉学未尝不穷理,真宋学亦未尝不读书。"②

由是可见,晚清调和汉宋已成为学界的主流和共识。这种局面的出现,是与已居大位的曾国藩对知识界的号召力和影响力分不开的。

三、曾国藩的礼学思想为洋务运动和 西学的传播提供了理论的支持

钱穆先生有言,"汉学派的精神在通经致用,宋学派的精神在明体达用,两派学者均注重在'用'字。由经学上去求实用,去研究修齐治平的学问",这是汉、宋两派学者之共同精神。③钱先生这句话应该是平情之论。且不论清代的汉学派,即就汉唐儒与宋明儒而言,学术致思的路径是不一致的。汉唐儒重《五经》,意在经世致用;宋明儒重《四书》,虽也意在经世,但关注更多的是明体达用,向内转。清儒有鉴于宋明儒之虚,主张回归汉唐经学,以实事求是的精神研求一切经世致用的学问。所以,从顾炎武到江永、秦蕙田,将经世的学问都统归之于礼学。"礼"作为体国经野之学,涉及的范围很大,从名物典章、人伦教化、天文地理、食货水利、算术格致,到民间习俗、个人言行、生活规范,无不与礼有关。概言之,礼是万事万物的规范、制度和法则。所以相对而言,汉学家比宋学家更倾向于接受新知。早在鸦片战争之前,汉学家就开始注意研究科学,如天文、算学、地理、水利等学科。戴震通晓算法,著有《勾股割圆记》、《考工图记》;阮元编辑《畴人传》,为古代天文算学等科学家作

---

① 张之洞:《创建尊经书院记》,《张文襄公全集》卷二百一十三,沈云龙主编《近代中国史料丛刊》第483册,第15291页。
② 张之洞:《輶轩语》,《张文襄公全集》卷二百零四,第14692页。
③ 钱穆讲,刘大洲记:《汉学与宋学》,《磐石杂志》第2卷第7期,1934年出版。

传,其中还介绍了西方科学。阮元开办的书院还开设科学课程,在其《学海堂策问》中,他专门策试学生关于西洋历法的来历。著名的数学家李善兰,也是从治汉学转向数学研究的。李善兰著有《则古昔斋算学》,于数学多有发明,并大量翻译了西方数学及科学著作,如《几何原本》(后九卷)、《代微积拾级》、《谈天》等。李善兰的老师是专治《毛传》的汉学家陈奂,而陈奂则先后师事过段玉裁和王念孙父子,是戴震一系中的学者。道咸年间的数学家如罗士琳(著有《四元玉鉴细草》、《筹人传续编》)、项名达(著有《下学庵算学三种》)、徐有壬(著有《务民义斋算学》七种)、戴煦(著有《对数简法》及《续编》)、夏鸾翔(著有《洞方术图解》、《致曲术》)、邹伯奇(著有《格术补》、《乘方捷术》)等人都是出自汉学家队伍。在边疆地理学研究方面,何秋涛、张穆、陈澧、汪士铎、洪钧、杨守敬等人都有不少著作,这也是汉学派的一个成果。汉学家之所以与科学为近,是因为他们对一切学问都喜欢考镜源流并具有实事求是的治学方法。

当然,汉学家治礼更侧重于人伦仪节,试图以礼来促进社会教化。乾嘉时期的学者,热衷礼学,而排斥宋明儒的理学,礼学与理学之间存在鸿沟。嘉道之际,汉宋调和的苗头渐显,如阮元认为,"朱子中年讲理固已精实,晚年讲礼尤耐繁难,诚有见乎理必出于礼也。古今所以治天下者,礼也"①。阮氏试图以礼学沟通汉宋。稍后黄式三对清代汉学家不讲理、宋学家不讲礼都作出了批评:"后世君子,外礼而内德性,所尊或入于虚无;去礼而滥问学,所道或流于支离。此未知崇礼之为要也。"②其意是说,宋学家只讲尊德性容易流入虚无;而汉学家只讲考据,不将学问落实成礼,则容易流入破碎支离。黄式三以礼学沟通汉宋的目的是很明显的。

至曾国藩,以礼学会通汉宋才得以大畅厥旨。曾国藩的理学朋友孙鼎臣提到汉学便痛心疾首,认为太平天国的动乱就是因为汉学家的学问与道德人心无关造成的。孙鼎臣著有《刍

---

① 阮元:《书东莞陈氏学蔀通辨后》,《揅经室集·续三集》卷三,《四部丛刊》影印清道光本。
② 黄式三:《崇礼说》,《儆居集》"经说一"。

论》，是讲经世致用的书，其中论盐政、漕运、兵制、币制等。在曾国藩看来，孙鼎臣显然并不懂得什么是汉学的真精神。他在为孙鼎臣《刍论》所作的序中说："盖古之学者，无所谓经世之术也，学礼焉而已。《周礼》一经，自体国经野，以至酒浆廛市，巫卜缮稿，夭鸟蛊虫，各有专官，察及纤悉。"在曾氏看来，汉学如顾炎武、江永、秦蕙田等人的学术成果都是体国经野的礼学，这与孙鼎臣的《刍论》本质并无不同，因此曾氏认为，"近者汉学之说，诚非无蔽；必谓其致粤贼之乱，则少过矣"①。所以曾国藩提出，"先王之道，所谓修己治人、经纬万汇者，何归乎？亦曰礼而已矣"；"举天下古今幽明万事，而一经之以礼"②。他主张以礼学"通汉宋二家之结，而息顿渐诸说之争"③。在理学与礼学的关系上，曾国藩主张以理学尊德性，以礼学经世致用。他说："盖圣王所以平物我之情而息天下之争，内之莫大于仁，外之莫急于礼"④；"礼之精义，祖仁本义，又非仅考核详审而已"⑤；"礼之本于太一，起于微眇者，不能尽人而语之"⑥。理学家喜欢说仁说义，思考微眇玄虚的本体问题；汉学家喜欢考证制度层面的礼，而不喜言玄虚抽象的本体。曾国藩认为，应该取理学的内尊德性，取汉学的外道问学，这样理与礼的关系便统一起来了。

曾国藩的治国理想是通过制礼，使"人人纳于轨范之中"，"人无不出于学，学无不衷于礼"。⑦ 也就是说，律身治国都应该有章法，有规范，这样才使理学家的道德落实到器物的层面。不仅如此，曾国藩具有"礼，时为大"的卓见。即是说制礼要因时制宜，随时代的变化而变化。他说："所贵乎贤豪者，非直博稽成宪而已，亦将因其所值之时、所居之俗而创立规制，化裁通

---

① 《孙芝房侍讲刍论序》，《曾国藩全集·诗文》，第256页。
② 《圣哲画像记》，《曾国藩全集·诗文》，第250页。
③ 《复夏韬甫》，《曾国藩全集·书信》（二），第1576页。
④ 《王船山遗书序》，《曾国藩全集·诗文》，第278页。
⑤ 《书仪礼释官后》，《曾国藩全集·诗文》，第302页。
⑥ 《江宁府学记》，《曾国藩全集·诗文》，第338页。
⑦ 《江宁府学记》，《曾国藩全集·诗文》，第338页。

变,使不失乎三代制礼之意。"①所谓"三代制礼之意"便是"仁"。师其意不师其迹,这就为近代中国礼制改革拓开了空间。应该说曾国藩的礼学思想与乾嘉学者通过考证企图在社会上恢复三代古礼的做法是不一样的,前者代表改革,后者代表复古和倒退。

在曾国藩的影响下,团结在他身边的理学经世派,都有改革礼制、以礼治国的思想。曾国藩的弟子张裕钊颇得其师以礼经世之旨。他说:"若夫礼之于道天下也,宏远矣。盖处人之一身,耳目形体、饮食男女之事,推及乎天下国家、朝野上下,冠昏丧祭射御食飨之经,至于班朝治军,莅官行法,未有一事而不由乎礼者也。"张裕钊批评汉宋学末流都不知以礼经世之义,同时也批评宋学末流"耳目熟于心性之空言,而不识其余"。张氏认为,汉学末流虽然考礼,但又"咸钩析一名一物,谬托经训,碎词诡辞,而忘其为修身治世之要术也"。为此,张裕钊提出:"要其终极,而一惟礼之治,驯致其道,而徐俟其成。施之于一身,而身得其安焉;施之一家,而家得其序焉;施之于天下,而天下得其理焉。其居于上,则足以尊主庇民,更化矫俗;其居于下,亦不失为经明行修、明体达用之士。"②刘蓉通过读《仪礼》,深感礼能使人"各有遵循而不逾其矩,以是知圣王纲纪天下,所以范民心思耳目而纳之轨物,意义深矣"③。但他对古礼的态度也只是师其意,并不泥古。他很不屑于汉学家"较马、郑之异同,探名物之繁赜,嗜奇缀琐,以资证附"④,于是拟在江永《礼书纲目》、秦惠田《五礼通考》的基础上著《礼经发微》,取礼制大端,如祭祀、朝聘、燕飨、冠、婚、丧、乡射之礼,据经援传,目的是在抉发这些古礼形式背后的含义。只有弄清这些含义才能依据变化了的时代制定新礼以规范百姓。郭嵩焘著《礼记质疑》,明确指

---

① 《复刘蓉》《曾国藩全集·书信》(十),第7034页。

② 张裕钊:《经心书院记》,张裕钊著,王达敏整理《张裕钊诗文集》,上海古籍出版社2007年版,第450—452页。

③ 刘蓉:《绎礼堂记》,《养晦堂文集》卷一,《近代中国史料丛刊》382册,第65页。

④ 刘蓉:《绎礼堂记》,《养晦堂文集》卷一,第69页。

出:"时者,一代之典章互有因革,不相袭也。生乎今之世,反古之道,则与时违矣,故时为大。"①在此基础上,他提出了"礼顺人情"的礼制改革思想:"人之生,生于味声色之各有其情,故礼者治人情者也,非能远人情以为礼者也。"②他主张国家应在顺应民情的基础上,变通与改革礼制。至清末,清政府试办新政,令大臣提出意见,孙诒让为盛宣怀代撰变法条议,汇成《周礼政要》一书,提出废跪拜、除忌讳、裁冗官、革宫监、革吏役、改兵制、伸民权等改革内容。就见面礼而言,西方人行握手礼,中国人跪拜、作揖,礼仪不同,但背后都有个恭敬的意思在。但相对而言,握手有平等之意,跪拜却象征尊卑秩序。就"内仁外礼"而言,礼可以变革,仁的意思不能变。由此思想延伸,谭嗣同著《仁学》以冲破封建礼教以及后来的"五四"激进派反礼教都是"礼顺人情"、"内仁外礼"学术逻辑深层展开。激进派认为,传统礼教已背离"仁义"或"人情",他们同样是基于仁学或人情之理试图建立全新的礼(制度和规范)。激进派貌似与传统背离,其实精神实质并没有脱离传统。

当然,在曾国藩的礼学视野中,礼并不仅仅是人与人交往的礼节,所谓观象授时、体国经野等自然、人文学科都在礼学的范围之内。礼代表自然与人文的规范与秩序,这就是他所说的"修己治人、经纬万汇者,何归乎?亦曰礼而已矣"。修己需要自律,这是礼;治人需要章法,这也是礼;"经纬万汇"则统摄自然与人文,按其规律和条理做事,也是礼。曾国藩有憾于秦蕙田的《五礼通考》缺了食货内容,于是辑补盐课、海运、钱法、河堤等六卷内容。他又感慨古礼残缺没有军礼,于是手订营制、营规,在他看来,这就是"军礼"。他认为,礼是修己、治人、经世的学问,礼应随着时代的变化而有因革。他的礼学是与理学沟通的,换言之,他的礼学要为理学的"三纲五常"服务。在此观念下,他勇于接受新事物,开办洋务运动,团结一批研究科技的汉学家如徐寿、李善兰、华蘅芳、徐建寅、舒高第、李凤苞、赵元益、王振声等人在江南制造局设翻译馆,与西方传教士合作大

---

① 郭嵩焘:《礼记质疑》,岳麓书社1992年版,第272页。
② 郭嵩焘:《礼记质疑》,岳麓书社1992年版,第263页。

量翻译西方科技图书,并首创近代史上的留学生运动,以期输入西方的科技。在他看来,科技之类的西礼自然也是他礼学的一部分,他要用这些西礼为他的理学纲常服务。清季所谓"中体西用"思想,在曾国藩这里已经成形。

受曾国藩提携而崛起的一批湘淮系朝廷或地方大员如李鸿章(历任两江总督、直隶总督兼北洋大臣)、左宗棠(历任闽浙总督、陕甘总督、军机大臣)、郭嵩焘(广东巡抚)、刘蓉(陕西巡抚)、曾国荃(两江总督兼通商事务大臣)、刘长佑(两广总督)、刘坤一(两江总督)、阎敬铭(山东巡抚)、沈葆桢(福建船政大臣)等人,都信奉曾氏理学与经济合一的思想,后来都变成坚定的洋务派,成为洋务运动的中坚力量。相反,一些保守的理学士人如倭仁等人,只知祭起理学天理人欲的老调子,关注世道人心,却没有曾国藩的礼学观念,成为仇洋反西学的保守力量。因此,洋务运动与西学的传播之所以能够展开,除了列强的逼迫与中国被动接受原因外,在中国固有的思想中,还有一个内在的发展进化理路,清代的汉学与曾国藩的礼学为中国近代化运动的展开恰好提供了这样一个支点。曾国藩以理为体,以礼为用,前者固守理学家的天理纲常观念,成为后世保皇派的思想根据;后者则为后世维新和革命拓开了空间。发展到后来,礼学最终撑破理学内核,经世学人以西方政治思想质疑"三纲五常",走向曾国藩"理学即礼学"愿望的反面。

第二节 曾国藩的后世评价及影响

曾国藩是19世纪对后世中国影响最大的学者和思想家之一。对他的历史评价也十分复杂,褒之者使其上天,贬之者令其入地,所谓"誉之者则为圣相,谳之者则为元凶"。直至今天,仍有人对曾国藩有"盖棺不能定论"之叹。其实这并不奇怪,评价者以自己的价值观为尺度对曾国藩作出批评,就只能是此一一是非,彼一一是非,不可能有一个统一的评价。这与通过价值中立的学理判断得出较为一致的结论,在方法上是不同的。

对曾国藩及其学术的评价,随着时代的不同而变化。在晚清理学复兴的时代,曾国藩的声望可谓如日中天,从朝廷执政者到普通的士子,一致地誉之为"圣相",视为道德完人。

曾国藩去世之后,与其共事多年的幕僚何璟上奏朝廷,实事求是地历叙曾国藩艰苦卓绝的生平与品质德行,其言曰:

> 臣与曾国藩相从日久,相知颇深,灼见其立功之伟,胥本于进德之勤。其生平尽瘁报国,克己省身,器识过人,坚贞自矢,不特今世所罕觏,即方之古贤臣,盖亦未遑多让。请敬为圣主陈之:
>
> 咸丰之初,曾国藩以在籍侍郎,练团杀贼,无尺寸之土地,无涓滴之饷源。饷之巨者,丁漕关税,而职在军旅,不敢越俎以代谋;饷之细者,劝捐抽厘,而身为客官,州县既不肯奉行,百姓亦终难见信,概系募勇,又不得照绿营之例,拔补实缺;空有保举之名,而无履任之实。名器不属,激励尤难。方其初败于岳州,再挫于九江,兵几不振,穷且益坚。迨江西困厄之时,事势非顺,动多触忤。一钱一粟,非苦心经营,则不能得;一弁一勇,非苦心训诫,则不能战。于困苦难堪之中,立坚忍不拔之志,卒能练成劲旅,削平逋寇,上慰先帝在天之灵,辅佐圣世中兴之业。虽曰疢疾可以成德术,动忍可以增智能,而艰难创造之初,固不敢自料有今日也。
>
> 曾国藩于群言淆乱之时,有三军不夺之志。枕戈卧薪,坚忍卓绝,卒能以寡御众,出死入生。迨事机大定之后,语寮友曰:"昔人常言'忧能伤人',吾此数月,心胆俱碎矣!幸赖国家鸿福,得以不死。"然则今日之一病不起,盖其精力为已瘁矣。
>
> 曾国藩战胜之绩,指不胜屈。惟此数年坎坷艰辛,当成败绝续之交,持孤注以争命;当危疑以震撼之际,每百折而不回。盖其所志所学,不以死生常变易也。
>
> 古之名臣,谋国效忠,惟以人事君为急。曾国藩

昔官京师,即已留心人物;出事戎轩,尤勤访察。虽一材一艺,罔不甄录,而又多方造就,以成其材。

其历年荐达,与平日忠义相切劘者,如江忠源、罗泽南、李续宾、刘胜鸿死于战陈,塔齐布、李续宜、萧捷三、江忠义死于勤劳,皆已载诸史传。其幕府宾僚,偏裨卒伍,由书生而涖历疆圻,由末职而涖膺重镇,无愧勘乱之选,亦铮铮在人耳目,无待臣言。其苦心孤诣,使兵事历久而不败,人才愈用而不穷者,则在以湘勇之矩矱推行于淮,化濠泗刚劲之风,为国家干城之用。

臣远稽史籍,唐之李、郭,亦仅收复两京;宋之韩、范,亦仅经略西夏一隅耳。我朝武功之盛,超轶前代,屡次戡定大难。然如嘉庆川楚之役,蹂躏不过四省;康熙三藩之役,蹂躏尚止十二省。今发捻回教诸匪,蹂躏竟及十七省,用兵已满二十年,若专恃湘楚一军,与之角逐,而无淮军继起于其间,亦岂能南北分兵,次第削平祸乱?是其公忠伟略,推贤让功,和衷共济,尤足多者。

臣昔在军中,每闻谈及安庆收复之事,辄推功于胡林翼之筹谋,多隆阿之苦战;其后金陵克复,则又推功诸将,而无一语及其弟国荃。谈及僧亲王剿捻之时,习劳耐苦,辄自谓十分不及一二;谈及李鸿章、左宗棠一时辈流,非言自问不及,则曰谋略不如。往往形之奏牍,见之函札,非臣一人之私言也。

当江皖糜烂之际,实仕官所谓畏途。曾国藩不辞选拔知兵之员,随时保奏,以期同济艰难。厥后大功底定,南服承平,朝廷延方殷勤,犹复叠奉谕旨,令保封疆将帅。曾国藩则奏称:"疆吏既有征伐之权,不当更分黜陟之柄。宜防外重内轻之渐,兼杜植党树私之端。"其小心远虑若此,宜其立功之后,不自矜伐也。

曾国藩自督师以来,既有不期生还之志,是以经历危险,屹然不可摇撼。精诚之至,部曲化之,手足化之。故湘军阵亡文武官兵,可以按册而稽者,多至万余人。咸丰八年,三河苦战,其胞弟曾国华,随李续宾以单骑冲贼死,同治元年,雨花台之战,其胞弟曾贞干于贼退数日,劳疾而死。可谓一门忠义矣!而与诸弟共在军中,任事则督之争先,论功则率之居后;盖深见乎功名之际,终始之难,常以位高于众,权重于人,怀大名不祥之惧。故遭非常之知遇,弥切尔位之靖共。

其平日办事,不分畦域。江皖苏浙两湖之兵事,联为一气;两江军火之饷糈,又不惜接济邻省,分应他军。而于节制四省、节制三省之命,则坚不敢居,不惮再陈请,期于得请而后已。盖时念及报称之难,不敢恃恩宠之厚也。

其本身清俭如寒素。官中廉俸,尽举以充官中之用,未尝置屋一廛,增田一区。蔬食菲衣,自甘澹泊,每食不得过四簋;男女婚嫁,不得过二百金,垂为家训。有唐杨绾、宋李沆之遗风。而邻军困穷,灾民饥馑,与夫地方应办之事,则不惜以禄俸之赢余,助公用之不给。臣在皖时,固谂知之。

其立身平实,不求立异。守之甚严,而持之有恒者,一曰"不诳语",二曰"不晏起"。朝端之奏报,僚属之咨札,亲友之函牍,就臣所见,固未尝有欺饰矣。即外抚远人,内驭降将,交必推诚布公,言皆质实;中外远近,皆有以信其为人之不苟。在军在官,夙夜未尝少懈。虽风潇雨晦,疾病忧郁之时,率已鸡鸣而起,夜分始息,盖数十年如一日也。

晚年不服珍药,未尝有卧疴倚衾之日。前在两江任内,讨究文书,条理精密。无不手订之章程,无不点窜之批牍。惟有舌謇心悸之症,不能多见僚属。前年回任,感激圣恩高厚,仍令坐镇东南,自谓稍即息安,负疚滋重。

公余无客不见,见必博访周谘,殷勤训励。于僚属之贤否,事理之源委,无一不默识于心。人皆服其耄年进德之勤,其勉力在此,其致病亦在此⋯⋯相距未及两月,遽病不起。实由平日事无巨细,必躬必亲,殚精竭虑所至。两江官绅士庶,闻其薨逝,无不同声太息,则其功德及民,不可泯也。①

何璟作为曾国藩多年相知的僚属,在这篇奏文中高度评价了曾国藩的"丰功伟绩"和他的人格力量。何璟认为曾国藩"立功之伟",在于他"进德之勤";也就是说,他的事功来源于他的学术。概括说来,其学术表现为"尽瘁报国"、"克己省身"、"器识过人"、"坚贞自矢"、"推贤让功"、"和衷共济"、"公而忘私"、"廉俭自律"、"立身平实"、"持之有恒"。这些语词,是宋明理学家语录中最为常见的道德训条,只不过曾国藩信之深,行之笃,将他的理学信仰在其人生中充分地予以实践,从而使学术即是人生,人生即是学术,真正地实践了孔子所谓"古之学者为己"。从封建士大夫的"修、齐、治、平"的人生理想来看,曾国藩无疑是个佼佼者,而且也超越了前人。正如李元度评价说:"我夫子不特为昭代及楚南弁冕,直举古萧、曹、魏、丙、房、杜、姚、宋、韩、范、富、欧阳之局而一扫空之。求其功绩相伯仲,惟汾阳西平足语此;若理学经济文章则新建伯一人而已。"②李元度将曾氏比为集古代贤相、名臣之大成的人物。而且认为就立功而言,只有唐代郭子仪可比;就理学、经济、文章都有所成而言,只有明朝的王阳明堪比。薛福成在代李鸿章撰写的《拟陈督臣忠勋事实疏》中评价说:"窃尝综叙曾国藩之为人,其临事谨慎,动应墨绳,而成败利钝,有所不计,似汉臣诸葛亮;然遭遇盛时,建树宏阔,则又过之。其发谋决策,应物度务,下笔千言,穷尽事理,似唐臣陆贽;然涉历诸艰,亲尝甘苦,则又过之。其无学不窥,默究精要,而践履笃实,始终一诚,似宋臣司马光;然百战勋劳,饱阅世变,则又过之。"③薛氏认为,曾国藩的功业、器识超过了诸葛亮、陆贽、司马光。晚清著名学者俞樾也评价说,历史上能和曾国藩相比的,只有诸葛亮、陆贽、范仲淹、司马光四人;但"窃以四贤之行事而考之,今公殆兼有其长而去其短者乎!"并

---

① 节选自李瀚章编《曾文正公全集·卷首》,民国廿一年(1932)扫叶山房石印本,第19—22页。

② 李元度:《上曾爵相书》,《天岳山馆文钞》卷三十六。

③ 薛福成:《代李伯相拟陈督臣忠勋事实疏》,见丁凤麟、王欣之编《薛福成选集》,第53页。

说曾国藩以德行而兼政事,集诸葛、陆、范、司马之长,在武功、谋略、相业等方面都超过了前代名臣。诸葛亮有治国才,但"得荆州形胜之地而不能用,终为吴有,徘徊散关、斜谷之间,为司马宣王所拒,逡循而坐困,岂天之弃汉乎?抑将略果非所长乎?"终究是用兵没有成功,适见《三国志》作者陈寿说诸葛亮将略非其所长,是有道理的。唐代名臣陆贽,仕德宗朝,多所匡赞,所论边事,动合机宜,但德宗不能尽用,只是托之空言而已。陆贽坐论于庙堂,而曾国藩折冲于疆场,因此曾氏的谋略过于陆贽。范仲淹、司马光都是北宋的贤相,但范仲淹用兵西夏与副帅韩琦龃龉,"司马公论役法,亦与诸贤不合,卒为小人所乘"。因此俞樾评论说,就相业而言,曾国藩的成就亦超过了范仲淹与司马光。①

清季士大夫以及官私各史对曾国藩作出类似的评价甚多,无须赘述。如果从儒家宣扬的忠臣孝子、清官廉吏、治国平天下等价值角度看,上述的评价并不为过。

近代史上首位留学美国的学生容闳虽然也被曾国藩延入幕府,但他的评价更多地带有民间的立场。他非常推崇曾国藩正直廉洁以及才识道德:

> 当时七八省政权皆在掌握,凡设官任职,国课军需,悉听调度,几若全国听命于一人。顾虽如是,而从不滥用其无限之威权。财权在握,绝不闻其侵吞涓滴以自肥,或肥其亲族。以视后来彼所举以自代之李文忠(鸿章),不可同日而语矣。文忠绝命时,有私产四千万以遗子孙。文正则身后萧条,家人之清贫如故也。总文正一生之政绩,实无一污点。其正直、廉洁、忠诚诸德,皆足为后人模范。故其身虽逝,而名足千古。②

这段文字出自容闳晚年所著的《西学东渐记》,容闳死于1912

---

① 俞樾:《曾涤生相侯六十寿序》,《春在堂杂文》,清光绪二十五年春在堂全书本。

② 容闳:《西学东渐记》,湖南人民出版社1981年版,第71页。

年,写此书时还在清朝时期。他的评论基本符合历史事实,应是可信的。

清季民初,革命党人站在反清革命的立场对曾国藩大加贬斥。如章太炎说:

> 曾国藩者,誉之则为"圣相",谳之则为"元凶"。要其天资,亟功名善变人也。始在翰林,艳举声律书法,以敦诸弟。(章氏自注:明张居正尝以子不中式,与书深谴。此自亟功名者之常态。而国藩又自托儒行,则色取行远矣!)稍游诸公名卿间,而慕声誉,沾沾以文辞蔽道真。金陵之举,功成于历试,亦有群率张其羽翮,非有深根宁极,举而措之为事业也。所志不过"封彻侯,图紫光"。既振旅,始为王而农行遗书,可谓知过矣!其功实,方诸唐世王铎、郑畋之伦。……死三十年,其家人犹曰"吾祖民贼"。悲夫!虽孝子慈孙,百世不能改也。①

章太炎贬斥曾国藩热衷功名,志向不过青紫封侯,自托儒门,实为伪人,学术上只会做文章,却不能见道。功名上,不过是唐代王铎、郑畋之流的人物。并引述其后人的话,责之以"民贼",而且断言为"百世不能改"。曾国藩屠杀汉人,扶助清朝,被革命党人章太炎视之为"民贼",这可以理解;但说曾国藩志在青紫封侯,"自托儒行","色取行远",而且印行船山遗书,是悔过之举,这些结论失之轻率武断。曾国藩指导诸弟声律书法,以应科举,实为当时社会之常态。更何况国藩时时以宋学训导诸弟,要他们以平常心看待功名,这怎么能说是"自托儒行"、"色取行远"呢?曾国藩与其弟诸书信俱在,读者阅后自知。至于说他印船山书为"知过",更是没有根据的话。不过章太炎亦有较为持平的评价,在其《近思》中又说:

> 曾(国藩)、左(宗棠)知失民不可与共危难,又自以拔起田舍,始出治戎即数为长吏牵掣,是以所至延

---

① 章太炎:《检论·杂志》,见刘凌、孔繁荣编校《章太炎学术论著》,浙江人民出版社1998年版,第223—224页。

> 耆秀，与共地治，而杀官司之威。民之得伸，自曾、左始也。平生狭迫，喜修小怨。既得志始慕修名，渐忍性为大度，赏劳举功未尝先姻私。位至将相，功名已盛，而国藩家人络纬堂居，不改先畤题署（章氏自注：国藩本老农，家有"黄金堂"、"白玉堂"，皆其先人名之，语至鄙拙而国藩不改）；宗棠身死无羡财，终身衣不过大绸，食不过一肉……故其下吏化之，不至于奸。政初十年，吏道为清矣。①

其意是说，曾、左始出从戎，即受清朝官吏的掣肘，只好招揽人才，另行组军，从而让汉人得志，以分满人之权。在他们以身作则之下，有十年的时间，全国吏治较为清正。这些评价是客观的；至于说曾国藩"平生狭迫，喜修小怨"，成大功之后"始慕修名"，仍多不实之词。

革命家陈天华也是站在民族革命与排满的立场批评曾国藩：

> 列位呵！当道光、同治年间，我们汉人有绝好自立的机会，被那全无心肝的人，苦为满洲出力，以致功败垂成，岂不是那湘军大都督曾国藩吗？俺想曾国藩为人也很诚实，只是为数千年的腐败学说所误，不晓得有本族、异族之分，也怪他不得。但可怜曾国藩辛苦十余年，杀了数百万同胞，仅得一侯爵。……若是当日晓得我的世仇万不可不灭的，顺便下手，那天下多久是我汉人的，曾国藩的子孙如今尚是皇帝，湘军的统领都是元勋，岂不好得多吗？列位！你道可惜不可惜呢？……恨的是曾国藩，只晓得替满人杀同胞，不晓得替中国争权利。②

陈天华的批评非知人论世之言。在曾国藩的理学知识和信仰世界里，他只能做忠臣，而不能做王莽。这是他那个时代士大

---

① 章太炎：《检论·近思》，见刘凌、孔繁荣编校《章太炎学术论著》，第264页。
② 陈天华：《陈天华集》，湖南人民出版社1958年版，第54—61页。

夫的思想观念决定的,曾国藩不可能超越他的时代。陈天华站在汉民族的立场,视满人为异族。这种狭隘的大汉族主义观点,今天看来并不可取。他甚至希望曾国藩能推翻清朝,自己做皇帝,由湘军统领做元勋,这些都是基于仇满的愤激之辞。

辛亥革命前夕,改良维新派领袖梁启超写成《新民说》,提出以道德修养来塑造国民精神面貌。他号召维新志士学习曾国藩:

> 曾文正者,近日排满家所最唾骂者也。而吾则愈更事而愈崇拜其人。吾以为使曾文正生今日而犹壮年,则中国必由其手而获救矣。彼惟以天性之极纯厚也,故虽行破坏可也;惟以修行之极严谨也,故虽用权变可也。故其言曰:"扎硬寨,打死仗。"曰:"多条理,少大言。"曰:"不为圣贤,便为禽兽;莫问收获,但问耕耘。"彼其事业之成,有所以自养者在也。彼其能率厉群贤以共图事业之成,有所以孚于人且善导人者在也。吾党不欲澄清天下则已,苟有此志,则吾谓《曾文正集》,不可不日三复也。①

梁启超以史家的眼光评论曾国藩。他未必赞成曾氏的忠君思想,但却推崇曾国藩的人格与德性涵养。毕竟政治思想与人格修养是两回事。他言外之意是,如果曾氏生在今天,也会有新的政治思想,无论他是行改良还是去革命,都能够救中国,因为他"有所以自养者在也",意谓学有本源,所以能实现他的政治抱负。他要求维新志士每天去读《曾文正集》,学习曾国藩的自律、执著与进取精神。在1916年写成的《曾文正公嘉言钞序》中,梁启超又说:

> 曾文正者,岂惟近代,盖有史以来不二睹之大人也已;岂惟我国,抑全世界不一二睹之大人也已。然而文正固非有超群绝伦之天才,在并时诸贤杰中称最钝挫;其所遭值事会,亦终身在拂逆之中,然乃立德、立功、立言,三并不朽,所成就震古烁今,而莫与京者。

---

① 梁启超:《新民说》,《饮冰室合集》专集之四,第134页。

> 其一生得力在立志,自拔于流俗,而困而知,而勉而行,历百千艰阻而不挫屈;不求近效,铢积寸累,受之以虚,将之以勤,植之以刚,贞之以恒,帅之以诚,勇猛精进,坚苦卓绝。如斯而已,如斯而已!……彼其所言,字字皆得之阅历而切于实际,故其亲切有味,资吾侪当前之受用者,非唐宋以后儒先之言所能逮也。孟子曰:"闻伯夷之风者,懦夫有立志。"又曰:"奋乎百世之上,百世之下闻者莫不兴起。"况相去仅一世,遗泽未斩,模楷在望者耶?则兹编也,其真全国人之布帛菽粟而斯须不可去身者也。①

梁启超由早期改良主义者到后来变为拥护共和,反对专制政体,主张向西方学习,但他不是全盘西化论者。他认为中国传统文化关于公德的论述比较少,关于私德却有不少有价值的论述。"儒家的伦理学说中,至少有三点是新民应当遵循的。一是正本,树立高尚的道德观念;二是慎独,严格自律修身;三是谨小,大节不亏,小节亦不放松。他认为这三点都是新民仍须具备的品格"②。就私德而言,梁启超肯定理学的某些价值。他对曾国藩的肯定,是赞扬他的理学人格。

梁启超的得意门生,民国时期发起"护国运动"讨伐袁世凯的蔡锷将军,对曾国藩更是顶礼膜拜。1911年春,蔡锷在云南任新军第三十七协协统前,住在教练处,辑录曾国藩、胡林翼治兵言论,并加以按语,编为《曾胡治兵语录》。全书共分为十二章:将材、用人、尚志、诚实、勇毅、严明、公明、仁爱、勤劳、和辑、兵机、战守。此书对曾国藩军事作战与政治思想教育并重的治军方法甚为推崇,号召将士对曾、胡语录"细加演绎,身体力行,则懿行嘉言,皆足为我师资,丰功伟烈,宁独让之先贤?"③

---

① 梁启超:《曾文正公嘉言钞序》,《梁启超文集》,北京燕山出版社1997年版,第421页。

② 参见梁启超著、宋志明选注《新民说》"编序",辽宁人民出版社1994年版,第9页。

③ 蔡锷:《〈曾胡治兵语录〉序及按语》,见毛注青等编《蔡锷集》,湖南人民出版社1983年版,第55页。

在是书第一章"将材"中,蔡锷加按语说:

> 咸、同之际,粤寇蹂躏十余省,东南半壁,沦陷殆尽。两公均一书生,出身词林,一清宦,一僚吏,其于兵事一端,素未梦见。所供之役,所事之事,莫不与兵事背道而驰。乃为良心、血性二者所驱使,遂使其"可能性"发展于绝顶。武功烂然,泽被海内。按其事功言论,足与古今中外名将相颉颃而毫无逊色,得非精诚所感,金石为开者欤?苟曾、胡之良心血性而无异于常人也,充其所至,不过为一显宦;否则亦不过薄有时誉之著书家,随风尘以殄瘁耳!复何能崛起行间,削平大难,建不世之伟绩也哉!①

蔡锷认为,曾国藩、胡林翼由不懂军事为何物的书生而成为名将,全在于他们有"良心"和"血性",这是他们成功的秘诀。因此,蔡锷号召军人要像曾、胡那样"尚志"救国:

> 吾侪身膺军职,非大发志愿,以救国为目的,以死为归宿,不足渡同胞于苦海,置国家于坦途。须以耿耿精忠之衷,献之骨岳血渊之间,毫不返顾,始能有济。果能拿定主见,百折不磨,则千灾百难,不难迎刃而解。若吾辈军人将校,则以跻高位、享厚禄、安富尊荣为志,目兵则以希虚誉、得饷糈为志,曾、胡两公必痛哭于九原矣。②

由是可知,蔡锷所欣赏的仍是曾国藩、胡林翼那种理学家的高尚志节与殉道精神。蔡锷对曾国藩人格的崇拜,不仅仅是在口头上,还落实在他的人生实践中。他虽然得到袁世凯的器重和重用,但并没有臣妾奴才之心,心中只有"爱国"二字。当袁氏称帝时,他便与梁启超密谋反袁,发起护国战争。对于护国战争中蔡锷之艰苦卓绝,梁启超曾经说过:"在蔡锷率领数千饥疲

---

① 蔡锷:《〈曾胡治兵语录〉序及按语》,见毛注青等编《蔡锷集》,第58页。

② 蔡锷:《〈曾胡治兵语录〉序及按语》,见毛注青等编《蔡锷集》,第62页。

之众同十几万械精粮足的北洋相持的数月之中,平均每日睡觉不到三点钟,吃的饭是一半米一半沙……然而没有一个人想着退却,都说我们跟着蔡锷将军为国家而战,为人格而战,蔡将军死在那里,我们也都欢欣鼓舞的死在那里,哎,我真不知蔡公的精神生活高尚到什么程度,能彀令他手下人个个都感到如此。"① 蔡锷为官十分清廉。他任云南都督时,为节约裁冗,两次带头裁减自己的薪金,工资从六百元减到一百二十元,最后又减至六十元。② 他发起反袁运动时,袁世凯曾恼羞成怒地命令湖南都督汤乡铭查抄蔡锷家产,结果发现,蔡锷邵阳老家"实无家财可查封"。据梁启超说:"他死的时候不但没有存钱,还负了三四千元债,他死后全靠国民政府有一万多元的奠仪,拿出作安葬费和养家费。"③ 应该说,蔡锷的一些人格特质,与曾国藩比较相似。只不过,曾氏的理学用在了忠君爱民上,蔡锷将理学精神用在了维护共和、爱国爱民上罢了。取径不同,精神气类相通。

曾国藩学术对民国时期国民党领导人蒋介石有很大的影响。在主办黄埔军校时期,蒋介石曾反复阅读《曾国藩文集》,将蔡锷编辑的《曾胡治兵语录》作为黄埔军校教材,并增辑《治心》一章成书《增补曾胡治兵语录》出版。他在该书的序言中说:

> 夫满清之所以中兴,太平天国之所以失败,盖非人才消长之故,而实德业隆替之征也。彼洪、杨、石、李、陈、韦之才略,岂不能比拟于曾、胡、左、李之清臣?然而曾氏标榜道德,力体躬行,以为一世倡,其结果竟能变易风俗,挽回颓靡。吾姑不问其当时应变之手段,思想之新旧,成败之过程如何,而其苦心毅力,自

---

① 梁启超:《护国之役回顾谈》,《饮冰室合集》之三十九,第239页。
② 参见中国科学院近代史研究所史料组编《辛亥革命资料》,科学出版社1959年版,第45—46页。
③ 梁启超:《松坡轶事》,见蔡端编《蔡锷集》,文史哲出版社1982年版,第66页。

立立人,自达达人之道,盖已足为吾人之师资矣。①

蒋介石认为,曾国藩政治思想之新旧是另外一回事,但他的宋学家的自律自强精神是值得学习的。蒋氏一生坚持写日记,时时反躬自省,也是在模仿曾国藩的做法。

青年时期的毛泽东,也受到过曾国藩的影响。毛泽东在湖南省立第一师范学校读书时,他的老师杨昌济便要他学习曾国藩。杨昌济是程朱学的信徒,终身笃信理学。据其写于1915年4月5日的日记:"毛生泽东,言其所居之地为湘潭与湘乡连界之地……渠之父先亦务农,其外家为湘乡人,亦农家也;而资质俊秀若此,殊为难得。余因以农家多出异材,引曾涤生、梁任公之例以勉之。"②毛泽东不负师教,下工夫研读了《曾文正公家书》、《曾文正公日记》。1915年他在给萧子升的信中写道:

> 顾吾人所急需者,国学常识耳。首贵择书,其书必能孕群籍而包万有。干振则枝披,将麾则卒舞。如是之书,曾氏《杂钞》其庶几焉。是书上自隆古,下迄清代,尽抢四部精要。为之之法,如《吕刑》一篇出自《书》,吾读此篇而及于《书》,乃加详究焉出于《书》者若干篇,吾遂及于《书》全体矣。他经亦然。《伯夷列传》一篇出于《史记》,吾读此篇而及于《史记》,加详究焉出于《史记》者若干篇,吾遂及于《史记》之全体矣。他史亦然。出于"子"者,自一"子"至他"子"。出于"集"者,自一"集"至他"集"。于是而国学常识罗于胸中矣。此其大略也。为学最忌一陋字,行此庶几或免。仆观曾文正为学,四者为之科。曰义理,何一二书为主,谓《论语》、《近思录》,何若干书辅之。曰考据亦然;曰词章曰经济亦然。③

---

① 张其昀编:《蒋总统集》(第二册),"台北国防研究院"1986年印,第2599页。

② 杨昌济:《达化斋日记》,湖南人民出版社1978年版,第163页。

③ 中共中央文献研究室编:《毛泽东早期文稿》,湖南人民出版社1990年版,第24页。

1917年,他在与黎锦熙论学的信中写道:

> 今之论人者,称袁世凯、孙文、康有为而三。孙、袁吾不论,独康似略有本源矣。……愚于近人,独服曾文正,观其收拾洪杨一役,完满无缺。使以今人易其位,其能如彼之完满乎?①

又毛泽东学生时代的读书笔记《讲堂录》云:

> 有办事之人,有传教之人,前如诸葛武侯、范希文,后如孔孟、朱陆、王阳明等是也。宋韩范并称,清曾左并称。然韩左办事之人也,范曾办事而兼传教人之人也。②

由以上材料可知,在青年毛泽看来,为学应以曾国藩编的《经史百家杂钞》为线索,"尽抢四部精要",熔义理、考据、经济、辞章于一炉,像曾国藩那样做一个学有本源,办事兼传教,在哲学、治国、文学等方面都有成就的人。毛泽东探求哲学上的大本大源,是从理学开始,然后转入马克思主义的。但曾国藩对他的影响并没有消失。直到抗日战争时期,毛泽东在发动群众,组织抗战上亦有学习曾国藩的意思。徐特立于抗战时曾经指出:

> 群众参战并不是新发明的,过去曾文正所带的湘军,转战十六省叫乡勇。……八路军如果用过去湘军的名义来说,还可以说他是今日的乡勇。……农民确是一个伟大的力量,因此我们抗日救亡,首先就要使农民得以自卫自治。仿古人寓兵于农之意,仿曾国藩所提倡的乡勇制度,用来组织农民。③

对于蒋介石 1924 年辑补的《增补曾胡治兵语录》,1943

---

① 中共中央文献研究室编:《毛泽东早期文稿》,湖南人民出版社 1990 年版,第 85 页。
② 中共中央文献研究室编:《毛泽东早期文稿》,湖南人民出版社 1990 年版,第 591 页。
③ 徐特立:《徐特立文集》,湖南人民出版社 1980 年版,第 68—99 页。

年，八路军《军政杂志》曾出版《增补曾胡治兵语录白话句解》，后来八路军山东军区予以重印出版。

抗战后期，国民党、共产党发生摩擦，这种摩擦也反映到学术上来。1944年，中共历史学家范文澜发表《汉奸刽子手曾国藩的一生》一文，后来收入他所编写的《中国近代史》。范文澜在谈及这篇文章的写作背景时说：

> 《汉奸刽子手曾国藩的一生》是一九四四年我在延安时写的。曾国藩是近百年来反动派的开山祖师，而他的伪善乔装却在社会上有很大的影响。他的继承者人民公敌蒋介石把他推崇成"圣人"，以为麻醉青年、欺骗群众的偶像。为了澄清当时一些人的混乱思想，所以有揭穿曾国藩这个汉奸刽子手本来面目的必要。这篇文章便是在这种情况下写出的。①

由是可知，范文澜此文有借历史人物影射现实政治之意。曾国藩是蒋介石奉为"圣贤"的偶像，批曾国藩，其实是意在骂蒋介石。范氏文章的结论是：

> 曾国藩是封建中国数千年尤其是两宋以下封建统治阶级一切黑暗精神的最大体现者，又是鸦片战争后百年来一切对外投降对内屠杀的反革命的汉奸刽子手们的"安内攘外"路线的第一个大师，在这一点上，他的确是尽了"继往开来"的任务。他精通极端专制主义也是极端奴隶主义的哲学——程朱道学，运用在言论上，就是满口"诚"、"礼"、"仁义"、"道德"等字样；运用在行动上，就是极度的残忍，屠杀数千万中国人民，认为"痛快"。他被《天朝田亩制度》骇倒了，要挽救封建统治者的权利，牺牲数千万人生命，说是"卫吾道"，所谓的"道"，只是少数大地主大官僚的"道"，从人民看来，恰好是大逆不道。②

---

① 范文澜：《中国近代史》上册，人民出版社1962年版，"出版说明"第2页。

② 范文澜：《中国近代史》上册，第429—430页。

范文澜此文开新中国成立后影射史学、以论带史学术风气的先声。他站在被统治阶级的立场上,视农民革命造反为正义,与此相对立的统治阶级及其哲学都成了被否定和革命的对象。上述这段话全盘否定曾国藩,也否定了程朱道学,为三十年之后的批孔运动埋下了伏笔。

新中国成立一直到 20 世纪八九十年代,大陆学术界对曾国藩的评价一直都是负面的。1979 年出版的任继愈主编的《中国哲学史》,其第五章标题是"曾国藩的封建地主阶级的反革命思想",第一节标题为"反革命刽子手的政治生涯",第二节标题为"曾国藩的唯心主义哲学思想"。在第二节中,作者这样写道:"象曾国藩这样鲜廉寡耻的政客,追随大学士倭仁孜孜于程朱理学,也是要寻找一个向清朝统治者卖身投靠的捷径。随着封建社会的日暮途穷,程朱理学也日益显露出其腐朽的反动本质。"①这个评论有两个立场,一是站在肯定农民起义的立场,二是站在唯物主义的立场,批判唯心主义。

冯友兰先生于 1988 年完成了《中国哲学史新编》第六册,是书于 1999 年始由人民出版社出第一版。此书关于太平天国与曾国藩的历史功过的见解,提出了不少"非常可怪之论",在学术界引起了普遍的关注和热烈的讨论。冯先生认为,"曾国藩和太平天国的斗争,是中西两种文化、两种宗教的斗争"。"如果洪秀全和太平天国统一了中国,那就要把中国拉回到西方的中世纪,使中国的现代化推迟了几个世纪"。"洪秀全和太平天国以国家政权力量推行基督教,这就起了帝国主义所不能起的作用"。"曾国藩成功阻止了中国的后退,他在这一方面抵抗了帝国主义的文化侵略,这是他的一个大贡献"②。

冯友兰的《中国哲学史新编》与其早年的两卷本《中国哲学史》相比,更关注人的精神境界的阐解。他回顾二十多年撰写《新编》的历程,自言只是到了晚年才真正"斩名关,破利索,俯

---

① 任继愈主编:《中国哲学史》第四册,人民出版社 1988 年版,第 201 页。

② 参见冯友兰:《中国哲学史新编》下册第六章,"所谓'同治中兴'和'同治维新'的中心人物——曾国藩"。

仰无愧怍,海阔天空我自飞"。在写完《新编》第七册的时候,他自称"我确是照我所见到的写的",并对朋友们说:"如果有人不以为然,因之不能出版,吾其为王船山矣。""船山在深山中著书达数百卷,没有人为他出版;几百年以后,终于出版了,此所谓'文章自有命,不仗史笔垂'"。由是可知,他关于曾国藩的那些评价,确实说出了他真实的观点。

  对曾国藩及其学术的批评研究,无不打上时代的印痕。时代变了,评价的价值尺度也跟着改变,于是就出现了一个难以定论的曾国藩现象。其实无论是赞扬他还是批评他,与作古的曾国藩全不相干,表彰与指斥都是记忆的表现,只能说明曾国藩在去世后一百四十年的时间里,依然鲜活地存在于中国人的记忆中,并对未来继续发生影响。

征引文献

（美）A.W.恒慕义主编,中国人民大学清史研究所《清代名人传略》翻译组译:《清代名人传略》,青海人民出版社1995版

（美）艾尔曼著,赵刚译:《从理学到朴学——中华帝国晚期思想与社会变化面面观》,江苏人民出版社1997年版

（美）芮玛丽著,房德邻译:《同治中兴——中国保守主义的最后抵抗》,中国社会科学出版社2002年版

《大清历朝实录》,"大满洲帝国国务院"发行,1936年大日本东京大藏书出版株式会社承印

爱新觉罗·弘历:《御制诗集》,文渊阁四库全书本

爱新觉罗·弘历:《御制文集》,文渊阁四库全书本

爱新觉罗·玄烨:《圣祖仁皇帝圣训》,文渊阁四库全书本

班固:《汉书》,中华书局1975年版

宝鋆等编:《同治朝筹办夷务始末》,沈云龙主编《近代中国史料丛刊》本

蔡锷著,蔡端编:《蔡锷集》,文史哲出版社1982年版

蔡锷著,毛注青等编:《蔡锷集》,湖南人民出版社1983年版

陈邦瞻:《宋史纪事本末》,中华书局1977年版

陈康祺:《郎潜纪闻》,清光绪刻本

陈澧:《东塾读书记》（外二种）,生活·读书·新知三联书店1998年版

陈澧:《东塾集》,清光绪十八年菊坡精舍刻本

陈天华:《陈天华集》,湖南人民出版社,1958年版

陈献章:《白沙子》,四部丛刊本
陈寅恪:《金明馆丛稿二编》,上海古籍出版社 1980 年版
陈祖武:《从经筵讲论看乾隆时期的朱子学》,《国学研究》第九卷,北京大学出版社 2002 年版
陈祖武:《清儒学术拾零》,中国社会科学出版社 1992 年版
程颢、程颐:《二程集》,中华书局 1981 年版
程颢、程颐撰,潘富恩导读:《二程遗书》,上海古籍出版社 2000 年版
程晋芳:《勉行堂文集》,清嘉庆二十五年刻本
戴震:《戴东原集》,四部丛刊本
戴震著,何文光整理:《孟子字义疏证》,中华书局 1982 年版
董蔡时:《略论曾国藩、湘军与晚清督抚专政局面的形成》,《中学历史》,1989 年第 6 期
段玉裁:《经韵楼集》,清嘉庆十九年刻本
范文澜:《中国近代史》,人民出版社 1962 年版
方苞:《方望溪先生全集》,清咸丰元年戴钧衡刻本
方东树:《汉学商兑》,钱钟书主编、朱维铮导读:《汉学师承记》(外二种)本,生活·读书·新知三联书店 1998 年版
方东树:《仪卫轩文集》,清同治七年刊本
方浚师:《蕉轩随录续录》,中华书局 1995 年版
方宗诚:《柏堂遗书》,清光绪志学堂家藏版
方宗诚:《吴竹如先生年谱》,清光绪四年畿辅志局刊本
费行简:《近代名人小传》,沈云龙主编《近代中国史料丛刊》本
冯桂芬:《显志堂稿》,1876 年校邠庐刊本
冯友兰:《中国现代哲学史》,广东人民出版社 1999 年第 1 版
冯友兰:《中国哲学史新编》,人民出版社 1999 年第 1 版
高伯雨:《中兴名臣曾胡左李》,香港波文书局 1977 年版
龚自珍:《龚自珍全集》,上海人民出版社 1975 年版
顾宪成:《顾端文公遗书》,清光绪刊本
顾炎武:《亭林文集》,四部丛刊本

顾炎武著,黄汝成集释:《日知录》,上海古籍出版社 2011年版

管同:《因寄轩集初集》,清光绪己卯年合肥张士珩本

郭绍虞:《中国文学批评史》,百花文艺出版社 1999 年版

郭嵩焘:《郭嵩焘诗文集》,岳麓书社 1984 年版

郭嵩焘:《礼记质疑》,岳麓书社 1992 年版

郭嵩焘:《罗忠节公年谱》,清同治二年刊本。

何桂珍:《何文贞公遗书》,清光绪十年六安涂氏求我斋校刊本

侯外庐等编:《宋明理学史》,人民出版社 1997 年版

胡适:《戴东原的哲学》,安徽教育出版社 1999 年版

黄式三:《居儆集》,清光绪十四年刊本

黄宗羲:《明儒学案》,中华书局 1985 版

纪昀等著:《钦定四库全书总目》,中华书局 1997 年版

江藩:《国朝汉学师承记》,钱仲书主编、朱维铮导读《汉学师承记》(外二种)本,生活·读书·新知三联书店 1998 年版

蒋介石著,张其昀编:《蒋总统集》,"台北国防研究院"1986年印

蒋孔彰:《中兴将帅别传》,清光绪二十五年刊本

蒋士铨:《忠雅堂文集》,清嘉庆二十一年刻本

蒋湘南:《七经楼文钞》,清同治八年刻本

焦循:《雕菰集》,清道光岭南节署刻本

金毓黻:《中国史学史》,商务印书馆 1957 年版

黎清德编:《朱子语类》,中华书局 1986 年版

黎庶昌:《曾文正公年谱》,台湾商务印书馆 1978 年版

黎庶昌:《拙尊园丛稿》,清光绪二十一年金陵状元阁刻本

李慈铭:《越缦堂日记》,商务印书馆民国九年石印本

李细珠:《晚清保守思想的原型——倭仁研究》,社会科学文献出版社 2000 年版

李元度:《天岳山馆文钞》,清光绪六年爽溪精舍刻本

梁启超:《梁启超文集》,北京燕山出版社 1997 年版

梁启超:《饮冰室合集》,中华书局 1996 年版

梁启超:《中国近三百年学术史》,天津古籍出版社 2003

年版

梁启超著,宋志明选注:《新民说》,辽宁人民出版社 1994 年版

梁启超著,朱维铮导读:《清代学术概论》,上海古籍出版社 1998 年版

林存阳:《清初三礼学》,社会科学文献出版社 2002 年版

凌廷堪著,王文锦点校:《校礼堂文集》,中华书局 2006 年版

刘开:《刘孟涂集》,清道光六年姚氏檗山草堂刻本

刘梦溪主编:《中国现代学术经典·胡适卷》,河北教育出版社 1996 年版

刘蓉:《养晦堂文集》,沈云龙主编《近代中国史料丛刊》本

刘师培:《近代汉学变迁论》,《国粹学报》第 31 期,1907 年 7 月 29 日出版

刘勰著,范文澜注:《文心雕龙》,人民文学出版社 2006 年版

柳诒徵:《中国文化史》,中国大百科全书出版社 1988 年版

卢见曾:《雅雨堂文集》,清道光二十年刻本

陆陇其:《三鱼堂文集》,清康熙刻本

陆世仪:《思辨录辑要》,丛书集成初编本,中华书局 1985 年版

罗尔纲:《湘军兵志》,中华书局 1984 年版

罗泽南:《罗忠节公遗集》,清同治二年长沙刊本

罗宗强、陈洪主编:《中国古代文学史》,华东师范大学出版社 2000 年版

马积高:《清代学术思想的变迁与文学》,湖南人民出版社 2002 年版

毛奇龄:《西河集》,文渊阁四库全书本

梅英杰等编:《湘军人物年谱》,岳麓书社 1987 年版

梅曾亮:《柏枧山房全集》,清咸丰六年刻,民国补修本

蒙培元:《情感与理性》,中国社会科学出版社 2002 年版

闵尔昌编:《碑传集补》,周骏富编《清代传记丛刊》本,台北明文书局 1985 年版

欧阳兆熊、金安清:《水窗春呓》,中华书局 1984 年版
潘德舆:《养一斋集》,清道光二十九年刊本
彭林编:《清代经学与文化》,北京大学出版社 2005 年版
钱大昕:《潜研堂集》,清嘉庆十一年刻本
钱大昕著,陈鸿森辑:《钱大昕潜研堂遗文辑存》,林庆彰主编《经学研究论丛》第六辑,台湾学生书局 1999 年版
钱基博:《经学通志》,台湾中华书局 1978 年版
钱基博《现代中国文学史》,上海书店出版社 2004 年版
钱穆:《中国近三百年学术史》,商务印书馆 1997 版
钱穆讲,刘大洲记:《汉学与宋学》,《磐石杂志》第 2 卷第 7 期,1934 年出版
清国史馆编:《清史列传》,周骏富辑《清代传记丛刊》本,台湾明文书局 1986 年印
清史委员会编:《清代人物传稿》,中华书局 1986 年版
容闳:《西学东渐记》,湖南人民出版社 1981 年版
阮元:《揅经室集》,四部丛刊景清道光本
邵懿辰:《半岩庐遗集》(不分卷),清光绪三十四年邵章刻本
沈善洪主编,黄宗羲著:《黄宗羲全集》,浙江古籍出版社 2005 年版
沈宗元:《曾文正公学案》,民国八年成都昌福公司铅印本
施补华:《泽雅堂文集》,清光绪十年刻本
史革新:《程朱理学与晚清"同治中兴"》,《近代史研究》2003 年第 6 期
孙奇逢:《日谱录存》,清光绪十一年刊本
孙奇逢《四书近指》,清道光二十五年大梁书院重刊本
太平天国历史博物馆编:《太平天国史料丛编简辑》,中华书局 1962 年版
谭嗣同:《谭嗣同全集》(增订本),中华书局 1998 年版
唐鉴:《清学案小识》,清道光二十六年四砭斋刻本
汪师韩:《上湖分类文编》(不分卷),清乾隆间精刻本
汪中:《述学》,四部丛刊本
王定安:《求阙斋弟子记》,清光绪二年北京龙文斋刊本

王夫之:《读四书大全说》,中华书局 2009 年版
王夫之:《礼句章句》,清同治刻《船山遗书》本
王夫之:《张子正蒙注》,中华书局 1975 版
王鸣盛:《西庄始存稿》,清乾隆三十年刻本
王书良、李煜主编:《中国文化精华全集·文学》,中国国际广播出版社 1992 年版
王阳明:《传习录》卷中,江苏古籍出版社 2001 年版
翁同龢著,陈义杰整理:《翁同龢日记》,中华书局 1998 年版
倭仁:《倭文端公遗书》,清光绪元年六安涂氏求我斋刊本
夏东元:《洋务运动史》,华东师范大学出版社 1992 年版
夏炘:《景紫堂全书》,民国十年刻本
夏震武:《灵峰先生集》,1916 年浙江印刷公司印行
萧一山:《清代通史》,中华书局 1986 年版
萧一山:《曾国藩传》,海南出版社 2001 年版
熊十力:《十力语要》,新世纪万有文库,辽宁教育出版社 1997 年版
徐珂:《清稗类钞》,中华书局 1986 年版
徐凌霄、徐一士撰:《凌霄一士随笔》,山西古籍出版社 1997 年版
徐凌霄、徐一士撰:《曾胡谈荟》,《国闻周报》,第六卷,第 38 期
徐世昌等编:《清儒学案》,中华书局 2008 年版
徐特立:《徐特立文集》,湖南人民出版社 1980 年版
徐一士:《一士类稿》,古今出版社 1994 年版
徐宗亮:《归庐谈往录》,清光绪十二年刊本
薛福成:《庸庵笔记》,清光绪二十三年遗经楼刻本
薛福成著,丁凤麟、王欣之编:《薛福成选集》,上海人民出版社 1987 年版
严虞惇:《严太仆先生集》,清光绪九年严氏西泾草堂重刊本
阎若璩:《潜邱劄记》,清乾隆间刻本
杨昌济:《达化斋日记》,湖南人民出版社 1978 年版

杨怀志、潘忠荣主编:《清代文坛盟主桐城派》,安徽人民出版社 2002 年版

杨家骆主编:《中国近代史文献汇编·戊戌变法》,台北鼎文书局 1973 年印行

杨向奎等编:《清儒学案新编》,齐鲁书社 1994 年版

姚鼐:《惜抱轩诗文集》,清嘉庆十二年刻本

姚莹:《东溟文集》,清同治六年刻本

叶绍翁:《四朝闻见录》,清知不足斋丛书本

余英时:《论戴震与章学诚》,生活·读书·新知三联书店 2000 年版

余英时:《士与中国文化》,上海人民出版社 2003 年版

余英时:《中国思想传统的现代诠释》,江苏人民出版社 2003 年版

余英时:《朱熹的历史世界——宋代士大夫政治文化的研究》,生活·读书·新知三联书店 2004 年版

俞樾:《春在堂杂文》,清光绪二十五年刻春在堂全书本

曾国藩等著,吴相湘编:《湘乡曾氏文献》,台湾学生书局 1965 年影印本

曾国藩著,李瀚章编:《曾文正公全集》,民国廿一年(1932)扫叶山房石印本。

曾国藩著,唐浩明等编:《曾国藩全集》,岳麓书社 1995 年版

曾国藩著,汪世荣辑:《曾国藩未刊信稿》,中华书局 1959 年版

曾纪芬:《崇德老人八十自订年谱》,南京图书馆藏,聂氏家庭出版社,民国二十年铅排本

曾纪泽:《曾惠敏公文集》,光绪十九年江南制造总局活字本

曾麟书等撰:《曾氏三代家书》,岳麓书社 2002 年版

张伯行:《正谊堂集》,清光绪二年家刻本

张尔岐:《蒿庵集》,齐鲁书社 1991 年版

张立文:《宋明理学研究》,人民出版社 2002 年版

张立文:《朱熹评传》,南京大学出版社 1998 年版

张其锦:《凌次仲先生年谱》,道光六年刻本

张寿安:《以理代礼——凌廷堪与清中叶儒学思想之转变》,河北教育出版社2001年版

张舜徽:《清人文集别录》,华中师范大学出版社2004年版

张裕钊著,王达敏点校:《张裕钊诗文集》,上海古籍出版社2007年版

张之洞著,王树枏编:《张文襄公全集》,沈云龙主编《近代中国史料丛刊》本,台湾文海出版社印行。

章太炎:《章太炎全集》,上海古籍出版社1984版

章太炎著,傅杰编校:《章太炎学术史论集》,中国社会科学出版社1997年版

章学诚:《文史通义》,上海书店出版社1988年影印本

章学诚:《章学诚遗书》,文物出版社1985年版

昭梿:《啸亭续录》,清钞本

赵尔巽等撰:《清史稿》,中华书局1977年版

赵烈文:《能静居日记》,吴相湘编《中国史学丛书》本,台湾学生书局1964年版。

郑福照:《姚惜抱先生年谱》,清同治戊辰年刊本

中共中央文献研究室编:《毛泽东早期文稿》,湖南人民出版社1990年版

中国科学院近代史研究所史料组编:《辛亥革命资料》,科学出版社1959年版

周敦颐著,徐洪兴导读:《周子通书》,上海古籍出版社2000年版

周予同:《中国经学史讲义》,上海文艺出版社1999年版

周作人《中国新文学的源流》,北平人文书店1934年订正三版

朱东安:《曾国藩传》,百花文艺出版社2003年版

朱鹤龄:《愚庵小集》,文渊阁四库全书本

朱熹、吕祖谦编,严佐之导读:《朱子近思录》,上海古籍出版社2000年版,

朱熹:《四书章句集注》,上海书店出版社影印本,1987年版

朱熹著,郭齐、尹波点校:《朱熹集》,四川教育出版社 1996年版

朱彝尊:《曝书亭集》,清康熙五十三年原刻本

祝瑞开主编:《宋明思想和中华文明》,学林出版社 1995年版

后记

这部书稿从开始写作到出版,已是十年过去了。2004年打印的厚厚的博士论文现在纸色已开始变黄,仿佛在诉说着一些如烟往事。而我也由当初刚入学时34岁的青年变成一个早生华发45岁的中年人。回首往事,不免感慨万千。2002年的暮春时节,我和我的导师蒋广学先生走在花木扶疏的南京大学校园,边散步边商议毕业论文选题的情景至今还历历在目。与蒋先生结缘,能成为他的学生;与曾国藩结缘,能成为他的研究者,这些都是我的幸运,在我生命历程中都划下了深深的印痕。

"人生到处知何似,恰似飞鸿踏雪泥"。我是泰安人,1984年从徂徕山前的茅茨村考入泰安师专,三年毕业后专升本考入曲阜师范大学中文系。1989年本科毕业之后,又考进安徽大学中文系读古代文学研究生,1992年硕士毕业时才25岁。毕业找工作时,我因为厌倦了长年的校园生活,不听我的硕士生导师臧维熙先生以及也是我的老师——后来成为安大校长的黄德宽先生让我留校教书的建议,执意去安徽省旅游局做了公务员,在那里写公文、办杂事,忙接待,忙出差,浪费了我近十年对做学问来说最为宝贵的青春。在旅游局工作,一开始是新鲜,后来越来越厌倦,一种挥之不去的多年养成的中文专业情结时常涌上心头,甚至梦中又回到了课堂读书。现今一些硕士、博士拼着命想挤进机关当公务员,但我那时就想着逃离机关。于是 2001 年,我考取南京大学中文系古典文献学博士生之后,毅然决然地辞去公职,在领导和同事们的惊诧和不解之中,重新成为一个没单位没工资的人,挥一挥手,不带走一片云彩,一个人离开合肥到南京读书去了。

我的导师蒋广学先生,在中国学术思想史研究领域很有卓识和造诣,特别是他担任常务副主编(南大已故匡亚明校长为主编)组织编写的有 270 位传主、6000 多万字的《中国思想家评传丛书》更是在海内外有广泛的影响。从前读硕士时,读的多是古代文学的书,对学术史接触不多,所以来到南大后要开辟一个新的学术领域,感觉没底气,甚至有些畏难。但蒋先生为人极和蔼,又循循善诱,很快就使我醉心于中国古代思想家的精神世界。尤其让弟子们感动的是,他几乎每隔一两个月都要自己掏腰包请几个弟子下馆子吃饭,一边喝酒,一边师生之间海聊神侃。我的专业兴趣就是在这温馨的饭桌上形成的。毕业时,先生又四处奔走,想办法把我留在南大。虽然考虑到安顿家庭等实际困难,我未必想留下来,但他对弟子的一番苦心,还是让我感动莫名。《诗》曰:"中心藏之,何日忘之!"先生今年算来已 72 岁了,衷心祝他老人家健康、长寿!拖了多年之后,现在这本博士论文书稿终于出版了,于先生对我的厚望多少算是一个交待。同时,也要感谢在南大时给我上过课或参加过我论文答辩的莫砺锋、徐有富、张伯伟、巩本栋、洪修平、许苏民、周群、颜世安等诸位先生,想到他们的音容笑貌,心中就涌起无限的温暖。还有几位同学室友,当年几乎天天泡在一起读书论学,谈笑风生,现在天各一涯,有的已经多年未见。没有师友的扶持与鼓励,我的学业不可能完成得这么顺利。愿以此书纪念我读博三年难忘的岁月。

还要感谢我的中学班主任老师姬长迎、时茂青、侯明德诸位先生,没有他们,我一个山沟孩子不可能走向外面的世界。"哀哀父母,生我劬劳"。父母已经高年,还在农村依靠兄弟姊妹生活。我在千里之外工作游学多年,风尘碌碌,一事无成,没多少时间尽孝膝下,思之有愧!妻子承担了很多家务,也很不容易。此书的出版得到安徽师范大学中国诗学研究中心丁放主任的大力支持,得到安徽师范大学 2010 年科研培育基金学术著作项目的资助,安徽大学出版社的卢坡也一直关心本书的出版,在此一并表示衷心的谢意!

武道房

2012 年 3 月 8 日于安徽师大